LAROUSSE

Gramática
Lengua
Española

REGLAS Y EJERCICIOS

Irma Munguía Zatarain
Universidad Autónoma Metropolitana

Martha Elena Munguía Zatarain
Universidad de Sonora

Gilda Rocha Romero
Universidad Pedagógica Nacional

LAROUSSE

Mallorca 45
08029 Barcelona

Londres 247
México 06600, D. F.

21 Rue du Montparnasse
75298 París Cedex 06

Valentín Gómez 3530
1191 Buenos Aires

Director editorial
Aarón Alboukrek

Editora adjunta
Gabriela Pérez Tagle

Diseño y formación tipográfica
Salvador Martínez

NI UNA FOTOCOPIA MÁS

D. R. © MM, por Ediciones Larousse S. A. de C. V.
Londres núm. 247, México 06600, D. F.

ISBN 970-22-0058-X

PRIMERA EDICIÓN — 15ª reimpresión

Impreso en México — Printed in Mexico

Índice General

Presentación

El propósito de este libro es iniciar al lector en el estudio reflexivo sobre la estructura y el funcionamiento de la gramática del español; ofrece, además, la posibilidad de practicar los conocimientos mediante la realización de ejercicios sistemáticos.

Se busca que el usuario conozca el sistema de la lengua y pueda resolver dudas específicas sobre el uso correcto del español, de una manera eficiente y ágil. Por ello, los temas se desarrollan tratando de evitar una terminología técnica, así como referencias a teorías particulares, que pudieran confundir a un lector no especialista. Los ejercicios permiten practicar el buen uso de la lengua en contextos comunicativos específicos, con el empleo de una norma accesible en todo el mundo hispanohablante.

Este libro está dirigido no sólo a estudiantes, sino también a profesores, profesionales de distintas disciplinas y, en general, a cualquier persona interesada en adquirir una buena formación en la gramática de la lengua española.

La exposición de los temas se ha organizado tomando como base las partes fundamentales de la gramática: fonética y fonología, morfología y sintaxis. En el estudio sobre fonética y fonología se tratan los principios básicos sobre los sonidos y los fonemas del español. En el apartado de morfología se describe y se caracteriza cada una de las categorías gramaticales: sustantivo, adjetivo, artículo, pronombre, verbo, adverbio, preposición y conjunción. Finalmente, en la parte de sintaxis se analiza la forma en que se estructuran las oraciones y la función que desempeñan las palabras dentro de éstas.

Se anexan dos apéndices: uno sobre normas básicas de ortografía y otro de conjugación de verbos, que son útiles para complementar el conocimiento y la práctica de la gramática del idioma español.

Se incluye, además, un índice analítico para facilitar la consulta de términos y nociones específicos, así como de ciertas palabras cuya categoría gramatical pudiera presentar dudas; sólo se remite al lector a las páginas donde es posible encontrar definiciones e información indispensable.

Las autoras

Introducción

COMUNICACIÓN Y LENGUAJE

La comunicación es un proceso de intercambio de información, de conocimientos, de sentimientos, de opiniones, entre los seres humanos. Los animales también emplean sistemas comunicativos; por ejemplo, las abejas utilizan cierto tipo de movimientos para comunicar cantidad, calidad y ubicación del polen; otros animales emplean sonidos particulares para expresar miedo, agresión, afecto. La diferencia entre la comunicación humana y la animal radica en que la primera utiliza sistemas más complejos, construidos conscientemente, mientras que la comunicación animal está más ligada a los instintos.

La comunicación entre los seres humanos es fundamental para el desarrollo de la vida en sociedad y se realiza mediante el empleo de distintos sistemas o lenguajes. Lenguaje es la capacidad que tienen los seres humanos para crear diversas formas de comunicación. Existen muchos tipos de lenguajes como la pintura, la música, la mímica, la danza, las señales de humo que han utilizado algunas comunidades, pero indudablemente, el más importante es la lengua.

La lengua se diferencia de otros sistemas de comunicación, porque es mucho más eficaz y precisa, además de que es exclusiva de los seres humanos.

Para que el proceso de la comunicación sea posible, es necesario que intervengan seis elementos: hablante o emisor, oyente o receptor, código, mensaje, medio o canal físico y referente.

Hablante o emisor es el individuo que transmite un mensaje.

Oyente o receptor es el destinatario del mensaje emitido por el hablante.

Mensaje es la información que el hablante transmite.

Código es el sistema de signos por medio del cual se elabora el mensaje; por ejemplo, las lenguas son códigos. Es indispensable que hablante y oyente compartan el mismo código para que sea posible la comunicación.

Canal es el medio físico que se emplea para transmitir el mensaje.

Referente es el mundo sobre el cual se habla en el mensaje.

La interacción de estos elementos constituye el proceso de la comunicación y puede representarse de la siguiente manera:

LENGUA Y HABLA

La lengua es un sistema complejo de signos regidos por un conjunto de normas, según las cuales está permitido combinarlos. Cada hablante conoce el código de su lengua y lo emplea para comunicarse.

La lengua es producto de una convención social y constituye una herencia cultural; se adquiere de manera natural y todas las personas están capacitadas para aprender cualquier lengua. Las lenguas son sistemas que le permiten al individuo entender y producir un número ilimitado de oraciones y mensajes, a partir de un pequeño número de signos y de reglas.

El español, el francés, el alemán, el griego, el ruso, el chino, el náhuatl, el quechua, son lenguas empleadas por diferentes comunidades lingüísticas. En la actualidad existen aproximadamente cinco mil lenguas en el mundo.

La lengua es una entidad abstracta; por el contrario, el habla es una realidad concreta pues constituye la realización individual de la lengua. Una sociedad determinada puede conocer y emplear la misma lengua, el español por ejemplo, pero cada miembro de esa comunidad habla de manera distinta; la lengua es de carácter social, mientras que el habla es individual.

A toda persona capaz de ejercer su capacidad lingüística se le llama hablante.

LENGUA HABLADA Y LENGUA ESCRITA

Es difícil establecer el momento en que los seres humanos crearon las lenguas para comunicarse, pero se sabe que la lengua hablada es anterior a la escrita. Es posible encontrar todavía en la actualidad comunidades que desconocen la escritura.

La lengua hablada y la lengua escrita constituyen dos tipos de comunicación, igualmente importantes, con características y funciones propias.

La lengua hablada emplea sonidos y cumple una función comunicativa inmediata; generalmente es un lenguaje espontáneo, el emisor puede rectificar lo dicho y el receptor está en posibilidad de comprender el mensaje en el mismo momento de la emisión. Además, se apoya en la entonación, en las pausas, en cambios de ritmo, y en signos no verbales como los gestos y los movimientos corporales.

La lengua hablada se adquiere con éxito en los primeros años de la vida, sin ningún entrenamiento específico; es suficiente con que el niño esté en contacto con una lengua para que la adquiera de manera natural.

La lengua escrita emplea signos gráficos y la comunicación se establece de manera diferida, es decir, el receptor puede tardar para leer el texto del emisor. El aprendizaje del lenguaje escrito requiere de adiestramiento especial pues implica el dominio de un sistema alfabético y ortográfico. El mensaje generalmente es autónomo y por ello el emisor crea el contexto necesario para ser entendido por el receptor.

Culturalmente, existe la tendencia a otorgar mayor relevancia a la lengua escrita debido a su carácter duradero, lo que ha permitido, en cierta medida, preservar y difundir más ampliamente el conocimiento.

Todas las personas interesadas en el conocimiento de su lengua, deben desarrollar tanto la lengua hablada como la escrita y, para ello, pueden utilizar los recursos propios de cada una de estas dos formas en que se manifiesta la lengua. Tanto la lengua hablada como la escrita, requieren de un contexto cultural para ser aprendidas, las dos son capacidades comunicativas propias del individuo.

LA GRAMÁTICA

Las investigaciones que se han realizado sobre la estructura y el funcionamiento de cada lengua han recibido comúnmente el nombre de gramáticas.

Los estudios gramaticales se iniciaron en Grecia en el siglo V a. de C., aunque la primera gramática no fue escrita sino hasta el siglo II a. de C. por Dionisio de Tracia. Estos estudios se vinculaban con «el arte de escribir», dado que en ese tiempo se consideraba el lenguaje escrito más importante que el lenguaje oral. También de esta época datan las primeras distinciones entre las clases de palabras: nombres, verbos, artículos, adverbios, pronombres, preposiciones, y las categorías de: género, tiempo, caso, voz, modo.

Las gramáticas que los latinos elaboraron después, estaban inspiradas en las aportaciones de los griegos, y las modificaciones que introdujeron fueron mínimas. Muchos de los principios gramaticales clásicos se mantuvieron durante la Edad Media, época en la que se estimuló el estudio del latín. No fue sino hasta el Renacimiento cuando comenzaron a aparecer las gramáticas de las nuevas lenguas europeas: irlandés, islandés, provenzal, francés, español.

Los estudios que nacieron en Grecia, se desarrollaron en Roma y en la Europa medieval, son los que se conocen como gramática tradicional. Esto no significa que en otras regiones del mundo no hayan existido estudios sobre el lenguaje; es sabido que, independientemente de la tradición grecorromana de la que se habló anteriormente, en la India se realizaron investigaciones sobre gramática en el siglo IV a. de C., pero no fueron conocidas en Occidente, sino hasta el siglo XVIII con el descubrimiento del sánscrito.

En Europa se hicieron estudios durante el siglo XIX, con el fin de investigar el origen y el parentesco entre las lenguas, y con ello se desarrolló la gramática histórica. En la primera mitad del siglo XX, tanto en Europa como en Norteamérica, se realizaron investigaciones sobre la estructura de las lenguas, lo que dio origen a las llamadas gramática estructural y gramática descriptiva que lograron importantes avances, entre los cuales se encuentra la descripción de lenguas indígenas americanas. Durante los últimos cincuenta años, aproximadamente, ha recibido gran impulso la llamada gramática generativa que pretende hacer una teoría universal de las lenguas.

La lingüística es la ciencia que estudia las lenguas en todos sus aspectos, y la gramática forma parte esencial de ella. Existen otras ramas de la lingüística que no están vinculadas directamente con la gramática; por ejemplo, la psicolingüística investiga cómo los seres humanos adquieren su lengua materna; la sociolingüística estudia cómo se emplea el lenguaje en la sociedad, en situaciones concretas; la patología del lenguaje estudia los problemas que pueden padecer los seres humanos en el empleo de su lengua.

La gramática estudia el sistema de cada lengua. Las lenguas no son un listado anárquico de palabras; las palabras pueden agruparse según su forma, su función o su significado y, además, existen reglas para combinarlas y poder formar frases y oraciones coherentes. Esto es lo que estudia la gramática.

Antiguamente se consideraba la gramática como el arte que enseña a hablar y escribir correctamente un idioma, pero en la actualidad, se define la gramática como la parte de la lingüística que estudia el conjunto de reglas que tiene una lengua, para formar palabras y combinarlas en la construcción de oraciones.

PARTES DE LA GRAMÁTICA

Las partes fundamentales de la gramática son la morfología y la sintaxis; muchos estudiosos incluyen, además, la fonética, la fonología y, en algunos casos, la semántica.

En este libro se tratarán sólo algunos aspectos básicos de fonética y de fonología, indispensables para un conocimiento completo de la gramática del español. La semántica se considerará únicamente como apoyo en la elaboración de las distintas definiciones y clasificaciones.

La fonética y la fonología estudian los sonidos de una lengua; la primera analiza la realización física de los sonidos lingüísticos, es decir, cómo se producen, cómo se perciben y cómo están formadas las ondas sonoras. La fonética se interesa, por ejemplo, en distinguir las diversas pronunciaciones del sonido [b] en español: si es suave como en la palabra *nabo*, o si es fuerte como en la palabra *barco*. La fonología, en cambio, estudia los sonidos, no como realizaciones físicas, sino como representaciones que permiten establecer diferencias de significado. Se interesa en analizar si el cambio de un sonido provoca cambio de significado, por ejemplo: *peso, beso; sal, sol.*

La morfología estudia cómo se forman las palabras, qué modificaciones sufren para indicar los distintos accidentes gramaticales: género, número, tiempo, modo; establece, además, cuáles son las clases de palabras: sustantivos, adjetivos, verbos, pronombres.

Por ejemplo, en español es posible formar un adjetivo derivándolo de un verbo como en:

> *Comprable* del verbo *comprar*
> *Variable* del verbo *variar*
> *Considerable* del verbo *considerar*

Otro ejemplo es la concordancia, de género y número, que deben observar los artículos y los adjetivos respecto del sustantivo al que acompañan:

> *La manzana podrida* (femenino y singular)
> *El limón podrido* (masculino y singular)

La sintaxis estudia cómo ordenar, coordinar y subordinar las palabras, así como las relaciones que guardan éstas dentro de una oración; por ejemplo:

La hermana de Juan escribe poemas.

> Sujeto: *La hermana de Juan*
> Predicado: *escribe poemas*

Asimismo, la sintaxis establece la función que cada una de las palabras desempeña dentro del sujeto y del predicado.

La semántica estudia la significación en las lenguas; examina el significado de cada palabra y de las oraciones.

FONÉTICA Y FONOLOGÍA

ELEMENTOS BÁSICOS

Elementos básicos

SONIDOS, FONEMAS Y GRAFÍAS

Los hablantes de cualquier lengua utilizan sonidos lingüísticos articulados para formar palabras. En la escritura, estos sonidos se representan por grafías o letras.

Un sonido lingüístico se produce por los llamados órganos de fonación del ser humano: labios, dientes, alvéolos, lengua, paladar, úvula, glotis, cuerdas vocales. Los sonidos que conforman una palabra pueden aislarse y distinguirse entre sí. Existe la convención de transcribir los sonidos entre corchetes: [b], [e], [s].

Un sonido puede presentar variaciones en el momento de articularse, debido a la influencia del sonido que le sigue o le precede; por ejemplo, la [n] de la palabra *nube*, se pronuncia como [m] cuando aparece junto al sonido representado por la grafía **v**: *invierno, envase*, también se advierte una variación junto a los sonidos [g], [f], como en *angosto, enfermo*. Las distintas producciones de un mismo sonido, como las diferentes formas de pronunciar la [n], se llaman alófonos.

La fonética estudia la producción de sonidos lingüísticos así como las diferentes realizaciones de éstos, es decir, los alófonos.

La fonología se ocupa del estudio de los sonidos en tanto unidades que provocan cambio de significado; estas unidades se llaman fonemas y se transcriben entre barras: /b/, /n/, /a/. La fonología no se interesa por las diferencias articulatorias, sino que hace abstracción de éstas; por ejemplo, para las distintas pronunciaciones de [n] establece un único fonema: /n/. Los sonidos son la realización acústica de los fonemas. Estos últimos son unidades abstractas que, sin embargo, los hablantes pueden reconocer, a pesar de las diferencias de pronunciación.

La fonología determina cuáles son los fonemas de una lengua y los organiza dentro de un sistema a partir de sus diferencias fundamentales. Por ejemplo, los fonemas /n/, /s/, /t/ son distintos porque la presencia de uno o de otro, en un mismo contexto, ocasiona cambio de significado: *pana, pasa, pata*.

Los fonemas del español son veintidós, diecisiete consonantes y cinco vocales. Suelen utilizarse símbolos convencionales para transcribirlos, por lo que su representación gráfica no siempre corresponde a las letras del alfabeto ortográfico:

Fonemas	Ejemplos	Fonemas	Ejemplos
/p/	pan	/r̄/	perra
/b/	boca, vaca	/l/	lobo
/t/	tema	/m/	mesa
/d/	dato	/n/	nada
/k/	casa, queso, kilo	/ñ/	baño
/g/	gato	/y/	yeso, llama
/f/	feo	/a/	alma
/s/	saber, cebra, zarpar	/e/	era
/x/	joroba, gitano	/i/	ira, Paraguay
/č/	chorizo	/o/	ocio
/r/	pera	/u/	universo

En algunas zonas del mundo hispanohablante, pueden reconocerse dos fonemas más:

$$/ \theta / \quad \text{caza, cocer, cima}$$

$$/ \text{l} / \quad \text{valla, callar}$$

El fonema /Θ/ se emplea en varias regiones de España y corresponde a las grafías **z** y **c**, esta última ante **e** o **i**. El fonema /ḽ/ se utiliza en algunas regiones de España, Colombia, Ecuador, Bolivia, Chile, entre otras.

Las grafías representan los fonemas en la escritura, por ejemplo, la letra **m** transcribe el fonema /m/, la grafía **rr**, el fonema /r̄/; las grafías **b** y **v**, el fonema /b/.

El alfabeto de la lengua española tiene las siguientes grafías o letras que pueden ser mayúsculas o minúsculas; en la columna de la derecha pueden verse los fonemas correspondientes; en algunos casos un fonema puede tener diversas formas de representación gráfica, por ejemplo /b/ puede escribirse como **b** o **v**; en otros casos, una grafía no corresponde, necesariamente, a un fonema específico, por ejemplo **w** y **x**:

Letras mayúsculas	Letras minúsculas	Fonemas
A	a	/a/
B	b	/b/
C	c	/k/ o /s/
D	d	/d/
E	e	/e/
F	f	/f/
G	g	/g/ o /x/
H	h	
I	i	/i/
J	j	/x/
K	k	/k/
L	l	/l/
M	m	/m/
N	n	/n/
Ñ	ñ	/ñ/
O	o	/o/
P	p	/p/
Q	q	/k/
R	r	/r/ o /r̄/
S	s	/s/
T	t	/t/
U	u	/u/
V	v	/b/
W	w	
X	x	
Y	y	/y/ o /l̬/
Z	z	/s/ o /θ/

En 1995 la Real Academia Española dispuso la desaparición, dentro del alfabeto, de las letras **ch** y **ll**; esto no significa que los sonidos que representan ya no existan. Se trata sólo de incluir las palabras que tengan estas letras en las secciones del diccionario asignadas a la **c** y a la **l**.

La falta de correspondencia exacta entre fonemas y grafías suele ocasionar problemas ortográficos:

    a) Las letras **v** y **b** representan el fonema /b/: *barco, vanidad.*

    b) La letra **c** puede pronunciarse como [s] frente a las vocales **e, i**: *cieno, cigarra, celos, cerro.*
En todos los demás casos, se articula como [k]: *cresta, coco, clima, cuenca.*

    c) La letra **g** se pronuncia de manera distinta; tiene sonido suave ante:

      — ue, ui: *guerrero, guirnalda*

      — a, o, u, ü: *ganar, golosina, gusano, vergüenza*

Tiene sonido fuerte y suena como [x] ante:

      — e, i: *gelatina, gimnasio*

    d) La letra **h** no corresponde a ningún sonido, es decir, sólo es un signo ortográfico, por eso se le ha llamado "h muda": *hilo, zanahoria.*

e) La letra **i** se escribe **y** cuando representa la conjunción *y*: *limones y peras*; también cuando aparece en posición final de palabra, sin ser núcleo vocálico: *muy, estoy, hoy*.

f) En algunos casos la letra **u** no corresponde a ningún fonema, pues no se pronuncia:
— Después de **q**, ante **e** o **i**: *queso, quizá*.
— Después de **g**, ante **e** o **i**: *guerra, guisado*. En esta misma posición sólo se pronuncia cuando lleva diéresis: *cigüeña, pingüino*.

g) La letra **x** puede pronunciarse de diferentes maneras:
— [ks]: *hexágono, examen*.
— [s]: *expectativa, extracto, Xochimilco*.
— [x]: *México*.

h) La letra **w** puede pronunciarse como [u] o [b]; en general se emplea en palabras de origen extranjero: *whisky, wat, Wagner*.

 ## VOCALES Y CONSONANTES

Las vocales son sonidos que se producen dejando salir libremente el aire, sin obstrucción; además, todas ellas son sonoras porque en el momento de pronunciarlas hay vibración de las cuerdas vocales. Cada uno de los sonidos vocálicos corresponde a los fonemas /a/, /e/, /i/, /o/ y /u/. Se distinguen entre sí por el grado de abertura de la boca y por la colocación de la lengua:

a) La vocal /a/ es la más abierta y la lengua se coloca en la parte baja de la boca.

b) La vocal /e/ es más cerrada que la /a/ y la lengua se eleva un poco y se adelanta hacia los dientes superiores. Los labios se alargan hacia los lados.

c) La vocal /i/ es más cerrada que la /e/ y la lengua se aproxima al paladar y a los dientes superiores. Los labios se alargan hacia los lados.

d) La vocal /o/ presenta la misma abertura que la /e/, pero la lengua se coloca hacia atrás, aproximándose al velo del paladar. Los labios se redondean.

e) La vocal /u/ es tan cerrada como la /i/ pero la lengua se aproxima aún más que en la /o/, al velo del paladar. Los labios se redondean.

Las vocales más abiertas, /a/, /e/ y /o/, se llaman fuertes; las cerradas, /i/ y /u/ se llaman débiles.

A diferencia de los fonemas vocálicos, los consonánticos representan sonidos que se producen con cierta obstrucción en la salida del aire y se pueden clasificar, básicamente, desde cuatro puntos de vista:

a) Por la sonoridad y la sordez, según si hay o no vibración de las cuerdas vocales; pueden ser:

Sonoras

/b/ barco	/d/ dama	/g/ agua	/ñ/ añil	/m/ amar
/n/ nido	/l/ luna	/r/ aroma	/r̄/ tierra	/y/ llamar

Sordas

/p/ pozo	/t/ tener	/k/ cosa	/x/ jamás
/s/ sueño	/f/ fúnebre	/č/ muchacho	

b) Por el modo de articulación, es decir, por la forma como sale el aire de la boca, pueden ser:

Oclusivas. Cuando existe una obstrucción total y el aire sale bruscamente:

/p/ paño	/t/ metro	/k/ mecánico	/b/ borrar	/m/ mano
/n/ antes	/ñ/ año	/g/ gorro	/d/ dátil	

Fricativas. Cuando no se cierra completamente el canal de la salida del aire y existe mucha fricción:

/f/ afán	/s/ sonido	/x/ juicio	/l/ ala

Africadas. Cuando el aire sale con fricción después de una obstrucción:

/č/ mucho	/y/ llorar

Vibrantes. Cuando el paso del aire se interrumpe momentáneamente y la lengua vibra una o varias veces:

/r/ pereza	/r̄/ parra

c) Por el punto de articulación, es decir, por el lugar donde hacen contacto dos órganos de la boca y se produce con ello cierta fricción; pueden ser:

Bilabiales. Se producen uniendo los labios:

/p/ palo	/b/ burro, ventana	/m/ mito

Labiodental. Se produce cuando el labio inferior roza los dientes superiores:

/f/ foca

Dentales o alveolares. Se producen cuando la lengua toca los alvéolos, es decir, la parte interior de los dientes superiores:

/t/ tener	/d/ disco	/s/ musa	/n/ animal	/l/ loma	/r/ traje

Palatales. Se producen cuando la lengua se apoya en el paladar:

/č/ pecho	/y/ llorar	/r̄/ arruinar	/ñ/ caña

Velares. Se producen cuando el dorso de la lengua se aproxima al velo del paladar:

/k/ kilo, eco, quizá	/g/ ángulo	/x/ México, mejor

d) De acuerdo con la cavidad por donde sale el aire, pueden ser:

Nasales. Cuando el aire sale por la nariz:

/m/ amigo	/n/ anillo	/ñ/ puño

Orales. Cuando el aire sale por la boca; todas las consonantes son orales, excepto las tres anteriores.

Muchos de estos fonemas consonánticos se pronuncian de distintas maneras en varias regiones del mundo hispanohablante. Todas estas variaciones se consideran alófonos. Por ejemplo:

a) /y/ se articula como fricativo, palatal sordo, [š], en zonas de Argentina y Uruguay.

b) /s/ se aspira o no se pronuncia cuando aparece en ciertas posiciones de palabra. Esto ocurre en regiones de Venezuela, Cuba, Puerto Rico, México, etc.

c) /x/ se pronuncia como uvular, es decir que la fricción no se produce en el velo del paladar, sino en la úvula. Esto sucede en algunas regiones de España.

LA SÍLABA

Las palabras pueden estar compuestas por una o más sílabas. Sílaba es la unidad mínima que se produce en una sola emisión de voz. En toda sílaba debe haber por lo menos una vocal y es posible que se formen de la siguiente manera:

a) Un fonema vocálico: <u>a</u>-re-na
b) Dos fonemas: <u>ai-re</u>, <u>al</u>-bur
c) Tres fonemas: <u>cue</u>-va, <u>car</u>-go
d) Cuatro fonemas: <u>blas</u>-fe-mia
e) Cinco fonemas: <u>trans</u>-por-tar

Toda sílaba tiene un núcleo silábico que corresponde siempre a una vocal.

Las vocales pueden ser fuertes, a, e, o, y débiles, i, u. A la unión de dos vocales en una misma sílaba se le llama diptongo: <u>huer</u>-to, an-<u>sia</u>, <u>cie</u>-lo, con-clu-<u>sión</u>, <u>gua</u>-po, <u>ais</u>-lar, <u>pei</u>-ne, <u>lau</u>-rel. Para que dos vocales formen diptongo, es necesario que una de ellas sea débil y átona, es decir sin acento. Si se reúnen dos vocales fuertes, el diptongo se deshace: fa-e-na, La-ti-no-a-mé-ri-ca. Dos vocales débiles forman diptongo: cui-dar, con-clui-do.

El triptongo es la unión de tres vocales en una misma sílaba. Se forma con una vocal fuerte en medio de dos débiles: es-tu-<u>diáis</u>, sen-ten-<u>ciáis</u>, <u>Cuauh</u>-té-moc, <u>buey</u>.

Ejercicio

Separe en sílabas las siguientes palabras:

acueducto _____   anteojos _____

coartada _____   construido _____

lección _____   termómetro _____

ciudad _____   diccionario _____

acordeón _____   Cuautla _____

EL ACENTO

En una palabra, las sílabas pueden ser tónicas o átonas, dependiendo de si tienen o no acento; el acento es la fuerza o énfasis con que se pronuncia una sílaba; todas las palabras tienen una sílaba tónica. Por ejemplo, en la palabra *casa* (*ca-sa*), la primera sílaba es tónica y la segunda, átona. En la palabra *pizarrón* (*pi-za-rrón*) la última es la sílaba tónica.

Ejercicio

Separe en sílabas las siguientes palabras y encierre en un círculo la sílaba tónica:

emperador _____   ventana _____

repetir _____   desarrollo _____

choclo _____   acuérdate _____

exponer _____   cloroformo _____

biblioteca _____   zapato _____

cielo _____   bicicleta _____

corazón _____   pasear _____

El acento puede ser ortográfico o prosódico; el primero se escribe gráficamente, como por ejemplo en las palabras *débil, cálido, acuático, razón, colibrí, dátil.* El acento prosódico se pronuncia pero no se escribe, por ejemplo: <u>ca</u>ma, <u>ti</u>gre, <u>luz</u>, pala<u>dar</u>.

Según el lugar donde se encuentre la sílaba tónica, las palabras se clasifican en:

a) **Agudas.** Su última sílaba es la tónica:

   sal-<u>tar</u>   co-<u>rrió</u>   ca-<u>fé</u>

☞   Sólo llevan acento ortográfico las palabras terminadas en **n, s,** o vocal:

   can-<u>ción</u>   des-<u>pués</u>   fre-ne-<u>sí</u>

Ejercicio

Las siguientes palabras son agudas. Anote el acento ortográfico en las palabras que deben llevarlo.

laurel	volvera	planchar	reloj
comio	autobus	sutil	calcetin
verdad	febril	revolucion	calor

comeras	mejor	melon	cantar
resolvio	ojala	amanecer	ladron
huir	hollin	calamidad	tener
acne	casual	tabu	rubi
feliz	anis	camaleon	frances

b) **Graves o llanas**. Su penúltima sílaba es la tónica:

cam-<u>pa</u>-na   a-<u>zú</u>-car   <u>ár</u>-bol

☞ Llevan acento ortográfico todas las palabras que no terminen en **n**, **s** o vocal:

<u>ú</u>-til   <u>néc</u>-tar   <u>ás</u>-pid   <u>ám</u>-bar

Las excepciones más comunes son las palabras que terminan en **-ps**, que sí se acentúan:

<u>fór</u>-ceps   <u>bí</u>-ceps

Ejercicio

Las siguientes palabras son graves. Anote el acento ortográfico en las palabras que deben llevarlo:

lunes	angel	tesis	cesped	hora	lapiz	perro
suerte	datil	dificil	cauce	cama	fragil	espacio
caliz	examen	huesped	album	resumen	lectura	bursatil
colegio	caracter	gracil	peces	hule	almibar	orden
marmol	joven	germen	condor	tunel	dictamen	carta
trebol	carcel	acento	origen	lentejas		

c) **Esdrújulas**. Su antepenúltima sílaba es la tónica.
☞ Estas palabras siempre llevan acento ortográfico:

<u>cá</u>-ma-ra   <u>quí</u>-ta-te   <u>mé</u>-ri-to   <u>án</u>-gu-lo

Ejercicio

Las siguientes palabras son esdrújulas. Anote el acento ortográfico en la sílaba que corresponda.

genero	clasico	ridiculo	exito	pronostico	congenito	comico
deficit	conico	liquido	grafica	palido	algebra	voragine
acido	solido	lamina	cascara	matematicas	rapido	

d) **Sobresdrújulas**. Su pre-antepenúltima sílaba es la tónica.
☞ Estas palabras siempre llevan acento ortográfico:

<u>sál</u>-ta-te-lo   a-<u>rrán</u>-ca-se-lo

Ejercicios

1. Las siguientes palabras son sobresdrújulas. Anote el acento en la sílaba que corresponda:

comiendoselo	arreglatelo	comprandoselo
corrigeselo	avisamelo	entregamelos

2. Escriba en el espacio en blanco si las palabras que se enlistan a continuación son agudas, graves o esdrújulas:

cálido ————	esclavo ————	razón ————
proyecto ————	gramática ————	lamentándose ————
lógica ————	higiénico ————	hervir ————
usted ————	válido ————	miedo ————
geografía ————	médico ————	dinero ————
ingratitud ————	primogénito ————	inútil ————

☞ El acento ortográfico se emplea también en los siguientes casos:

a) Cuando aparecen juntas una vocal débil acentuada y una fuerte no acentuada; el diptongo se deshace y la vocal débil recibe el acento ortográfico:

ma-íz   e-go-ís-mo   ba-úl   bú-ho

b) Las formas verbales que ya tienen acento, lo conservan aun cuando se les añada un pronombre al final:

sen-tó-se   ca-yó-se

c) En los adverbios terminados en -**mente**, derivados de adjetivos que llevan acento ortográfico. También en las palabras compuestas; en este caso el acento lo recibe la segunda palabra:

rá-pi-da-men-te   ri-dí-cu-la-men-te   úl-ti-ma-men-te   fi-si-co-quí-mi-ca

Ejercicio

Anote el acento en las palabras que deban llevarlo, de acuerdo con las reglas vistas anteriormente:

continuan	calidamente	quemolo	grua	tendria	beduino
ruina	oir	huida	vahido	leido	distribuido
tipicamente	reir	facilmente	acostose	duo	cantole

ACENTO DIACRÍTICO

Las reglas de acentuación establecen que las palabras monosílabas no llevan acento ortográfico: *fue, vi, sal.* En los casos en que existen dos monosílabos iguales pero con diferente significado y distinta función gramatical, se acentúa uno de ellos para diferenciarse: *sé* (del verbo *saber*) y *se* (pronombre personal). Este acento se llama diacrítico. Se emplea, además, para distinguir palabras no monosílabas, que tienen la misma escritura y la misma pronunciación, pero que poseen significado diferente y que pertenecen a una categoría gramatical distinta: *aquél* (pronombre), *aquel* (adjetivo).

A continuación se presenta un cuadro con los usos del acento diacrítico:

ACENTO DIACRÍTICO

tú (pronombre) Tú eres el responsable	**tu** (adjetivo) Tu casa es grande
éste, ésta (pronombre) Éste es el que me delató	**este, esta** (adjetivo) Este perro no es mío
él (pronombre) Él no hizo la tarea	**el** (artículo) El libro se perdió
aquél, aquélla (pronombre) Aquél trajo el dinero	**aquel, aquella** (adjetivo) Aquel camino es largo
mí (pronombre) Sólo pensaba en mí	**mi** (adjetivo) Mi hijo tiene pecas
sí (pronombre y adverbio) Volvió en sí Sí lo realizó	**si** (conjunción) Si vienes, te quedas
sólo (adverbio) Sólo quería un pastel	**solo** (adjetivo) Raúl vive solo
más (adverbio) Dame más almendras	**mas** (conjunción) Lo compró, mas no lo usa
té (sustantivo) Se tomó un té de canela	**te** (pronombre) Te lo dije
sé (verbo) Sé que voy a ganar	**se** (pronombre) José se equivocó
dé (verbo) Quiero que me dé una flor	**de** (preposición) La casa es de madera

Ejercicio

En las siguientes oraciones aparecen espacios en blanco. Coloque en ellos la palabra que corresponda, de las dos que se ofrecen al principio:

a) *mi / mí*

Muy cerca de _____ estaba el mar, pero en _____ sueño sólo veía el desierto.

¡A _____ me tenía que pasar eso!

_____ libro es más caro que el tuyo.

b) *si / sí*

Eso _____ lo oímos muy bien.

_____ no sucede algo imprevisto, nos vemos hoy en la cafetería.

Enrique estaba descontento de _____ mismo.

Iría a la fiesta _____ me invitaran.

c) *se / sé*

Al menos ya _____ el nombre de ellos.

No _____ me olvidará tu cara.

Un payaso subió al trapecio y no _____ cómo mantuvo el equilibrio,

pues _____ veía muy nervioso.

d) *de / dé*

Salió _____ su casa rápidamente.

Espero que no le _____ por imaginarse que la gente _____ aquí quiera engañarlo.

Todos quieren que _____ mis dos apellidos.

¿Eres _____ Santiago o _____ Valparaíso?

e) *tu / tú*

_____ eres siempre el impuntual.

_____ deseo de venganza revela _____ malestar.

f) *este / éste*

En la visita que hicimos a José, _____ entregó su cooperación.

_____ perico es muy parlanchín.

g) *mas / más*

No lo diré _____ de dos veces.

Esperé horas _____ todo fue inútil.

h) *esta / ésta*

En _____ casa ya no tenemos mascota. Antes vivía con nosotros una gatita, pero cuando nos cambiamos de domicilio _____ desapareció.

_____ es la canción que vamos a memorizar.

ACENTO ENFÁTICO

El acento enfático se emplea en algunas palabras que tienen sentido interrogativo o admirativo, para distinguirlas de las que tienen un sentido enunciativo o declarativo: *qué* y *que*.

A continuación se presenta un cuadro con los usos del acento enfático:

ACENTO ENFÁTICO	
Interrogativos y Exclamativos	Enunciativos o Declarativos
quién ¿Quién vino ayer? ¡Quién lo viera!	**quien** Díselo a quien quieras
cómo ¿Cómo lo supiste? ¡Cómo llueve!	**como** Lo hizo como pudo
dónde ¿Dónde viviremos?	**donde** Vivo donde nací
cuál ¿Cuál prefieres?	**cual** Compré un libro, el cual no tenía ilustraciones
cuánto ¿Cuánto ganas? ¡Cuánto trabajo!	**cuanto** Es todo cuanto tengo
qué ¿Qué hiciste ayer? ¡Qué desolación!	**que** Dijo que no vendría
cuándo ¿Cuándo llegaremos?	**cuando** Llamó cuando dormías

Ejercicio

En las siguientes oraciones aparecen espacios en blanco. Coloque en ellos la palabra que corresponda, de las dos que se ofrecen al principio:

a) *que / qué*

Me pongo a escribir lo _____ me pidieron, pero ¿_____ me impide mover las manos?

¿En _____ año naciste?

Pensaba _____ podría ir al mar este verano.

b) *cuando / cuándo*

¿_____ regresaste de tu viaje?

La noticia llegó _____ ella ya no podía más con su incertidumbre.

c) *como / cómo*

¿_____ llegaste a ese estado?

No sé _____ resolveré ese problema.

Instalaremos el equipo _____ lo indica el manual.

d) *quien / quién*

¿_____ va a conocer mejor su pena que uno mismo?

_____ habla del mar debe prepararse para inventar cualquier cosa.

e) *donde / dónde*

Me acerqué hasta _____ era prudente.

¿_____ queda Machu Picchu?

MORFOLOGÍA

ELEMENTOS BÁSICOS
EL SUSTANTIVO
EL ADJETIVO
EL ARTÍCULO
EL PRONOMBRE
EL VERBO
EL ADVERBIO
LA PREPOSICIÓN
LA CONJUNCIÓN
LA INTERJECCIÓN

Elementos básicos

Las frases y las oraciones están formadas por palabras, y éstas constituyen unidades lingüísticas independientes, con sentido propio, que es posible separar por pausas en el lenguaje oral o por espacios en blanco, en el lenguaje escrito.

La morfología se ocupa del estudio de las palabras: su estructura interna, los procesos de su formación, así como de las modificaciones que sufren para indicar los distintos accidentes gramaticales de género, número, tiempo, modo, entre otros.

 MORFEMAS

Las palabras están formadas por pequeñas unidades que tienen significado; estas unidades se llaman morfemas, y no necesariamente coinciden con las sílabas:

niñ-o	cas-a	flor-ero
roj-os	com-ió	deport-ista

Las palabras anteriores tienen dos morfemas:

a) El morfema raíz, llamado también radical o lexema: **niñ-**, **cas-**, **flor-**, **roj-**, **com-**, **deport-**. Éste se mantiene invariable, generalmente, y porta el significado básico de la palabra.

b) El morfema flexivo o derivativo, llamado también desinencia o gramema: **-o**, **-a**, **-ero**, **-os**, **-ió**, **-ista**. Éste siempre varía y agrega el significado de género, número, tiempo, etc.

En algunas ocasiones, una palabra puede estar constituida por un solo morfema:

mar	sol	así	mil
por	no	col	pan

Los procesos morfológicos más importantes que presentan las palabras son tres: flexión, derivación y composición.

 **FLEXIÓN**

La flexión es el procedimiento mediante el cual se agrega una determinada desinencia a un morfema raíz, para indicar las variaciones de género, número, tiempo y, además, para formar aumentativos, diminutivos, despectivos; estas desinencias no provocan cambio de categoría en la palabra a la que se adjuntan; por ejemplo, a la palabra *mesa* se le puede agregar la desinencia de plural -**s**: *mesas*. Tanto *mesa* como *mesas* pertenecen a la categoría de sustantivo. El verbo *comer* se puede flexionar para indicar modo, tiempo, número, persona: *com-imos*; las dos formas *comer* y *comimos* son verbos.

No todas las palabras sufren este tipo de variación. Las únicas que sí lo presentan son:

a) Los sustantivos, adjetivos, artículos y pronombres pueden tener los morfemas flexivos de género y número:

— Género:

escritor-**a**   (sustantivo femenino)
mexican-**o**   (adjetivo masculino)
un-**a**   (artículo femenino)
ell-**a**   (pronombre femenino)

— Número:

lápic-**es**   (sustantivo plural)
verde-**s**   (adjetivo plural)
la-**s**   (artículo plural)
ello-**s**   (pronombre plural)

Para el singular, en español, no se emplea ninguna desinencia: *lápiz, verde*.

b) Tanto a los sustantivos como a los adjetivos, se les pueden agregar morfemas flexivos para formar aumentativos, diminutivos o despectivos:

— Aumentativos:

cas-**ota**   grand-**ote**

— Diminutivos:

cas-**ita**   pequeñ-**ito**

— Despectivos:

cas-**ucha**   delgad-**ucho**

c) Los adjetivos pueden expresar grado superlativo, empleando también morfemas flexivos:

facil-**ísimo**   dulc-**ísimo**

d) Los verbos pueden tener morfemas flexivos para indicar modo, tiempo, persona y número:

compr-**aste**   regres-**ará**

En la primera palabra, la desinencia expresa modo indicativo, tiempo pasado o pretérito, segunda persona y singular. En la segunda, modo indicativo, tiempo futuro, tercera persona y singular.

Las preposiciones, las conjunciones y los adverbios son palabras invariables, desde el punto de vista de la flexión:

con	sin	desde	(preposiciones)
y	que	ni	(conjunciones)
ahora	cerca	luego	(adverbios)

Sin embargo, en el lenguaje coloquial de ciertas regiones del mundo hispanohablante, es posible encontrar flexión en algunos adverbios: *ahor-ita, cerqu-ita, luegu-ito*.

DERIVACIÓN

La derivación es el procedimiento que consiste en agregar un morfema derivativo a una raíz para formar una nueva palabra; es muy común que los procesos de derivación provoquen cambio en la categoría de las palabras y en su significado; el número de morfemas derivativos en español es muy grande, por ejemplo:

a) El morfema **-ción** se agrega a raíces verbales para formar sustantivos:

   traduc-**ción**   produc-**ción**   reten-**ción**

b) El morfema **-ble** se agrega a raíces verbales para formar adjetivos:

   lava-**ble**   compra-**ble**   recomenda-**ble**

c) El morfema **-mente** se agrega a raíces adjetivas para formar adverbios:

   fácil-**mente**   rápida-**mente**   loca-**mente**

Las palabras que sirven de base para la formación de derivados se llaman primitivas; las palabras resultantes, derivadas.

Los morfemas derivativos se llaman prefijos, infijos o sufijos, según donde se coloquen: al principio, en medio o al final de la palabra o raíz a la que se adjunten:

a) Prefijos: **des**-hacer   **a**-banderar   **re**-conocer

b) Infijos: Carl-**it**-os   azuqu-**ít**-ar

c) Sufijos: revela-**ción**   recibi-**dor**   repres-**ivo**

COMPOSICIÓN

La composición es el procedimiento que consiste en unir dos o más palabras para formar una nueva. En la composición pueden participar casi todas las categorías gramaticales; algunas de las combinaciones más comunes son:

a) Sustantivo + sustantivo: bocacalle   aguamiel

b) Verbo + sustantivo: limpiabotas   sacapuntas

c) Adjetivo + adjetivo: claroscuro agridulce

d) Sustantivo + adjetivo: vinagre pelirrojo

 CLASES DE PALABRAS

Todas las palabras pueden agruparse en categorías gramaticales o clases de palabras, dependiendo de su estructura, de la función que desempeñen dentro de la oración y de su significado. Las clases de palabras que existen en español son ocho: sustantivo, adjetivo, artículo, pronombre, verbo, adverbio, preposición y conjunción. La interjección no constituye una categoría o una clase de palabra, dado que en este grupo se incluyen diversos tipos de palabras que, al usarse como interjecciones, equivalen a una oración: *¡fuego!, ¡ay!, ¡bravo!*

El sustantivo

El nombre o sustantivo es la clase de palabra que se emplea para designar todos los seres y entidades: personas, animales y cosas, ya sean concretos, abstractos o imaginarios:

mujer	niño	hombre	ratón	tigre
mesa	tierra	monstruo	cielo	esperanza
pobreza	fórmula	idea	fantasía	vanidad

Otras clases de palabras, como los adjetivos, verbos, preposiciones, conjunciones, adverbios, pueden sustantivarse; es decir, sin ser sustantivos, es posible usarlos como tales. El procedimiento más común para sustantivar una palabra es mediante el empleo de un artículo:

a) Adjetivos. Es la clase de palabras que suele sustantivarse más frecuentemente; para hacerlo se emplea el artículo en masculino, femenino o neutro:

> Los <u>argentinos</u> perdieron el partido.
> La <u>perezosa</u> no quiso hacer ningún esfuerzo.
> Queríamos lo <u>necesario.</u>
> Todos anhelamos lo <u>bueno.</u>

b) Verbos. Se sustantivan las formas infinitivas:

> Se escuchaba el alegre <u>cantar</u> de los pájaros.
> Me encantan los <u>amaneceres</u> en el mar.
> <u>Amar</u> es una condena.

c) Adverbios:

> Sólo importan el <u>aquí</u> y el <u>ahora</u>
> Nunca se oyó un <u>jamás</u> de sus labios.

d) Preposiciones:

> Los <u>con</u> que utilizaste en ese artículo son excesivos.
> Julio siempre me lleva la <u>contra.</u>

e) Conjunciones:

> Jorge siempre les pone <u>peros</u> a las novelas que lee.

Ejercicio

Lea con atención las siguientes oraciones y subraye todas las palabras que están empleadas como sustantivos, es decir que se han sustantivado:

a) Los vencidos rompieron el cerco.

b) El extraño caminar de esos animales asustó a los pequeños.

c) Todas las cosas tienen su pro y su contra.

d) El mal que tenía Antonia era un misterio para los médicos.

e) Me interesa lo contrario de las opiniones de Roberto.

f) Ese personaje es conocido como "la malquerida".

g) Nunca he comprendido el errar de los vagabundos.

ACCIDENTES GRAMATICALES

Los sustantivos son palabras variables, es decir, presentan distintas desinencias para indicar los accidentes gramaticales de género y número; también para formar aumentativos, diminutivos y despectivos.

A) Género

En la lengua española, los sustantivos sólo pueden ser masculinos o femeninos; si se refieren a personas o a algunas especies de animales, el género alude a la calidad de mujer o hembra y a la de varón o macho:

Mi <u>vecina</u> piensa viajar a Bogotá. (Sustantivo femenino)
Llegaron los <u>albañiles</u> que contraté. (Sustantivo masculino)
Las <u>leonas</u> cuidan mucho a sus cachorros. (Sustantivo femenino)
El <u>oso</u> polar es de color blanco. (Sustantivo masculino)

Los sustantivos que se refieren a cosas también tienen género, masculino o femenino, aunque éste no corresponda a ninguna distinción sexual; se trata de palabras que adoptaron un género determinado desde los orígenes de la lengua española:

El <u>mes</u> entrante visitaremos esa ciudad. (Sustantivo masculino)
La <u>luz</u> de la pantalla me molesta. (Sustantivo femenino)

La distinción de género frecuentemente se marca mediante el uso de las desinencias -**o**, para el masculino, y -**a** para el femenino; sin embargo, es posible encontrar los siguientes casos:

a) Palabras masculinas terminadas en -**a**:

problema   sistema esquema   drama

b) Palabras femeninas terminadas en -**o**:

mano   soprano
modelo   (cuando se refiere a una mujer que modela ropa)

c) Sustantivos femeninos que se usan abreviadamente, mantienen el género aunque terminen en -**o**:

moto   (motocicleta)
foto   (fotografía)
polio   (poliomielitis)

d) Sustantivos con otras terminaciones, diferentes de -**o** y -**a**:

Masculinos: alacrán, pez, diamante, atril, banquete, motor.
Femeninos: cicatriz, intemperie, soledad, gratitud, razón, costumbre.

Los sustantivos femeninos se forman, generalmente, de la siguiente manera:

a) Cuando el sustantivo masculino termina en consonante, se agrega una -**a**:

doctor	doctora
pintor	pintora
león	leona

b) Cuando el sustantivo masculino termina en -**o**, se cambia por una -**a**:

hijo	hija
secretario	secretaria
gato	gata

Algunas excepciones en la formación del femenino son las siguientes:

a) Sustantivos que emplean desinencias irregulares para marcar el género:

emperador	emperatriz	actor	actriz
gallo	gallina	rey	reina
abad	abadesa	duque	duquesa

b) Sustantivos que tienen formas distintas para el masculino y para el femenino:

toro	vaca	padre	madre
caballo	yegua	hombre	mujer

c) Sustantivos que emplean la misma forma para ambos géneros:

araña   hormiga   pelícano   águila

Los sustantivos que aluden a cosas no admiten cambio de género:

Masculinos: mantel, jardín, libro, polvo, alambre, tapete.

Femeninos: mesa, calle, pared, sangre, nube, lluvia.

Algunos sustantivos que aceptan cambio son: *flor-flora, fruto-fruta, leño-leña, huerto-huerta, olivo-oliva*; sin embargo, en estos casos, cada una de las palabras cambia un poco su significado, por lo cual suelen emplearse en contextos diferentes.

Existen sustantivos que no presentan variación para marcar el género, pero que aceptan ser acompañados tanto por el artículo masculino, como por el femenino:

el mar	la mar	el mártir	la mártir
el cónyuge	la cónyuge	el artista	la artista

Ejercicio

Escriba la forma femenina de los siguientes sustantivos; si es la misma que para el masculino, escríbala nuevamente:

arquitecto _____	periodista _____
cantante _____	escritor _____
patriota _____	tío _____
estudiante _____	compadre _____
panadero _____	pájaro _____
testigo _____	conde _____
elefante _____	yerno _____
sobrino _____	sacerdote _____
peatón _____	macho _____

B) Número

Los sustantivos pueden estar en: singular o plural. El primero se refiere a una persona, animal o cosa; carece de una desinencia específica. El plural alude a dos o más entidades y se marca, generalmente, con los morfemas **-s** o **-es**, de acuerdo con las siguientes reglas:

a) Se añade **-s** a los sustantivos:
— Terminados en vocal no acentuada:

pera	peras	estudiante	estudiantes
calle	calles	batalla	batallas
patio	patios	mesabanco	mesabancos

— Terminados en **-e** tónica:

café	cafés	té	tés
pie	pies	chimpancé	chimpancés

b) Se añade **-es** a los sustantivos:
— Terminados en consonante:

comedor	comedores	reloj	relojes
mantel	manteles	control	controles
vaivén	vaivenes	túnel	túneles
pez	peces	raíz	raíces

(Los sustantivos terminados en **-z** hacen el plural con la desinencia **-ces**.)

— Terminados en **-y**:

ley	leyes	rey	reyes

— Terminados en vocal acentuada:

rubí	rubíes	bambú	bambúes
tabú	tabúes	alhelí	alhelíes

Salvo las siguientes palabras: *mamá-mamás, papá-papás, sofá-sofás.*

Las excepciones más comunes en la formación del plural son:

a) Los sustantivos cuya forma singular termina en **-s**, no añaden ninguna desinencia para el plural; éste se marca con el artículo:

el lunes	los lunes	el tocadiscos	los tocadiscos
la tesis	las tesis	la crisis	las crisis
el análisis	los análisis	el énfasis	los énfasis

b) Los sustantivos que únicamente se emplean en su forma plural:

nupcias	albricias	víveres
enseres	creces	exequias

c) Algunos sustantivos de origen extranjero forman el plural añadiendo -**s**:

| complot | complots | coñac | coñacs |
| carnet | carnets | jet | jets |

Ejercicio

Escriba el plural de los siguientes sustantivos; si alguno de ellos no varía, escríbalo nuevamente con el artículo correspondiente:

tractor_____   plantación_____   capataz_____

regalo_____   especie_____   cable_____

atención_____   cirrosis_____   ataúd_____

maguey _____   éxtasis_____   colibrí_____

tuberculosis_____   guardarropa _____   virus_____

atlas_____   alud_____   miércoles_____

tamiz_____   wat _____   autoridad_____

C) Aumentativos, diminutivos y despectivos

Los sustantivos pueden flexionarse para indicar aumento o disminución en el significado, así como para expresar burla o desprecio:

a) Aumentativos. Las desinencias más comunes son -**on**, -**ona**, -**azo**, -**aza**, -**ote**, -**ota**:

hombre	hombrón	casa	casona
perro	perrazo	comida	comidaza
libro	librote	cuchara	cucharota

Ejercicio

Escriba el aumentativo de los siguientes sustantivos:

cortina _____   pueblo _____

gasto _____   remedio _____

ojo _____   puerta _____

ratón _____   camión _____

b) Diminutivos. Las desinencias más comunes son -**ito**, -**ita**, -**illo**, -**illa**, -**ico**, -**ica**, -**in**, -**cito**, -**cita**:

dibujo	dibujito	guitarra	guitarrita
árbol	arbolillo	flor	florecilla
zapato	zapatico	galleta	galletica
niño	niñín	. . . .	. . . .
hombre	hombrecito	mujer	mujercita

Ejercicio

Escriba el diminutivo de los siguientes sustantivos:

ropa _____	perico _____
humo _____	calor _____
dinero _____	cuerno _____
torre _____	vuelta _____

c) Despectivos. Algunas de las desinencias más comunes son -**uza**, -**aco**, -**zuelo**, -**zuela**, -**ucho**, -**ucha**; en ocasiones, -**illo**, -**illa**:

gente	gentuza	libro	libraco
escritor	escritorzuelo	mujer	mujerzuela
papel	papelucho	revista	revistucha
hombre	hombrecillo	página	paginilla

Ejercicio

Escriba el despectivo de los siguientes sustantivos:

canasta _____	árbol _____
pájaro _____	maestro _____
calle _____	caldo _____

CLASIFICACIÓN DE LOS SUSTANTIVOS

Los sustantivos pueden clasificarse por su significado en tres grupos:

A) Concretos y abstractos

Los sustantivos concretos designan seres o entidades reales o imaginarios que pueden verse o representarse:

MORFOLOGÍA el sustantivo

lobo	banco	polvo	árbol	bruja
duende	ángel	fantasma	lumbre	ceniza

Los sustantivos abstractos se refieren a entidades no concretas, procesos, fenómenos, ideas o conceptos:

desarrollo	maldad	sabiduría	rigor
pensamiento	optimismo	vitalidad	blancura

Ejercicio

Escriba la clase de sustantivos, concretos o abstractos, a la que pertenecen las siguientes palabras:

pianista _____   tronco _____

lluvia _____   hipótesis _____

ignorancia _____   escalera _____

entendimiento _____   corrupción _____

monstruo _____   nieve _____

B) Comunes y propios

Los sustantivos comunes nombran entidades genéricas, no particulares:

cuadro	tierra	hoja	nariz
mosca	piedra	bolsa	hormiga

Los sustantivos propios designan el nombre particular de personas, ciudades, montañas, ríos, países, etc. Siempre se escriben con mayúscula.

Mario	Buenos Aires	Hilda
Amazonas	Canadá	Venus

Ejercicio

Escriba la clase de sustantivos, comunes o propios, a la que pertenecen las siguientes palabras:

Marte _____   Pirineos _____

máquina _____   calcetín _____

sonido _____   diciembre _____

Paraguay _____   ingeniero _____

Berlín _____   siglo _____

sábado _____   montaña _____

C) Colectivos

Designan un conjunto de seres de la misma clase o especie:

hormiguero   colmena   arboleda

Ejercicio

Subraye los sustantivos colectivos:

monte	aserradero	montículo	semillero	rebeldía
alameda	antigüedad	asamblea	tierra	enjambre
azúcar	luz	gente	pasto	carnicería

Desde el punto de vista de su estructura, los sustantivos se pueden clasificar en:

D) Simples

Están formados por una sola palabra sin morfemas derivativos:

dátil   vino   azúcar

E) Derivados

Están formados por un radical y uno o más morfemas derivativos:

datilero   vinatería   azucarera

En español existen muchos sufijos y prefijos que comúnmente se emplean para formar sustantivos derivados; algunos de ellos son:

- **-dad**: capacidad, falsedad, necedad, especialidad, personalidad.
- **-ismo**: caciquismo, organismo, surrealismo, naturalismo, comunismo.
- **-anza**: enseñanza, alianza, añoranza, tardanza, esperanza.
- **-ción**: colocación, pavimentación, recomendación, repetición.
- **-eza**: rareza, bajeza, certeza, agudeza, fiereza.
- **con-**, **com-** o **co-**: concesión, compadre, compatriota, correlación.
- **de-** o **des-**: devaluación, desconfianza, despropósito, descentralización.
- **sub-**: subdirector, subclase, subconsciencia, subdivisión.

F) Compuestos

Están formados por dos o más palabras:

bienestar   guardaespaldas   mediodía

Ejercicios

1. Escriba el tipo de sustantivo de que se trata en cada caso: simple, derivado o compuesto:

folletín _____	aguacero _____
espantapájaros _____	ciruela _____
telegrafista _____	disco _____
vigilante _____	buenaventura _____
plomo _____	taparrabos _____
vanguardismo _____	limonada _____
guardameta _____	aguardiente _____

2. Con los siguientes verbos, forme un sustantivo derivado empleando la desinencia **-ción**:

pedir _____	reproducir _____
resucitar _____	corregir _____
aparecer _____	fabricar _____
alimentar _____	crear _____

3. Con los siguientes adjetivos, forme un sustantivo derivado empleando la desinencia **-eza**:

ligero _____	flaco _____
bello _____	crudo _____
franco _____	extraño _____

4. Empleando uno de los siguientes prefijos, forme un sustantivo derivado para cada una de las siguientes palabras:

Prefijos: **sub-**, **bi-**, **ante-**, **pre-**.

juicio _____	género _____
suelo _____	sentimiento _____
faz _____	sala _____
suposición _____	brazo _____
desarrollo _____	historia _____
lateralidad _____	posición _____
motor _____	proyecto _____

El adjetivo

El adjetivo es la palabra que acompaña al sustantivo o nombre para determinarlo o calificarlo; expresa características o propiedades del sustantivo:

libro <u>verde</u>   libro <u>pequeño</u>   libro <u>viejo</u>

Estos adjetivos que acompañan al sustantivo *libro*, cumplen la función de especificar alguna de sus características y se dice que lo determinan, pues al añadir un adjetivo, ya no se habla de cualquier libro, sino precisamente de un *libro <u>verde</u>*, o de uno *<u>pequeño</u>* o de uno *<u>viejo</u>*.

Un sustantivo puede ser modificado por uno o varios adjetivos:

tema <u>interesante</u>, <u>claro</u> y <u>actual</u>

El adjetivo puede aparecer antes o después del sustantivo al que acompaña:

<u>pequeño</u> río   río <u>pequeño</u>
<u>amable</u> gente   gente <u>amable</u>

Cuando el adjetivo se antepone al sustantivo, recibe el nombre de epíteto; éste se caracteriza por reiterar una cualidad propia del sustantivo:

<u>blanca</u> nieve
<u>mansas</u> ovejas

Frecuentemente, la anteposición del adjetivo puede provocar:
a) Mayor énfasis en la cualidad del sustantivo:

Dijo adiós con <u>profundo</u> dolor.
Aquélla fue una <u>tibia</u> y <u>callada</u> tarde.

b)   Cambio de significado:

<u>pobre</u> mujer   mujer <u>pobre</u>

En el primer ejemplo el adjetivo *pobre* puede referirse a desventura, sufrimiento; en el segundo. a pobreza, miseria.

c) Sentido irónico:

¡<u>Bonito</u> humor tiene esa mujer!

¡<u>Gran</u> aportación la que hiciste! Todo salió mal.

Algunos adjetivos siempre se usan antes del sustantivo:

<u>rara</u> vez	<u>mala</u> suerte	<u>libre</u> albedrío
<u>cada</u> semana	<u>mucho</u> pan	<u>otro</u> día

Otros, en cambio, siempre se emplean después del sustantivo:

tecnología <u>vanguardista</u>	lugar <u>común</u>	pista <u>segura</u>

 ## APÓCOPE

Es el fenómeno que consiste en suprimir uno o varios sonidos al final de ciertos adjetivos, cuando éstos se anteponen al sustantivo; algunos de los adjetivos que tienen formas apocopadas son los siguientes:

Forma completa	Forma apocopada	Ejemplos
alguno	algún	Espero que algún invitado traiga buenas noticias
bueno	buen	¿Crees que es un buen principio?
ciento	cien	Hay cien hombres pidiendo clemencia
cualquiera	cualquier	Cualquier principiante sabe eso
grande	gran	Tendrán un gran éxito con todo ello
malo	mal	Tiene mal carácter desde entonces
ninguno	ningún	No espero ningún beneficio por este trabajo
primero	primer	Te pagarán el primer mes del año
santo	san	San Agustín escribió sobre el tema del tiempo
tercero	tercer	El tercer lugar recibirá mil bolívares

Ejercicio

Las siguientes oraciones tienen adjetivos en sus formas completas; transfórmelas utilizando sus correspondientes formas apocopadas, tratando de no alterar mucho el sentido; por ejemplo:

> Ninguno de los asistentes a la fiesta trajo vino.
> <u>Ningún asistente a la fiesta trajo vino.</u>

a) Un individuo cualquiera pensaría que estamos equivocados.

_____

b) ¿No te has aprovechado de ninguno de los beneficios?

_____

c) Ese hombre fue el primero en llegar.

_____

d) Un ciento de soldados murió en esa batalla.

_____

e) Tal vez alguno de los clientes descubra el fraude.

_____

f) Ambrosio es el nombre de un santo.

_____

g) Rodrigo se caracteriza por tener un humor bastante malo.

_____

h) El vino chileno es bueno.

_____

 ACCIDENTES GRAMATICALES

 ## A) Género

Los adjetivos pueden ser femeninos o masculinos y deben concordar con el sustantivo al que acompañan: si el sustantivo es masculino, el adjetivo también debe ser masculino; si el sustantivo es femenino, el adjetivo también debe serlo:

niñ-**o** bonit-**o**   niñ-**a** bonit-**a**

vecin-**o** atent-**o**   vecin-**a** atent-**a**

Los adjetivos masculinos, frecuentemente, terminan en **-o**; los femeninos, en **-a**:

acedo	aceda	interesado	interesada
feo	fea	amarillo	amarilla

Algunos adjetivos masculinos no terminan en **-o**; en estos casos, el femenino se marca añadiendo la desinencia **-a** a la forma masculina:

traidor	traidora	holgazán	holgazana
alemán	alemana	saltarín	saltarina

Los adjetivos que no presentan variación genérica son:

a) Los terminados en **-a** o **-e**:

hombre <u>hipócrita</u>	mujer <u>hipócrita</u>
niño <u>analfabeta</u>	niña <u>analfabeta</u>
funcionario <u>importante</u>	funcionaria <u>importante</u>
profesor <u>influyente</u>	profesora <u>influyente</u>
tío <u>amable</u>	tía <u>amable</u>
poema <u>triste</u>	canción <u>triste</u>
vestido <u>verde</u>	casa <u>verde</u>

b) La mayoría de los adjetivos que terminan en consonante:

cazador <u>audaz</u>	cazadora <u>audaz</u>
pensamiento <u>sutil</u>	idea <u>sutil</u>
gato <u>feliz</u>	gata <u>feliz</u>
hombre <u>cortés</u>	mujer <u>cortés</u>
director <u>joven</u>	directora <u>joven</u>

Ejercicio

Escriba en femenino las siguientes frases:

Artesano hábil _____

Doctor servicial _____

Escritor interesante _____

Emperador astuto _____

Caballo negro _____

Faraón egipcio _____

Actor ignorante _____

Jugador atrevido _____

Pintor contemporáneo _____

B) Número

Los adjetivos sólo pueden estar en singular o plural. Siempre concuerdan en número con el sustantivo al que acompañan:

árbol <u>seco</u>	árboles <u>secos</u>
estrella <u>luminosa</u>	estrellas <u>luminosas</u>

Generalmente, al adjetivo en singular se le agrega la desinencia **-s** para formar el plural:

rojo	rojos	sucia	sucias
brillante	brillantes	inteligente	inteligentes

Cuando el adjetivo singular termina en consonante, se agrega **-es** para formar el plural:

azul	azules	útil	útiles
fácil	fáciles	mejor	mejores

Los adjetivos terminados en **-z**, forman su plural con **-ces**:

feroz	feroces	feliz	felices
audaz	audaces	capaz	capaces

Ejercicios

1. Escriba el plural de los siguientes adjetivos:

creador_____	mayor _____
adorable_____	estimable _____
voraz _____	reprobado _____
cruel_____	tenaz _____
peor _____	frito _____
gris _____	áspero _____

2. Elija, de los adjetivos propuestos, el más adecuado para los sustantivos enlistados:

comestible holgazán alemanas interesante delicada filoso cálido

niñas _____	producto _____
abrazo _____	flor _____
perro _____	libro _____
cuchillo _____	

MORFOLOGÍA **el adjetivo**

C) Grados

Los adjetivos pueden admitir sufijos para expresar grados de tamaño, intensidad, dimensión, aprecio o desprecio, del nombre al que acompañan. Existen tres grados: positivo, comparativo y superlativo.

a) El grado positivo es el que enuncia la cualidad:

nube blanca   buena cosecha
ojos grandes   mala compañía

b) El grado comparativo expresa una relación de igualdad, inferioridad o superioridad; para formarlo no se emplean desinencias en el adjetivo, sino que suelen usarse palabras específicas que establecen la comparación:

Igualdad: el muchacho es tan indiferente como su padre.

Inferioridad: el muchacho es menos indiferente que su padre.

Superioridad: el muchacho es más indiferente que su padre.

c) El grado superlativo expresa el grado máximo de la cualidad; la desinencia más común es **-ísimo**:

altísimo   grandísimo   hermosísimo
limpísimo   baratísimo   negrísimo
cieguísimo   quietísimo   rapidísimo

Algunos de los adjetivos que, al formar el superlativo, pierden el diptongo de su raíz, son:

fiel   fidelísimo
nuevo   novísimo
fuerte   fortísimo
cierto   certísimo
diestro   destrísimo

Los adjetivos que terminan en **-ble** forman su superlativo en **-bilísimo**:

amable   amabilísimo
adorable   adorabilísimo
noble   nobilísimo

Los adjetivos que terminan en **-bre** forman el superlativo en **-érrimo**:

libre   libérrimo
célebre   celebérrimo
pobre   paupérrimo

Algunos adjetivos no siguen las reglas anteriores para formar los grados; emplean distintas formas derivadas del latín:

Positivo	Comparativo	Superlativo
bueno	mejor	óptimo
malo	peor	pésimo
pequeño	menor	mínimo
grande	mayor	máximo

Ejercicio

Escriba el superlativo de los siguientes adjetivos:

ardiente _____	inquieto _____
cruel _____	rojo _____
miserable _____	indispensable _____
antiguos _____	extremo _____
responsable _____	solo _____
autoritario _____	cínico _____

D) Aumentativos, diminutivos y despectivos

Los adjetivos pueden flexionarse para formar aumentativos, diminutivos y despectivos; las desinencias que suelen usarse son las mismas que se emplean para el sustantivo:

Adjetivo	Aumentativo	Diminutivo	Despectivo
flaco:	flacote	flaquito	flacucho
soltero:	solterote	solterito	solterillo o solterón
viejo:	viejote	viejito	viejillo
falso:	falsote	falsito	falsillo

Ejercicio

Escriba el aumentativo, el diminutivo y el despectivo de los siguientes adjetivos:

blanca	_____	_____	_____
perdido	_____	_____	_____
borracho	_____	_____	_____
frágil	_____	_____	_____
rico	_____	_____	_____
grande	_____	_____	_____

pobre _____ _____ _____

delgada _____ _____ _____

extranjero _____ _____ _____

feo _____ _____ _____

 ## DERIVACIÓN Y COMPOSICIÓN

Los adjetivos pueden formarse por derivación, agregando un sufijo a un verbo o a un sustantivo; algunas de las desinencias más usuales son:

a) **-ico**

carismático	anecdótico	diabólico
mágico	artístico	abúlico

b) **-al**

estomacal	servicial	genial
colegial	integral	sensual

c) **-ble**

asimilable	comprable	inolvidable
incorregible	separable	inquebrantable

d) **-ivo, -iva**

subversivo	caritativo	destructivo
reflexiva	sensitivo	comprensiva

e) **-il**

estudiantil	infantil	varonil
mercantil	grácil	inmóvil

f) **-oso, osa**

tramposo	gozoso	ansioso
avariciosa	filosa	amorosa

g) **-ado, -ada, -ido, -ida**

golpeado	construido	colgado
lavada	enojada	fatigada
partido	vivido	comido
vestida	sentida	reprimida

Los adjetivos compuestos están formados por dos o más palabras:

boquiabierto	pelirrojo	hispanoamericano
sordomudo	rojinegro	ojiverde

☞ Las desinencias de género y número se colocan en el segundo componente, nunca en el primero:

boquiabiertos   pelirrojas   hispanoamericanas
sordomudas   rojinegros   ojiverdes

Ejercicios

1. Escriba un adjetivo derivado de los siguientes sustantivos y verbos:

tigre _____	volar _____
guerra _____	bailar _____
leche _____	cocinar _____
semana _____	estimular _____
estudio _____	competir _____

2. Con los siguientes sustantivos, forme un adjetivo empleando la desinencia **-al**:

serie _____	autor _____
proverbio _____	mente _____
circunstancia _____	muerte _____
visión _____	institución _____
región _____	corrección _____
vida _____	fantasma _____

3. Con los siguientes verbos, forme un adjetivo empleando las desinencias **-ivo**, **-iva**:

corregir _____	transitar _____
lesionar _____	dirigir _____
conminar _____	apelar _____
vomitar _____	adicionar _____
persuadir _____	aumentar _____
representar _____	seleccionar _____

MORFOLOGÍA **el adjetivo**

CLASIFICACIÓN DE LOS ADJETIVOS

Los adjetivos, según la función que cumplen y el sentido que aportan, pueden clasificarse en calificativos y determinativos.

A) Calificativos

Los adjetivos calificativos añaden algo cualitativo al nombre:

bueno	grande	rubio	cercana
hermosa	cursi	ridículo	gordo
calvo	francés	polvoso	corregido

El grupo de adjetivos calificativos es muy grande; entre ellos se encuentran los adjetivos:

a) De color:

   blanco   negro   verde   morado

b) Derivados de verbos:

   soñado   mordido   roto   esperado

c) Derivados de sustantivos:

   escolar   mental   salado   febril

d) Gentilicios. Se emplean para indicar el lugar de origen de la cosa, animal o persona designada por el sustantivo. Se forman, en general, por derivación del nombre de la ciudad, estado, provincia o país correspondiente:

   madrileño   veracruzano   egipcio   africano

Ejercicio

Escriba los adjetivos gentilicios de los siguientes lugares:

Tíbet _____	El Salvador _____
Chile _____	Bogotá _____
Uruguay _____	Irán _____
Quito _____	Antillas _____
Bulgaria _____	Puerto Rico _____
Costa Rica _____	Cuba _____
Polonia _____	Roma _____
París _____	Canadá _____

B) Determinativos

Los adjetivos determinativos son los que limitan o precisan el sustantivo al que acompañan. Se caracterizan porque, a diferencia de los calificativos, no tienen un significado pleno. Se clasifican en: demostrativos, posesivos, indefinidos, numerales, interrogativos.

Adjetivos demostrativos

Los adjetivos demostrativos marcan la distancia espacial o temporal entre la persona que habla y la persona u objeto del que se habla. Siempre concuerdan en género y número con el sustantivo al que acompañan.

Los adjetivos demostrativos son:

	Singular	Plural
Masculino	este	estos
Femenino	esta	estas
Masculino	ese	esos
Femenino	esa	esas
Masculino	aquel	aquellos
Femenino	aquella	aquellas

a) *Este, esta, estos, estas,* se usan para seres o cosas que están cercanos temporal o espacialmente a la persona que habla:

Este año ganaré la lotería. (Proximidad temporal)
Esta fruta tiene un sabor ácido. (Proximidad espacial)
Me gustan estos perros. (Proximidad espacial)
Estas mañanas he amanecido feliz. (Proximidad temporal)

b) *Ese, esa, esos, esas,* se emplean para señalar cosas o personas cercanas al interlocutor:

Ese papel es bueno para dibujar. (Proximidad espacial)
Esa mujer es extraña. (Proximidad espacial)
Esos días fueron oscuros. (Proximidad temporal)
Esas noches fueron tu perdición. (Proximidad temporal)

c) *Aquel, aquella, aquellos, aquellas,* son adjetivos que marcan distancia temporal o espacial del objeto o persona de quien se habla:

MORFOLOGÍA el adjetivo

Aquel año sufrió mucho.   (Lejanía temporal)
Aquella niña lleva un vestido verde.   (Lejanía espacial)
Los hombres aquellos son espías.   (Lejanía espacial)
Aquellas horas fueron de angustia.   (Lejanía temporal)

Ejercicios

1. Subraye los adjetivos demostrativos que encuentre en las siguientes oraciones:

a) Estas lluvias me han hecho perder mucho dinero.

b) Quiero más de aquel postre.

c) Desde aquella noche empezó a soñar con piratas.

d) Quiere representar este papel, pero no es capaz de hacerlo.

e) Ese pájaro negro me da pavor.

2. Coloque en los espacios correspondientes el adjetivo demostrativo más adecuado:

a) No he podido olvidar _____años de felicidad.

b) _____semana tengo que trabajar como nunca.

c) _____libro que tienes en las manos es de terror.

d) Cada vez que veo a _____mujer recuerdo sus promesas incumplidas.

e) El perro_____que está amarrado del tronco es el que destrozó el jardín.

Adjetivos posesivos

Establecen que un ser o una cosa pertenece a alguien o a algo.
Los adjetivos posesivos pueden presentarse de dos maneras:

a) En su forma completa cuando van después del sustantivo:

esos libros míos
las penas tuyas
los papeles suyos

b) En forma apocopada, es decir, cuando se anteponen al sustantivo pierden su desinencia de género; esto ocurre solamente con los adjetivos *mío, tuyo* y *suyo.*

mis libros
tus penas
sus papeles

Los adjetivos posesivos son:

Singular	Plural	Ejemplos
mío	míos	Presentaré este cuadro mío
mía	mías	La pena mía no tiene remedio
tuyo	tuyos	Esos perros tuyos ladran mucho
tuya	tuyas	Las composiciones tuyas son melodiosas
suyo	suyos	Los asuntos suyos no me incumben
suya	suyas	La tía suya es muy simpática
nuestro	nuestros	Ese problema nuestro no tiene solución
nuestra	nuestras	Robaron nuestras casas
vuestro	vuestros	Son vuestros ancestros
vuestra	vuestras	La casa vuestra me asusta

Las formas apocopadas de los adjetivos posesivos son:

Singular	Plural	Ejemplos
mi	mis	Mi tío es delgado Mis aretes son de plata
tu	tus	Tu café está frío Tus costumbres son raras
su	sus	Su cabello era negro Sus libros están agotados Ellas tenían su dinero

☞ Las formas *cuyo, cuya, cuyos* y *cuyas* se comportan morfológicamente como adjetivos, dado que acompañan siempre a un sustantivo; expresan posesión: *los caballos, cuyo dueño desapareció del rancho, son muy finos.*

MORFOLOGÍA el adjetivo

Ejercicio

Escriba en el espacio en blanco, el adjetivo posesivo que corresponda, de acuerdo con el contexto:

a) _____ casa es tan cálida como su dueña.

b) Éste es _____ cuaderno, pero podrías prestármelo.

c) _____ cepillo de dientes jamás lo presto a nadie.

d) _____ esposa es mucho más joven que él.

e) _____ culpas no me dejan dormir.

f) Las razones _____ no me incumben.

g) Esta huerta _____ la adquirí hace mucho tiempo.

h) Esa pena _____ te matará.

Adjetivos indefinidos

Acompañan un sustantivo para distinguirlo de otro y le dan un sentido de imprecisión, de inexactitud. Gran parte de estos adjetivos expresan una idea de cantidad indeterminada. La mayoría de ellos presenta variación de género y número:

Vi <u>otra</u> película.
<u>Todos</u> los individuos exhiben su locura.
<u>Cierta</u> persona me dijo que te casaste.
Nunca he visto <u>semejante</u> atrocidad.
Ha estudiado <u>diferentes</u> disciplinas.
Nos contaron <u>diversas</u> historias sobre el caso.
Compré <u>varios</u> periódicos.
<u>Cada</u> día que pasa su salud mejora.
Siempre me dices las <u>mismas</u> cosas.
<u>Tanta</u> comida me enferma.
<u>Cualquier</u> persona diría una cosa así.
<u>Algunos</u> amigos creen en la reencarnación.
<u>Ninguna</u> mariposa sobrevivió.
<u>Pocas</u> máquinas funcionan bien.
Bebió <u>demasiada</u> leche.

Algunos adjetivos indefinidos presentan formas apocopadas, al anteponerse al sustantivo:

ninguno	<u>ningún</u>:	Ningún invitado llegó.
alguno	<u>algún</u>:	Algún zorro estuvo por aquí.
cualquiera	<u>cualquier</u>:	No es cualquier gente.

☞ El plural de *cualquiera* es *cualesquier*, para el masculino, y *cualesquiera*, para el femenino; estas formas tienen poco uso.

Ejercicios

1. Subraye los adjetivos indefinidos en las siguientes oraciones:

a) Debió ganar algún dinero por ese trabajo.

b) Cierto individuo me dijo algunos secretos de tu vida.

c) Ha viajado a diferentes partes del mundo y no tiene ningún amigo.

d) Ojalá algún día crezcas.

e) No tuvo ninguna vergüenza para decir semejantes palabras.

f) Has bebido mucho vino y no sabes lo que dices.

g) Daría cualquier cosa por entender lo que pasó.

h) ¿Hay quien pueda ofrecerme alguna palabra de consuelo?

2. Escriba un sustantivo para cada adjetivo indefinido que se le propone:

semejante_____   ningún _____

diversas_____   demasiada _____

cada _____   determinado _____

algún _____   otro _____

cualquier_____   cierto _____

Adjetivos numerales

Los adjetivos numerales añaden, al sustantivo al que acompañan, un sentido preciso de cantidad o de orden. Se clasifican en: cardinales, ordinales, múltiplos y partitivos.

a) Los adjetivos cardinales expresan cantidad exacta:

Pasó diez años de su vida escribiendo ese libro.
Hace cincuenta y ocho minutos que te espero.
Ha ganado cinco veces.
Quiero vivir más de noventa años.

b) Los adjetivos ordinales expresan un determinado orden en las cosas o personas nombradas:

Este chico ocupa el segundo lugar en su clase.
Vivo en el quinto piso.
Celebramos el decimoquinto aniversario de la revista.

Los ordinales *primero* y *tercero* suelen usarse en sus formas apocopadas *primer* y *tercer*, cuando acompañan un sustantivo masculino:

Gané el <u>primer</u> premio.
Das vuelta en el <u>tercer</u> semáforo.

Los adjetivos ordinales se emplean para referirse a reyes o reinas, papas, siglos, capítulos de los libros, etcétera. En estos casos, se suelen escribir con números romanos:

Juan Pablo <u>I</u> fue papa por muy poco tiempo.
Constantino <u>II</u> fue el último rey de Grecia.
Fue un hombre muy del siglo <u>XX</u>.
Ese dato aparece en el capítulo <u>IV</u> de tu libro.

c) Los adjetivos múltiplos expresan la idea de multiplicación del nombre. En general, se emplean para señalar cantidades pequeñas:

Quiero <u>doble</u> ración de helado.
Este problema puede analizarse desde una perspectiva <u>triple</u>.

☞ En algunos casos, estos adjetivos aparecen en sus formas derivadas *duplicado, triplicado, quintuplicado,* pero funcionando como sustantivos. Palabras como *docena, veintena* también son sustantivos.

d) Los adjetivos partitivos se emplean para expresar la división de una cantidad en partes:

Me tocó una <u>tercera</u> parte de la herencia.
Estás a <u>medio</u> camino.
Dos <u>cuartas</u> partes de los asistentes están inconformes.
Compró <u>media</u> sandía.

Ejercicio

Escriba un adjetivo numeral en los espacios en blanco. Puede ser cardinal, ordinal, múltiplo o partitivo:

a) El _____ capítulo es muy malo.

b) Se otorgará una medalla de oro al _____ lugar.

c) No tiene elevador y vive en el _____ piso.

d) Sólo tiene _____ años y ya tiene canas.

e) El siglo _____ se caracterizó por sus dos grandes guerras.

f) Me conformo con _____ pastel.

g) Le dieron _____ paliza en su casa, primero su papá y luego el abuelo.

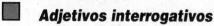

Adjetivos interrogativos

Estos adjetivos se emplean en oraciones interrogativas o exclamativas; siempre se anteponen al sustantivo y se acentúan:

¿<u>Cuál</u> tren tiene dormitorios?

¿<u>Cuáles</u> pájaros emigran en el invierno?

¿<u>Qué</u> películas ganaron un premio?

¿<u>Cuánto</u> dinero gastaste?

¿<u>Cuántas</u> preguntas incluiste en la encuesta?

¡<u>Cuánta</u> gente llegó entusiasmada!

¡<u>Qué</u> pena sienten los desvalidos!

También se emplean en las oraciones interrogativas indirectas, las cuales carecen de los signos de interrogación pero mantienen la idea de pregunta:

No sé <u>cuántos</u> puntos obtuvo el participante.

Nos preguntamos <u>cuál</u> respuesta daría Cristina a sus padres.

Ejercicio

Subraye todos los adjetivos que haya en las siguientes oraciones y escriba, en los espacios en blanco, la clase a la que pertenecen:

a) El hábil pescador regresó con dos tiburones.

b) Caminaba sobre cualquier superficie lisa.

c) Me gusta la comida peruana; incluye muchos mariscos.

d) Ningún túnel subterráneo atravesaba la ciudad.

e) Este silencio terrible me asfixia.

f) ¿Qué viajes has hecho con tus amigos?

g) Su primer oficio fue cuidar mascotas.

h) He pasado media vida esperando el primer premio.

i) ¿Cuál canción gitana prefieres?

j) Mi pena vale tres años de llanto.

k) Ignoro qué perspectiva novedosa vas a utilizar.

El artículo

El artículo es la clase de palabra que precede al sustantivo para determinarlo y concuerda con él en género y número:

el cielo	la boca
los cuadros	las pinturas
un abanico	una estrella
unos espejos	unas palmeras

Los artículos se clasifican en determinados o definidos e indeterminados o indefinidos:

	Artículos determinados o definidos			Artículos indeterminados o indefinidos	
	Masculino	Femenino	Neutro	Masculino	Femenino
Singular	el	la	lo	un	una
Plural	los	las		unos	unas

Los artículos definidos o determinados se refieren, generalmente, a seres o cosas previamente conocidos por los hablantes; su presencia es casi siempre necesaria junto al sustantivo y se emplean para singularizar una entidad en particular o un conjunto genérico:

Necesito la mesa grande.
El sol de la tarde caía sobre la ciudad.
Los seres humanos son mortales.
El pan es alimento básico.

Los artículos indefinidos o indeterminados se refieren a seres o cosas, generalmente, no conocidos o imprecisos para el oyente o el hablante:

Necesito una mesa grande.
Un esqueleto colgaba del techo del consultorio.
Debo comprar unas tijeras.
Se escucharon unos disparos.

Ejercicios

1. Escriba el artículo determinado o definido que les corresponde a los siguientes sustantivos:

_____	lápidas	_____	privilegios
_____	abuela	_____	verano
_____	mundo	_____	páginas
_____	desvelos	_____	cuerno

2. Escriba el artículo indeterminado o indefinido que les corresponde a los siguientes sustantivos:

_____	minutos	_____	trayecto
_____	navaja	_____	fuentes
_____	penumbra	_____	esclavos
_____	bostezos	_____	correa

El artículo neutro es el que se usa para sustantivar un adjetivo; éste siempre se emplea en su forma masculina singular, y adquiere sentido abstracto:

<u>lo</u> raro   <u>lo</u> difícil   <u>lo</u> escandaloso

También es posible emplear el artículo neutro para acompañar pronombres relativos:

<u>Lo</u> *que* dije estuvo muy claro.

Trajo a la fiesta <u>lo</u> *que* le pidieron.

José Ramón es <u>lo</u> *que* aparenta.

Ejercicios

1. Redacte una oración en la que emplee el artículo neutro para sustantivar cada uno de los siguientes adjetivos:

puntual _____

frágil _____

histórico _____

blanco _____

frío _____

2. En las siguientes oraciones aparecen subrayados los artículos; escriba en el espacio en blanco, si se trata de artículos determinados o indeterminados; asimismo anote el género y el número de éstos:

a) Llegó a <u>un</u> restaurante donde lo conocían muy bien.

_____ _____ _____

b) No siempre correspondía <u>lo</u> real con <u>lo</u> imaginario.

_____ _____ _____

_____ _____ _____

c) Eligió <u>unos</u> vistosos chalecos de pana.

_____ _____ _____

d) Por <u>la</u> mañana José Luis recibió <u>una</u> carta anónima.

_____ _____ _____

_____ _____ _____

e) Sentía <u>los</u> brazos demasiado rígidos.

_____ _____ _____

El artículo tiene la propiedad de sustantivar cualquier clase de palabra:

<u>El</u> *¡ay!* de los dolientes se escuchaba a lo lejos.   (Interjección sustantivada)
<u>El</u> *vivir* cómodamente era una obsesión.   (Verbo sustantivado)
<u>El</u> *ayer* era para ellos un tiempo olvidado.   (Adverbio sustantivado)
<u>Un</u> *rojo* pálido se veía en el horizonte.   (Adjetivo sustantivado)

Suele omitirse el artículo cuando el sustantivo expresa una idea indeterminada, indefinida o vaga

Sólo pensaba en pedir <u>justicia</u>.
Traigan <u>vino</u>, traigan <u>fuego</u>.
Llegaron <u>especialistas</u> de todo el mundo.

Debido al carácter de determinación que poseen los nombres propios, éstos no suelen ir acompañados de artículo; sin embargo, es frecuente encontrarlo en contextos regionales o coloquiales:

a) Ante nombres propios de persona:

el Juan   la Josefina

b) Ante algunos nombres de países:

el Perú   la Argentina

Los nombres propios de países o ciudades pueden llevar artículo cuando están acompañados de un adjetivo que precisa una época determinada:

el México colonial   la Roma antigua

Los artículos *el* y *un* se emplean delante de sustantivos femeninos en singular que empiezan por **a-** o **ha-** con acento ortográfico o prosódico:

el águila	el agua	el hambre	el hampa
un hacha	un ave	un arca	un hada

Cuando estos sustantivos están en plural, o cuando se interpone otra palabra entre el artículo y el sustantivo, se emplean los artículos femeninos:

las águilas   la transparente agua   unas enormes aves

☞ Existen algunas excepciones como la palabra *arte* que es masculino en singular, *el arte*, y femenino en plural *las artes*. *Azúcar* es sustantivo masculino que puede aceptar el artículo femenino: *el azúcar, la azúcar*.

Ejercicio

Escriba el artículo que corresponda en las siguientes oraciones:

a) No comió _____ arroz que le sirvieron.

b) _____ arpa se encuentra abandonada en el desván.

c) En el periódico salió la foto de _____ tres ataúdes.

d) Sentía _____ fuerte asco hacia los insectos.

e) Lo sorprendió _____ alba aún despierto.

f) Esa cafetera tiene _____ enorme asa.

g) No pudo quitarse _____ astilla del pie.

h) Los estudios sobre _____ alma son numerosos.

i) _____ harina que utilizan en esa panadería es integral.

j) Era muy notable _____ astucia de Pedro.

k) _____ áspid es una serpiente muy venenosa.

l) Me pidieron _____ acta de nacimiento.

Cuando el artículo *el* va precedido de las preposiciones *de* y *a*, se producen las formas *del* y *al*, por contracción:

Me gusta la casa <u>del</u> electricista.
Voy a ir <u>al</u> parque.

Si el artículo forma parte de un nombre propio no se lleva a cabo la contracción:

Acaba de regresar de <u>El</u> Cairo.
Voy a <u>El</u> Salvador.

Ejercicio

Escriba las formas *al, del* o *a El, de El*, donde corresponda, en las siguientes oraciones:

a) Antonio piensa ir _____ mar.
    (a el)

b) Oyó los pasos sobre la hojarasca _____ bosque.
    (de el)

c) Regresó a la casa _____ romper el alba.
    (a el)

d) La entrada _____ templo estaba abierta.
    (de el)

e) Visitó _____ dentista aquella tarde.
    (a el)

f) Esa frase extraña es _____ Lazarillo de Tormes.
    (de El)

g) Durante su juventud trabajó en la ciudad _____ Cabo.
    (de El)

h) Los conquistadores soñaban con llegar _____ Dorado.
    (a El)

El pronombre

El pronombre es la clase de palabra que se emplea para sustituir un sustantivo y evitar, en ocasiones, su repetición. Se usa para señalar seres o cosas que se encuentran presentes en el momento en que se realiza la comunicación, o para remitir a algo que se ha mencionado anteriormente:

> <u>Ella</u> entregó la carta a su hermana.
> <u>Esto</u> no está en orden.
> El hombre <u>que</u> leía el periódico tenía una manta sobre sus piernas.

El pronombre *ella* sustituye a alguien en tercera persona que realiza la acción; *esto* indica algo que se encuentra en el entorno de quien habla; *que* remite al sustantivo *hombre*.

La palabra a la que sustituye o se refiere el pronombre se llama antecedente; éste puede colocarse antes o después del pronombre y, en algunas ocasiones, es posible que se encuentre implícito. El antecedente puede ser un sustantivo, otro pronombre, una oración:

a) Pronombres que tienen como antecedente un sustantivo:

> La casa <u>que</u> compré es para nuestros hijos.   (Antecedente: *casa*)
> Tomó sus manos y <u>las</u> apretó cálidamente.   (Antecedente: *manos*)
> Cuando <u>la</u> conoció, Julia era aún muy joven.   (Antecedente: *Julia*)

b) Pronombres que tienen como antecedente otro pronombre:

> Algunos vieron el Egeo y <u>les</u> encantó.   (Antecedente: *algunos*)
> Todas estuvieron de acuerdo en asistir, pero <u>ninguna</u> se presentó.
>   (Antecedente: *todas*)

c) Pronombres que tienen como antecedente una oración:

> Esta noche voy a leer la novela; te <u>lo</u> juro.
>   (Antecedente: *esta noche voy a leer la novela*)

> No quiero que me prohíban nada. Arnulfo dijo <u>esto</u> con énfasis.
>   (Antecedente: *no quiero que me prohíban nada*)

A diferencia del sustantivo y del adjetivo, el pronombre carece de significado propio; lo adquiere en el contexto. Frecuentemente, en el lenguaje oral, la situación comunicativa en la que se encuentran los hablantes, es la que permite conocer el significado de los pronombres:

> Todos hablaban al mismo tiempo, éste pedía ser escuchado y aquél decía que debían mantener la calma.

El pronombre *todos* sustituye a los que están presentes, sin precisar la identidad de cada uno; *éste* representa a alguien que se encuentra cerca de quien habla, y *aquél* sustituye a alguien más lejano.

La mayoría de los pronombres presentan variaciones para marcar género masculino y femenino, así como para expresar accidentes de número:

> De las dos casas, ésta me gusta más.
>
> Ellos no dieron ninguna opinión.

Algunos pronombres poseen género neutro:

> Esto sólo se puede atribuir a su incompetencia.
>
> Guillermo trabaja y lee mucho; en cambio, Jorge no lo hace.

Los pronombres invariables son los que no marcan género y número:

> Nadie se mostró interesado en su proyecto.
>
> ¿Qué busca ese muchacho en la playa?

CLASIFICACIÓN DE LOS PRONOMBRES

Los pronombres se clasifican en personales, demostrativos, posesivos, relativos, interrogativos e indefinidos.

A) Pronombres personales

Los pronombres personales se refieren a las distintas personas gramaticales que intervienen en el diálogo:

a) Primera persona. La que habla: *yo, nosotros.*

b) Segunda persona. A quien se habla: *tú, usted, ustedes.*

c) Tercera persona. De quien se habla: *él, ella, ellos, ellas.*

Los pronombres personales son los siguientes:

Primera persona		Ejemplos
Singular	yo	Yo tengo la culpa
	mí	Juan hizo todo por mí
	me	Me reí mucho
	conmigo	Ven conmigo al teatro
Plural	nosotros	Nosotros ya vimos la película
	nosotras	Nosotras estamos bien
	nos	Dije que nos tardaríamos

Segunda persona		Ejemplos
Singular	tú	Tú sabes todo
	usted	Usted no sabe nada
	ti	Compré dulces para ti
	te	De nuevo te engañaron
	contigo	Asistiré contigo a la exposición
Plural	ustedes	Ustedes caminan mucho
	vosotros	Vosotros daréis la conferencia
	vosotras	Vosotras estáis locas
	os	Os lo dije

Tercera persona		Ejemplos
Singular	él	Él habla por teléfono
	ella	Ella estudia inglés
	ello	Por todo ello, no te creo
	sí	De pronto, David volvió en sí
	se	Luis se arregló con esmero
	consigo	Trajo consigo la computadora
	lo	Lo entregué en orden
	la	La encontré llorando
	le	Le prohibí gritar así
Plural	ellos	Ellos están desocupados
	ellas	Ellas hacen ejercicio
	los	Los sorprendí mientras dormían
	las	Las escuché con atención
	les	Les pidió un informe completo
	sí	Todos volvieron en sí
	se	Las mujeres se distinguieron por su trabajo

MORFOLOGÍA **el pronombre**

Además de las formas anteriores, en algunas regiones del mundo hispanohablante, se emplea el pronombre *vos*, que corresponde a la segunda persona del singular: *vos sabés que te espero, vos tenés muy bonitos ojos, vos llegaste temprano.*

Algunos de los pronombres personales suelen incorporarse a verbos: *comerlo, vendiéndole, explicarse.*

Las diferentes formas de los pronombres personales se emplean según las distintas funciones gramaticales que desempeñan en la oración: algunas de ellas sólo se emplean como sujetos, otras como objeto directo o indirecto, etcétera. Estos temas se tratarán en la parte correspondiente a sintaxis.

Ejercicios

1. Subraye los pronombres personales que aparecen en las siguientes oraciones; sobre la línea escriba si se trata de la primera, segunda o tercera persona:

a) Atrajo hacia sí a su hija.

_____

b) Isabel y yo entramos en la farmacia.

_____

c) El mayor beneficio fue para ti.

_____

d) Se encaminó hacia la orilla del mar.

_____

e) No olvides llevar contigo el equipo indispensable.

_____

f) Me preocupa la salud de mi amiga.

_____

g) Debimos buscar otra librería, nos pudimos haber ahorrado dinero.

_____

h) El paciente pidió al doctor que lo examinara.

_____

i) Ella disfrutaba de su compañía.

_____

2. Escriba en el lugar indicado, el antecedente de los pronombres personales subrayados en las siguientes oraciones:

a) Eliseo se sentía abrumado, tenía que mirar con fuerza dentro de <u>sí</u>.

b) A Nicanor, las circunstancias <u>lo</u> habían convertido en jefe.

c) En la conversación con nuestra prima, <u>le</u> hablé de tu arrepentimiento.

d) Incluso los anfitriones <u>se</u> durmieron en la sala.

e) Sólo a <u>ti</u>, Jaime, se te ocurre venir acompañado.

f) Quiero regalarte un disco pero creo que ya <u>lo</u> tienes.

g) <u>Le</u> limpió los ojos al anciano para examinarlos.

h) María Elena dejó dicho que no <u>la</u> molestaran.

 ## B) Pronombres demostrativos

Los pronombres demostrativos señalan seres u objetos sin nombrarlos y, por lo tanto, el significado está determinado por el contexto; concuerdan en género y número con su antecedente:

> <u>Ésta</u> es la última noticia que te doy.
> Compré varios muebles, pero <u>ése</u> no me gusta por modernista.
> <u>Aquéllos</u> se mantuvieron inmóviles.

Los pronombres demostrativos son los siguientes:

	Singular			Plural		
Masculino	éste	ése	aquél	éstos	ésos	aquéllos
Femenino	ésta	ésa	aquélla	éstas	ésas	aquéllas
Neutro	esto	eso	aquello			

MORFOLOGÍA el pronombre

63

CLASIFICACIÓN DE LOS PRONOMBRES

☞ Las formas de los pronombres demostrativos son las mismas que las de los adjetivos demostrativos. Se diferencian en que los adjetivos siempre acompañan un sustantivo, nunca se acentúan y carecen de la forma para el neutro. En cambio, los pronombres sustituyen un nombre y siempre se acentúan, excepto los neutros:

Pronombres demostrativos	*Adjetivos demostrativos*
<u>Éste</u> pone orden en la casa.	<u>Este</u> método ya lo había ensayado.
<u>Aquél</u> seguía los pasos de su padre.	<u>Aquel</u> sacrificio fue inútil.
Dile a <u>ése</u> que se vaya.	Repetía <u>ese</u> mismo gesto.
¿Puede llamarse progreso a <u>esto</u>?	
<u>Eso</u> es lo mejor que conozco.	
<u>Aquello</u> era un escándalo.	

Ejercicios

1. En las siguientes oraciones, se emplean pronombres y adjetivos demostrativos. Subraye los pronombres.

a) Si ésta no es su guerra, no debería estar aquí.

b) En estos tiempos hay que estar muy alertas; digo esto por experiencia.

c) Fue necesario hacer aquello para pagar las mensualidades oportunamente.

d) Le disgustó esta respuesta por ambigua y aquélla por contradictoria.

e) De éstos ya no queda ninguno.

f) En este jardín, Antonio solía leer poemas de Gorostiza; eso era muy agradable para todos nosotros.

g) Éste es dos años mayor que su hermana.

2. En las siguientes oraciones se encuentran subrayados los pronombres demostrativos; en el espacio indicado, escriba su antecedente.

a) Juan Carlos llegó tarde a la conferencia; en realidad, <u>ésta</u> ya casi estaba por finalizar.

_____

b) Los amigos de Mario mostraban inseguridad, <u>éstos</u> se encontraban muy asustados.

_____

c) Buscaba las palabras adecuadas pero sólo se le ocurrían <u>aquéllas</u> que no le servían.

_____

d) Escribí las primeras líneas con las que deseaba iniciar la carta, pero <u>éstas</u> sólo expresaban angustia.

_____

e) Gabriela seguía los pasos de Lauro mientras <u>éste</u> acomodaba las cosas en su casa de Puerto Rico.

_____

f) El accidente había ocurrido a las cinco de la mañana; <u>eso</u> lo sabíamos ambos.

_____

g) <u>Ésa</u> había sido la canción que más le gustaba a Linda.

_____

C) Pronombres posesivos

Los pronombres posesivos se refieren a seres, cosas o ideas poseídas por alguien:

Los <u>suyos</u> se encuentran bien de salud.

Quiero lo <u>mío</u> en este instante.

Los <u>nuestros</u> se retiraron del campo de batalla.

Los pronombres posesivos distinguen las tres personas gramaticales y concuerdan en género y número con su antecedente; son los siguientes:

	Singular		Plural	
Primera persona	mío nuestro	mía nuestra	míos nuestros	mías nuestras
Segunda persona	tuyo vuestro	tuya vuestra	tuyos vuestros	tuyas vuestras
Tercera persona	suyo	suya	suyos	suyas

☞ Las formas que se emplean son las mismas que las de los adjetivos posesivos, se diferencian en que estos últimos siempre acompañan al sustantivo, en cambio los pronombres están en lugar del nombre; es muy común utilizar un artículo para formar el pronombre correspondiente:

MORFOLOGÍA **el pronombre**

65

Pronombres posesivos

Los <u>nuestros</u> hicieron las diligencias.

Mi tía es morena, la <u>tuya</u> es rubia.

Los <u>suyos</u> te envían saludos.

Lo <u>nuestro</u> se acabó.

Vi que Arturo guardaba lo <u>suyo</u>.

Adjetivos posesivos

Los familiares <u>nuestros</u> lo hicieron.

La ropa <u>tuya</u> no está de moda.

No estaban claros los sueños <u>suyos</u>.

Ejercicio

En las siguientes oraciones aparecen pronombres y adjetivos posesivos; subraye los pronombres:

a) Nunca más disfrutaría de los suyos.

b) Tu manuscrito habla sobre las antiguas culturas del oriente; el mío, en cambio, trata sobre la Grecia antigua.

c) Lo nuestro había empezado a desmoronarse.

d) Estuvo a punto de apoyar su mano contra la suya para demostrarle que lo entendía.

e) Compadezco a los míos porque viven en una zona alejada de su trabajo.

f) El tiempo es un naufragio donde uno puede reconocer a los suyos.

g) Mónica utiliza una máquina en su trabajo; la suya la tiene guardada en su casa.

h) Nuestra ciudad, sus calles, sus edificios, han crecido con los nuestros.

 ## D) Pronombres relativos

Los pronombres relativos hacen referencia a alguien o a algo que se ha mencionado antes en el discurso o que ya es conocido por los interlocutores:

Me llevé el libro <u>que</u> te prestaron en la biblioteca.

<u>Quienes</u> estuvieron temprano lo hicieron todo.

<u>Lo que</u> me dijiste sobre la novela me pareció muy acertado.

A diferencia de las otras clases de pronombres, los relativos funcionan, en la mayor parte de los casos, como elementos de subordinación de oraciones; esta particularidad será tratada en el tema de sintaxis.

Los pronombres relativos son:

Singular	Plural	Ejemplos
que		La persona que lleva el portafolios es sospechosa
quien	quienes	Quienes entendieron el tema, lo explicaron bien
cual	cuales	Buscaba esas cosas, las cuales se suelen olvidar
cuanto	cuantos	Cuanto dicen de mí es falso
cuanta	cuantas	Cuantas se hallaban en la colina, miraban hacia el valle

El pronombre *que* es invariable y se usa en contextos muy diversos; puede tener como antecedente un sustantivo masculino o femenino, singular o plural, animado o inanimado:

> Los días <u>que</u> pasé en el mar fueron inolvidables.
> Conocí a un hombre <u>que</u> no sabe mentir.
> Rompí las cartas <u>que</u> me envió la directora.

Los pronombres *que, cual* y *cuales* suelen ir acompañados de artículo con el que forman una unidad pronominal:

> Dime <u>lo que</u> has decidido hacer.
> La época en <u>la cual</u> vivió era asfixiante.
> Se quedaba callado <u>el que</u> nunca entendía nada en las conferencias.
> <u>Los que</u> percibieron primero el humo, salieron a tiempo del incendio.

☞ Las formas *cuyo, cuya, cuyos, cuyas* se comportan morfológicamente como adjetivos puesto que siempre acompañan un sustantivo; sin embargo, funcionan sintácticamente como pronombres pues introducen oraciones subordinadas adjetivas, como se verá en la parte de sintaxis.

Ejercicios

1. Subraye los pronombres relativos que se encuentran en las siguientes oraciones:

   a) Hace tiempo que las gaviotas abandonaron el barco.

   b) Nunca entendió lo que decían los filósofos medievales.

   c) Quienes trabajan con libros no necesariamente están obligados a leerlos.

   d) Verónica mostraba una ingenuidad peligrosa para quien se acercara a ella.

   e) Les di varias propuestas, las cuales fueron rechazadas airadamente.

   f) Cuantos lo siguieron sólo recibieron como respuesta crueldad e incomprensión.

   g) Regresaron muy impresionadas, cuantas viajaron a Oceanía.

MORFOLOGÍA el pronombre

2. Escriba en el espacio en blanco el antecedente de los pronombres relativos subrayados, en las siguientes oraciones:

a) Era uno de esos lectores <u>que</u> devoran papel impreso desde la infancia.
_____

b) <u>Las que</u> te saludaron el martes son compañeras mías de la universidad.
_____

c) Javier, a <u>quien</u> tanto quieres, no te mencionó en su carta.
_____

d) Pasé una noche en esas playas, <u>las cuales</u> tenían un poder mágico para mí.
_____

e) Perdió todos los ahorros, con <u>los cuales</u> pensaba vivir en la vejez.
_____

f) Federico estudia muy poco, <u>lo cual</u> preocupa a sus padres.
_____

3. Escriba en el espacio en blanco de las siguientes oraciones, los pronombres relativos que correspondan:

las cuales   cuantos   lo cual que   quien

a) El destino _____ le esperaba era prometedor.

b) Imaginar una vida distinta para _____ amamos, es lo más fácil del mundo.

c) _____ lee por primera vez a Borges queda siempre deslumbrado.

d) Fernando nunca ha comprado un seguro de vida, _____ me preocupa.

e) Estas son las razones por _____ pienso presentar mi renuncia.

E) Pronombres interrogativos

Los pronombres interrogativos designan seres o cosas cuya identidad se desconoce; están en lugar de un nombre por el que se pregunta. Siempre se utilizan en oraciones interrogativas o exclamativas.

Las formas que se emplean son, en su mayoría, las mismas que las de los relativos, pero los pronombres interrogativos llevan acento; son los siguientes:

a)   qué

¿Qué trajeron para navidad?
¡Qué me cuentas a mí!

b)   quién   quiénes

¡Quién me lo iba a decir!
¿Quiénes pintaron la puerta?

c)   cuál   cuáles   ¿Cuál tendría en mente?
                              ¿Cuáles no encontraste?

d)   cuántos cuánta cuántas   ¡Cuántos se lamentaron de su suerte!
                              Pilar siempre prepara bastante salsa; ¿cuánta
                              preparó hoy para la fiesta?
                              ¿Cuántas trajiste el mes pasado?

☞   La forma *cuánto* no es pronombre interrogativo, es adverbio de cantidad: *¿cuánto cuesta?* Es
adjetivo cuando acompaña a un nombre: *¡cuánto dolor!*

Los pronombres interrogativos también se usan en las oraciones interrogativas indirectas,
las cuales carecen de signos de interrogación, pero conservan el sentido de pregunta:

No escuché <u>qué</u> me dijiste.
Quería saber <u>cuáles</u> eran las ideas de su amigo.
Mañana voy a decidir <u>quiénes</u> serán los invitados.

☞   Las formas de los pronombres interrogativos también se utilizan como adjetivos, pero
éstos siempre modifican un sustantivo:

Pronombres interrogativos   *Adjetivos interrogativos*

<u>¿Qué</u> hiciste ayer?   <u>¿Qué</u> propuesta tienes?
<u>¿Cuáles</u> se recibieron a tiempo?   <u>¿Cuáles</u> poemas seleccionaste?
<u>¿Cuántos</u> perdieron la apuesta?   <u>¿Cuántos</u> ganadores hubo?

Ejercicios

1. En las siguientes oraciones aparecen pronombres y adjetivos interrogativos; subraye los
pronombres:

a) Yo sólo veía una salida para nosotros; en ese caso, no sé qué habrías hecho tú.

b) ¿Qué clase de animales tiene un sistema de comunicación? y ¿cuál es el
más complejo?

c) ¿Quién envidia en este mundo a los insectos?

d) Ignoro qué me impactará más en el futuro.

e) Me pregunto quién nos ayudará a resolver un problema tan grande.

f) ¿Cuál río es el más caudaloso del mundo? y ¿cuál el más largo?

g) ¿Cuántos llevarás en tu maleta de viaje?

h) ¡Cuántas historias guarda la gente en su memoria! y ¡cuántas las que olvida!

MORFOLOGÍA el pronombre

2. En las siguientes oraciones aparecen subrayados los pronombres interrogativos y relativos; escriba en el espacio en blanco la clase a la que pertenece cada uno:

a) Francisco piensa ir a la reunión en <u>la que</u> lo nombrarán director.

_____

b) ¿Para <u>quién</u> estás preparando esos manjares?

_____

c) Los recuerdos <u>que</u> inquietaban a Gilberto desaparecieron repentinamente.

_____

d) <u>Cuanto</u> coleccionaba mi primo segundo era sólo basura.

_____

e) ¿<u>Cuántos</u> atendieron la enfermedad de nuestro tío?

_____

f) Principian y terminan todas las cosas en <u>las que</u> nos apoyamos.

_____

g) ¿<u>Quiénes</u> en este recinto han expresado verdaderas razones?

_____

h) ¿<u>Qué</u> buscaba examinando las rocas de los acantilados?

_____

 ## F) Pronombres indefinidos

Los pronombres indefinidos designan seres o cosas cuya identidad o cantidad es imprecisa, ya sea porque no interesa, no conviene o porque no es posible hacer la determinación; como los demás pronombres, éstos también están en lugar de un nombre:

<u>Alguien</u> me contó la verdad sobre los hechos.
Dale <u>algo</u> para que no llore.
No quiero perjudicar a <u>nadie</u>.

Los más usuales son los siguientes:

alguien	Alguien interpretó muy bien ese papel.
nadie	No quiero ver a nadie.
algo	Algo me dice que hiciste lo indebido.
nada	Ese día no sucedió nada.
cualquiera	Cualquiera entendería esa hipótesis.
alguno, algunos	Incluiremos a algunos en la lista negra.
alguna, algunas	Algunas no lo saben aún.

ninguno	Ninguno cumplió las recomendaciones.
ninguna	Ninguna sospechó que había trampa.
todo, todos	Lo sé todo.
todas	Todas llegaron vestidas de azul.
muchos	Muchos firmaron la solicitud de inscripción.
muchas	Muchas se negaron a dar su nombre.
pocos	Pocos saben manejar esa máquina.
pocas	Pocas conocieron las circunstancias.
varios	Varios se rieron a carcajadas.
varias	Varias saltaron de gusto.
demasiados	Vinieron demasiados y el vino no alcanzó.
demasiadas	Demasiadas pidieron información.
otro, otros	Otros lo sabrán con toda seguridad.
otra, otras	Llegaron otras a media noche.
bastantes	Son bastantes los que no saben qué hacer con su vida.
uno, unos	Cuando uno es joven, piensa que la muerte no existe.
una, unas	Una cree que es fácil interpretar los sueños.

 Algunas de estas formas son adverbios, cuando se mantienen invariables: *comí bastante, caminé mucho, sé poco, trabajó demasiado*. También pueden ser adjetivos cuando acompañan un sustantivo: *enfrenta muchos problemas, tiene poco sueño, varios cuartos son amplios, otro día vendrán tus amigos*.

Ejercicios

1. Subraye los pronombres indefinidos que aparecen en las siguientes oraciones:

a) Varios interpretaron el acontecimiento como un desafío.

b) Uno pensaría que cualquiera podría responder preguntas capciosas como ésas.

c) Anselmo era un ávido lector; le interesaba todo.

d) Ni a los familiares, ni a los vecinos, ni a los amigos... a nadie quería ver.

e) Alguien podría sospechar que hubiese algo preparado de antemano.

f) Pocos conocían las circunstancias en las que se desarrollaron los hechos.

g) Mis compañeros escaparon de las críticas; otros, en cambio, las padecieron enormemente.

h) De todos los recuerdos de su infancia, ninguno lo perturbaba tanto como aquel sueño.

i) No faltará alguno que llegue tarde.

j) Entre las mujeres que fueron a esas regiones, algunas recordaron que ahí había habido un campo de concentración.

2. Identifique todos los pronombres que aparecen en las siguientes oraciones; escríbalos en el espacio en blanco y anote la clase a la que corresponde cada uno de ellos; por ejemplo: *Cualquiera sabe las razones que te impulsaron a hacerlo.*

cualquiera	pronombre indefinido
que	pronombre relativo
te	pronombre personal
lo	pronombre personal

a) Ante la curiosidad de muchos, tomó la tarjeta y la guardó en una gastada billetera.

b) El niño que no lo diga, sufrirá las consecuencias.

c) El temor que lo invadió se debía al pánico de quedarse con hambre.

d) Los tuyos me tienen muy cansada con sus comentarios banales.

e) ¿Qué pretendería con sus insensatos vaivenes de opinión?

f) En las intervenciones finales, varios aludieron a su talento.

g) Lo que parecía ser una limitación era su atractivo.

h) ¿Quién entiende a éste?

i) Nadie le había adjudicado cualidades oratorias.

_____   _____

_____   _____

j) ¡Cuántos se lamentan de los viajes que no hicieron!

_____   _____

_____   _____

k) Piensa llevar consigo todas sus pertenencias.

_____   _____

l) Quienes nos enviaron ayuda se sintieron más tranquilos.

_____   _____

_____   _____

_____   _____

m) En ti nada provocaba sentimientos de culpa.

_____   _____

_____   _____

El verbo

El verbo es la clase de palabra que expresa acciones, actitudes, cambios, movimientos de seres o cosas. Siempre se refiere a las actividades que realizan o padecen las personas o animales, así como a las situaciones o estados en que éstos se encuentran, los cambios que sufren los objetos, las manifestaciones de diversos fenómenos de la naturaleza.

El infinitivo es la forma que se emplea para enunciar los verbos; éste no expresa modo, tiempo, número ni persona. Las tres terminaciones para el infinitivo son: **-ar**, **-er**, **-ir**. Los verbos pueden agruparse, dependiendo de su terminación, en primera, segunda y tercera conjugación; por ejemplo, los verbos *lavar, estudiar, caminar* son de la primera, *leer, correr, querer* son de la segunda y *partir, vivir, dividir* son de la tercera.

El verbo es la categoría que tiene más accidentes gramaticales. Presenta variaciones en sus desinencias para indicar la persona que realiza la acción, el número de la persona, singular o plural, así como el modo y el tiempo en que la realiza. La característica que presenta la flexión del verbo es que un mismo morfema puede expresar varios accidentes:

com-**o**	*primera persona del singular, modo indicativo, tiempo presente.*
com-**erás**	*segunda persona del singular, modo indicativo, tiempo futuro.*
com-**amos**	*primera persona del plural, modo subjuntivo, tiempo presente.*

A la flexión verbal se le llama conjugación.

ACCIDENTES GRAMATICALES

En los verbos es posible distinguir un morfema invariable llamado raíz y un morfema variable que expresa los distintos accidentes gramaticales: persona, número, modo, tiempo.

A) Persona y número

Mediante una desinencia, los verbos marcan la persona gramatical que realiza la acción, sea singular o plural:

	Singular		Plural	
Primera persona	(yo)	camin-o	(nosotros-as)	camin-amos
Segunda persona	(tú) (usted)	camin-as camin-a	(vosotros-as) (ustedes)	camin-áis camin-an
Tercera persona	(él-ella)	camin-a	(ellos-as)	camin-an

Las formas verbales de tercera persona de singular y de plural se emplean también con los pronombres de segunda persona, *usted* y *ustedes*, respectivamente.

Ejercicio

Subraye todos los verbos que aparecen en las siguientes oraciones y escriba en el espacio en blanco en qué persona están conjugados, primera, segunda o tercera, plural o singular:

a) Caminaba por el malecón del puerto, como era mi costumbre.

_____

_____

b) Ella volvió al pueblo muchos años después._____

c) Supimos que había perdido la noción del tiempo._____

_____

d) Nos deleitamos con la película que vimos el otro día._____

_____

e) Lo abandonarás porque en realidad no lo quieres._____

_____

f) Algunos de ellos dicen que vendrán para las fiestas de fin de año.

_____

_____

g) ¿Se quedaron ustedes en la estación del ferrocarril?_____

h) Ya dormiste bastante._____

i) Recordó los naranjos que había en el patio. _____

_____

j) ¿Lees sólo por deber profesional?_____

 B) Modo

Es el accidente gramatical que expresa la actitud del hablante frente a lo que enuncia. En español hay tres modos: indicativo, subjuntivo e imperativo.

El modo indicativo se usa, generalmente, para referir hechos reales, ya sea en pasado, presente o futuro:

> Usted <u>trabaja</u> demasiado.
> Le <u>gustaban</u> las lentejas.
> <u>Descansaremos</u> en las playas orientales.

Para expresar una acción posible, de deseo, de creencia, de duda, se emplea generalmente el modo subjuntivo:

> Quiero que Antonio <u>cocine</u>.
> Siempre temí que <u>pasara</u> esto.
> No sé si <u>haya terminado</u> el trabajo.

El modo imperativo expresa súplica, mandato o ruego; sólo tiene las formas de segunda persona, singular y plural:

> <u>Apaga</u> la luz.
> <u>Escuchen</u> ese ruido.
> <u>Caminad</u> aprisa.

 C) Tiempo

Es el accidente gramatical que señala el momento en que se realiza la acción; los tiempos básicos son presente, pretérito y futuro.

Los tiempos verbales pueden ser simples o compuestos. Los primeros se forman a partir de la raíz del verbo, añadiendo una desinencia específica:

> cant-**o**   cant-**é**   cant-**aré**

Para formar los tiempos compuestos se utiliza el verbo *haber* como auxiliar conjugado y el participio del verbo de que se trate:

> he cantado   hube cantado   habré cantado

Los verbos regulares son los que siguen modelos de conjugación: los terminados en **-ar**, se conjugan como el verbo *amar*; los terminados en **-er**, siguen el modelo del verbo *comer*; los terminados en **-ir**, se conjugan como el verbo *vivir*.

Los verbos que no siguen los modelos anteriores, se consideran irregulares pues presentan variaciones en su conjugación.

Los tiempos verbales han recibido diferentes nombres en los estudios gramaticales. A continuación se presenta un cuadro con los nombres:

TIEMPOS DEL MODO INDICATIVO	
SIMPLES	EJEMPLOS
Presente	Amo
Pretérito o pretérito perfecto simple	Amé
Futuro	Amaré
Copretérito o pretérito imperfecto	Amaba
Pospretérito o condicional	Amaría
COMPUESTOS	EJEMPLOS
Antepresente o pretérito perfecto compuesto	He amado
Antepretérito o pretérito anterior	Hube amado
Antefuturo o futuro perfecto	Habré amado
Antecopretérito o pretérito pluscuamperfecto	Había amado
Antepospretérito o condicional perfecto	Habría amado

TIEMPOS DEL MODO SUBJUNTIVO	
SIMPLES	EJEMPLOS
Presente	Ame
Pretérito o pretérito imperfecto	Amara o amase
Futuro	Amare
COMPUESTOS	EJEMPLOS
Antepresente o pretérito perfecto	Haya amado
Antepretérito o pretérito pluscuamperfecto	Hubiera o hubiese amado
Antefuturo o futuro perfecto	Hubiere amado

TIEMPO DEL MODO IMPERATIVO	
SIMPLE	EJEMPLO
Presente	Ama (tú)

Tiempos del modo indicativo

A continuación se presentan los tres modelos de conjugación de los verbos regulares, en los tiempos, simples y compuestos del modo indicativo:

VERBOS DE **PRIMERA** CONJUGACIÓN

TIEMPOS SIMPLES				
PRESENTE	PRETÉRITO	FUTURO	COPRETÉRITO	POSPRETÉRITO
amo	amé	amaré	amaba	amaría
amas	amaste	amarás	amabas	amarías
ama	amó	amará	amaba	amaría
amamos	amamos	amaremos	amábamos	amaríamos
amáis	amasteis	amaréis	amabais	amaríais
aman	amaron	amarán	amaban	amarían

TIEMPOS COMPUESTOS		
ANTEPRESENTE	ANTEPRETÉRITO	ANTEFUTURO
he amado	hube amado	habré amado
has amado	hubiste amado	habrás amado
ha amado	hubo amado	habrá amado
hemos amado	hubimos amado	habremos amado
habéis amado	hubisteis amado	habréis amado
han amado	hubieron amado	habrán amado

	ANTECOPRETÉRITO	ANTEPOSPRETÉRITO
	había amado	habría amado
	habías amado	habrías amado
	había amado	habría amado
	habíamos amado	habríamos amado
	habíais amado	habríais amado
	habían amado	habrían amado

VERBOS DE **SEGUNDA** CONJUGACIÓN

TIEMPOS SIMPLES

PRESENTE	PRETÉRITO	FUTURO	COPRETÉRITO	POSPRETÉRITO
como	comí	comeré	comía	comería
comes	comiste	comerás	comías	comerías
come	comió	comerá	comía	comería
comemos	comimos	comeremos	comíamos	comeríamos
coméis	comisteis	comeréis	comíais	comeríais
comen	comieron	comerán	comían	comerían

TIEMPOS COMPUESTOS

ANTEPRESENTE	ANTEPRETÉRITO	ANTEFUTURO
he comido	hube comido	habré comido
has comido	hubiste comido	habrás comido
ha comido	hubo comido	habrá comido
hemos comido	hubimos comido	habremos comido
habéis comido	hubisteis comido	habréis comido
han comido	hubieron comido	habrán comido

ANTECOPRETÉRITO	ANTEPOSPRETÉRITO
había comido	habría comido
habías comido	habrías comido
había comido	habría comido
habíamos comido	habríamos comido
habíais comido	habríais comido
habían comido	habrían comido

VERBOS DE **TERCERA** CONJUGACIÓN

TIEMPOS SIMPLES

PRESENTE	PRETÉRITO	FUTURO	COPRETÉRITO	POSPRETÉRITO
vivo	viví	viviré	vivía	viviría
vives	viviste	vivirás	vivías	vivirías
vive	vivió	vivirá	vivía	viviría
vivimos	vivimos	viviremos	vivíamos	viviríamos
vivís	vivisteis	viviréis	vivíais	viviríais
viven	vivieron	vivirán	vivían	vivirían

TIEMPOS COMPUESTOS

ANTEPRESENTE	ANTEPRETÉRITO	ANTEFUTURO
he vivido	hube vivido	habré vivido
has vivido	hubiste vivido	habrás vivido
ha vivido	hubo vivido	habrá vivido
hemos vivido	hubimos vivido	habremos vivido
habéis vivido	hubisteis vivido	habréis vivido
han vivido	hubieron vivido	habrán vivido

ANTECOPRETÉRITO	ANTEPOSPRETÉRITO
había vivido	habría vivido
habías vivido	habrías vivido
había vivido	habría vivido
habíamos vivido	habríamos vivido
habíais vivido	habríais vivido
habían vivido	habrían vivido

Algunos significados de los tiempos del modo indicativo

a) El tiempo presente puede expresar:

— Que la acción referida sucede al mismo tiempo en que se habla:

Ahora <u>quiero</u> un café.
Lo <u>veo</u> y no lo <u>creo</u>.

— Acciones que se realizan cotidianamente; se le conoce como presente habitual:

En mi casa <u>comemos</u> pescado una vez a la semana.
A mis alumnos les <u>encantan</u> las exposiciones orales.
Mi hermana siempre <u>toma</u> una copa de jerez antes de cenar.

— Hechos pasados a los que se da un matiz de actualidad; es conocido como presente histórico:

En el año 476 <u>cae</u> el Imperio Romano.
A fines del siglo XIX se <u>inventa</u> el cinematógrafo.

— Afirmaciones que tienen un carácter universal:

El agua <u>es</u> indispensable para la vida.
El tiempo <u>transcurre</u> inevitablemente.

— Acciones que se refieren al futuro:

El próximo mes <u>llega</u> mi tía.
El jueves <u>cumplo</u> treinta años.

b) El pretérito se refiere a acciones acabadas, concluidas en el pasado:

Claudia <u>participó</u> en el congreso con un trabajo muy novedoso.
Ayer me <u>hablaron</u> por teléfono los profesores del instituto.

c) El futuro se emplea para expresar:

— Acciones que aún no se han realizado, pero que son posibles; es muy común el empleo de perífrasis construidas con el verbo *ir* como auxiliar, para expresar este tiempo:

El lunes <u>pagaré</u> la hipoteca.
El lunes <u>voy a pagar</u> la hipoteca.

— Acontecimientos probables o inciertos:

¿<u>Estarán</u> bien de salud mis abuelos?
Jacobo <u>pesará</u> unos ochenta kilos.

— Mandato u obligación:

<u>Irán</u> a clase, quieran o no.
A partir de hoy, te <u>despedirás</u> de tus malos recuerdos.

d) El copretérito se refiere a una acción simultánea a otra, realizada en el pasado; también se emplea para acciones que transcurren habitualmente en el pasado:

<u>Leía</u> esa novela cuando sonó el teléfono.
En mi casa <u>comíamos</u> berenjenas todos los días.

e) El pospretérito se emplea en los siguientes casos:

— Para indicar tiempo futuro en relación con una acción pasada o presente; también puede expresar posibilidad condicionada a algo:

Te confieso que, en realidad, sí <u>querría</u> un vaso de vino.
<u>Entenderías</u> mejor si estuvieras más atento.

— Se usa, además, para manifestar una apreciación sobre una acción pasada o futura y para indicar cortesía:

Esa idea te <u>costaría</u> la vida en la Edad Media.
¿Me <u>recomendarías</u> para ese empleo?

f) El antepresente se utiliza para referir acciones recientemente ocurridas, o acciones pasadas que tienen vigencia en el presente:

<u>Han subido</u> mucho los precios.
<u>Hemos estado</u> muy molestos desde entonces.

g) El antepretérito se refiere a una acción concluida, en relación con otra acción ubicada en un pasado también acabado; actualmente tiene poco uso:

En cuanto <u>hubo acabado</u> se fue al teatro.

h) El antefuturo se emplea para expresar:

— Una acción venidera, pero anterior a otra que también sucederá en el futuro:

Cuando amanezca, Andrea se habrá cansado de los reproches de su tía.

Al terminar el día, habrás encontrado título para tu novela.

— Duda sobre un hecho ocurrido en el pasado:

¿Habrá terminado la cosecha de algodón?

¿Se habrán percatado de que los rehenes escaparon por la noche?

i) El antecopretérito expresa una acción pasada, respecto de otra ocurrida también en el pasado:

Tú ya habías nacido cuando comenzó la era de la computación.

Pensé que ya había terminado la asamblea.

j) El antepospretérito se emplea en los siguientes casos:

— Para expresar una acción que no se llevó a cabo pero que hubiera podido realizarse:

Catalina se habría reído mucho con las historias que cuentas.

A Rafael le habría gustado comprarse un traje nuevo.

— Para referir una acción futura, anterior a otra también futura; ambas acciones dependen de un hecho ocurrido en el pasado:

Nos dijeron que cuando comenzara el concierto, ya habrían preparado los bocadillos para el festejo.

Le prometí a Joel que para cuando volviera, yo ya habría descifrado el manuscrito.

— El antepospretérito también se emplea para expresar la consecuencia de una acción así como para indicar duda:

Habríamos ahorrado mucho dinero si hubiéramos comparado precios.

Si hubieras tenido disciplina, habrías terminado tu tesis.

Habrían sido las cinco de la mañana cuando comenzó el maremoto.

¿Habría recibido Julia los regalos que esperaba?

Ejercicios

1. Escriba en el espacio en blanco a qué tiempo, persona y número pertenece cada una de las siguientes formas verbales:

quedabas _____

contaría _____

había creído _____

rehúso _____

viene _____

hubo honrado _____

estalló _____

aleteaban _____

respondes _____

hemos luchado _____

hubo escapado _____

prefieres _____

querrás _____

visitarían _____

conoceríamos _____

habría rechazado _____

hubieron sonreído _____

exageró _____

han protestado _____

continuará _____

exclamaste _____

hacía _____

has resbalado _____

habré visto _____

habría temblado _____

habíamos sorprendido _____

habrás vuelto _____

2. Subraye todos los verbos que aparecen en las siguientes oraciones y escriba en el espacio en blanco el tiempo, número y persona en que se encuentran conjugados:

a) Me gustaría encontrar una solución para tus problemas.

_____

b) No siempre era fácil llegar al muelle.

_____

c) Había charlado con todos.

_____

d) Usted nunca creyó esa historia.

_____

e) ¿Qué sería de mí sin tu ayuda?

_____

f) Has mezclado dos historias incompatibles.

_____

g) Cuando hacía buen tiempo la colocaban en un rincón frente a la ventana.

_____

_____

h) A nuestra manera, los dos sabemos que hubo un error.

_____

_____

i) Javier había pensado que esa invitación era triste.

_____

_____

j) Tal vez mañana habremos hablado ya de esto.

_____

k) ¿Qué pensamientos tendrías tú aquella mañana?

_____

l) Tengo sólo un amigo, por eso me he acostumbrado a la soledad.

_____

_____

m) Tu personalidad verdadera permanecía oculta para todos los que te

tratábamos. _____

_____

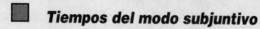

Tiempos del modo subjuntivo

A continuación se presentan los tres modelos de conjugación de los verbos regulares, en los tiempos simples y compuestos del modo subjuntivo.

VERBOS DE **PRIMERA** CONJUGACIÓN

TIEMPOS SIMPLES		
PRESENTE	PRETÉRITO	FUTURO
ame	amara o amase	amare
ames	amaras o amases	amares
ame	amara o amase	amare
amemos	amáramos o amásemos	amáremos
améis	amarais o amaseis	amareis
amen	amaran o amasen	amaren

TIEMPOS COMPUESTOS		
ANTEPRESENTE	ANTEPRETÉRITO	ANTEFUTURO
haya amado	hubiera o hubiese amado	hubiere amado
hayas amado	hubieras o hubieses amado	hubieres amado
haya amado	hubiera o hubiese amado	hubiere amado
hayamos amado	hubieran o hubiesen amado	hubiéremos amado
hayáis amado	hubierais o hubieseis amado	hubiereis amado
hayan amado	hubieran o hubiesen amado	hubieren amado

VERBOS DE **SEGUNDA** CONJUGACIÓN

TIEMPOS SIMPLES		
PRESENTE	PRETÉRITO	FUTURO
coma	comiera o comiese	comiere
comas	comieras o comieses	comieres
coma	comiera o comiese	comiere
comamos	comiéramos o comiésemos	comiéremos
comáis	comierais o comieseis	comiereis
coman	comieran o comiesen	comieren

TIEMPOS COMPUESTOS		
ANTEPRESENTE	ANTEPRETÉRITO	ANTEFUTURO
haya comido	hubiera o hubiese comido	hubiere comido
hayas comido	hubieras o hubieses comido	hubieres comido
haya comido	hubiera o hubiese comido	hubiere comido
hayamos comido	hubiéramos o hubiésemos comido	hubiéremos comido
hayáis comido	hubierais o hubieseis comido	hubiereis comido
hayan comido	hubieran o hubiesen comido	hubieren comido

VERBOS DE **TERCERA** CONJUGACIÓN

TIEMPOS SIMPLES		
PRESENTE	PRETÉRITO	FUTURO
viva	viviera o viviese	viviere
vivas	vivieras o vivieses	vivieres
viva	viviera o viviese	viviere
vivamos	viviéramos o viviésemos	viviéremos
viváis	vivierais o vivieseis	viviereis
vivan	vivieran o viviesen	vivieren

TIEMPOS COMPUESTOS		
ANTEPRESENTE	ANTEPRETÉRITO	ANTEFUTURO
haya vivido	hubiera o hubiese vivido	hubiere vivido
hayas vivido	hubieras o hubieses vivido	hubieres vivido
haya vivido	hubiera o hubiese vivido	hubiere vivido
hayamos vivido	hubiéramos o hubiésemos vivido	hubiéremos vivido
hayáis vivido	hubierais o hubieseis vivido	hubiereis vivido
hayan vivido	hubieran o hubiesen vivido	hubieren vivido

Algunos significados de los tiempos del modo subjuntivo

a) El presente se usa:

— Para expresar una acción presente o una futura, respecto de otra acción también presente o futura:

No conviene que <u>cuentes</u> ahora esa historia.

Cuando <u>vayamos</u> al desierto de Altar, tomaremos muchas fotografías.

— En la construcción de oraciones imperativas, en primera persona de plural; también en las oraciones imperativas con negación:

<u>Busquemos</u> con calma.

No te <u>asomes</u> al balcón.

— Para manifestar duda, posibilidad o deseo:

Quizá se <u>consuelen</u> pronto.

Ojalá <u>cambies</u> de opinión.

— En la construcción de ciertas expresiones que manifiestan disyunción:

<u>Hagan</u> lo que <u>hagan</u>, no conseguirán su propósito.

Iremos a la fiesta, sea como sea.

b) El pretérito se emplea para:

— Referir una acción posterior a otra ocurrida en el pasado:

Nos exigieron que <u>dijéramos</u> lo mismo.

El juez pidió al acusado que <u>confesase</u> la verdad.

— Indicar condición:

Si <u>oyeras</u> sus consejos, te iría mejor en la vida.

Yo trabajaría con ella, si no <u>fuera</u> tan impositiva.

c) El futuro indica una acción venidera, hipotética o una acción futura respecto de otra que también puede realizarse; se emplea, generalmente, en frases hechas o en textos literarios:

A donde <u>fueres</u> haz lo que <u>vieres</u>.

d) El antepresente se emplea para:

— Manifestar una acción pasada, anterior a otra:

> No estés tan seguro de que <u>hayan cumplido</u> sus promesas.
> Que él <u>haya perjudicado</u> a tanta gente, no fue nuestra culpa.

— Indicar deseo o probabilidad de que haya sucedido algo:

> Quizá <u>haya celebrado</u> su cumpleaños con una gran fiesta.
> Es probable que ya <u>hayan llegado</u> a Panamá.

e) El antepretérito se emplea para:

— Expresar una acción pasada respecto de otra también pasada:

> Lamentaban que sus comentarios <u>hubieran tenido</u> tan graves consecuencias.
>
> Me molestó que te <u>hubieras arrepentido</u> de tu decisión.

— Referir un deseo o una posibilidad pasada que ya no puede realizarse:

> Si <u>hubiéramos ahorrado</u> lo suficiente, ahora podríamos tener una casa.
>
> ¡Quién <u>hubiera imaginado</u> tan grande desgracia!

f) El antefuturo se utiliza para expresar una acción hipotética; tiene poco uso:

> Si para octubre no <u>hubieres rectificado</u> tu actitud, tendrás serios problemas.

Ejercicios

1. Conjugue los siguientes verbos en los tiempos del modo subjuntivo que se indican:

Disparar
Presente

Distinguir
Pretérito

Recorrer
Futuro

_____
_____
_____
_____
_____
_____

Incluir
Antepresente

_____
_____
_____
_____
_____
_____

Respirar
Antepretérito

_____
_____
_____
_____
_____

Seguir
Antefuturo

_____
_____
_____
_____
_____

2. Escriba en el espacio en blanco el tiempo, número y persona en que están conjugados los siguientes verbos:

hayamos visto _____

hubieras atendido _____

avergüence _____

hayan engordado _____

termines _____

hubieren registrado _____

leyeran _____

reprochare _____

maduren _____

hubiéramos ensayado _____

hubiese descubierto _____

faltáramos _____

hayamos estrujado _____

hubieran pisado _____

3. En las siguientes oraciones, subraye todos los verbos que aparecen en modo subjuntivo y escriba en el espacio en blanco el tiempo, número y persona en que están conjugados:

a) Es natural que nos desesperemos con sus ideas.

_____

b) Él hubiera preferido que no dijeras nada.

_____

c) No creo que hayas olvidado su cara.

_____

d) Es increíble que no hayamos tenido el valor para decírselo.

_____

e) Se hubiese acercado al campo enemigo, si no hubiera estado herido.

_____

f) Sea lo que fuere, aceptaremos el veredicto.

_____

g) Si se hubiera fatigado, no tendría ánimos.

_____

h) Aunque dijeras la verdad, no te salvarías.

_____

Tiempo del modo imperativo

El modo imperativo sólo tiene el tiempo presente, en la segunda persona del singular y del plural; sirve para expresar mandato, ruego o súplica:

	Primera conjugación	Segunda conjugación	Tercera conjugación
(tú)	ama	come	vive
(usted)	ame	coma	viva
(vosotros)	amad	comed	vivid
(ustedes)	amen	coman	vivan

En algunas regiones del mundo hispanohablante la segunda persona del singular se expresa mediante el pronombre *vos*, y la forma verbal correspondiente a esta persona sufre modificaciones en el presente de indicativo y de subjuntivo, así como en el modo imperativo:

	Presente indicativo	Presente subjuntivo	Imperativo
(vos)	amás	amés	amá
(vos)	comés	comás	comé
(vos)	vivís	vivás	viví

Ejercicio

En las siguientes oraciones subraye los verbos que se encuentran en modo imperativo:

a) Ofrece tu mano al necesitado.

b) Comprended las razones que hemos tenido para hacerlo.

c) Despiértate y asómate al balcón.

d) Mezcle los ingredientes en un tazón y agregue pimienta negra.

e) Escucha con atención.

 VOZ PASIVA

Los verbos pueden expresarse en voz activa o en voz pasiva. En la primera, el sujeto es el que realiza la acción; en la voz pasiva, en cambio, el sujeto es el paciente, es decir, el que recibe la acción del verbo:

Voz activa	*Sujeto agente*
Gabriel <u>entregó</u> el departamento.	Gabriel
La profesora <u>revisa</u> los ejercicios.	La profesora
Él <u>analizará</u> los resultados.	Él
Ella <u>asumiría</u> las consecuencias.	Ella

Voz pasiva	*Sujeto paciente*
El departamento <u>fue entregado</u> por Gabriel.	El departamento
Los ejercicios <u>son revisados</u> por la profesora.	Los ejercicios
Los resultados <u>serán analizados</u> por él.	Los resultados
Las consecuencias <u>serían asumidas</u> por ella.	Las consecuencias

Para formar la voz pasiva se utiliza el verbo *ser* como auxiliar, conjugado, y el participio del verbo principal:

MORFOLOGÍA **el verbo**

fue entregado

son revisados

serán analizados

serían asumidas

Es posible emplear el verbo *estar* como auxiliar en la formación de la voz pasiva, aunque es menos común:

Los problemas <u>están resueltos</u>.

Los caminos ya <u>están construidos</u>.

La voz pasiva destaca el sujeto paciente, por lo cual se puede omitir el agente de la acción verbal:

Los aspirantes <u>fueron rechazados</u>.

La competencia <u>será suspendida</u>.

La noticia <u>ha sido difundida</u>.

Otra manera frecuente de formar la voz pasiva es mediante el uso del pronombre *se*, acompañado del verbo en voz activa; este tipo de pasiva se llama refleja y sólo admite sujetos de tercera persona del singular o del plural:

<u>Se esperaban</u> grandes lluvias.

<u>Se aceptó</u> el acuerdo.

<u>Se venden</u> muebles antiguos.

La pasiva refleja suele confundirse con la forma de los verbos impersonales; la diferencia radica en que la voz pasiva tiene un sujeto paciente que concuerda en número con el verbo; los sujetos de las oraciones anteriores son: *grandes lluvias, el acuerdo, muebles antiguos*. En cambio, los verbos impersonales nunca tienen sujeto: *no llueve, aquí se actúa con sinceridad, se discute mucho.*

Ejercicios

1. En las siguientes oraciones subraye las formas verbales que se encuentran en voz pasiva:

a) La denuncia fue recibida por las autoridades, quienes detuvieron de inmediato al sospechoso.

b) Llegarán pronto a la ciudad y serán aclamados por todos.

c) Nos informaron que en esa librería se venden revistas antiguas.

d) Aquel día se celebraba el aniversario y todos estaban sombríos.

e) El hombre fue recibido con recelo porque no lo conocían bien.

f) La gente fue dispersada por la policía.

g) Los racistas fueron sacados por la fuerza.

h) La imagen se reflejó nítidamente en la ventana.

2. Las siguientes oraciones están escritas en voz activa; cámbielas a voz pasiva:

a) Ellos recordaban los últimos sueños.

_____

b) Orlando adquirió buenos hábitos en su infancia.

_____

c) Los médicos atenderán a los pacientes con cuidado.

_____

d) He comprado los discos que deseaba.

_____

e) Observaban la multitud.

_____

f) La gente de la ciudad esperaba grandes nevadas.

_____

g) Cerraron las puertas del almacén.

_____

h) El huracán destruyó todas las casas.

_____

i) Los sindicalistas subestimaron tus opiniones.

_____

j) El profesor convenció a Joaquín para que hiciera un nuevo proyecto.

_____

k) Abandonaron el barco en medio del río.

_____

CLASIFICACIÓN DE LOS VERBOS

Los verbos se pueden clasificar, en términos generales, a partir de los siguientes criterios: por su flexión o conjugación, por su significado y por su estructura.

A) Por su flexión: regulares, irregulares, defectivos e impersonales o unipersonales

Regulares

Son los verbos que al conjugarse no presentan variaciones en su raíz y siguen las desinencias del modelo al que pertenecen: *amar, comer* o *vivir;* estos tres verbos, debido a su comportamiento regular en todas sus formas de conjugación, se han considerado como modelos, correspondientes a las tres terminaciones del infinitivo **-ar, -er, -ir.**

En general, no se consideran irregularidades los cambios de acentuación; por ejemplo, en el verbo *vivir* la sílaba tónica es la segunda, pero en las formas *vivo* o *viva*, es la primera.

Tampoco son irregularidades los cambios ortográficos que sufren algunos verbos:

a) La letra **-c-**, con sonido fuerte, se escribe **-qu-** ante **-e**:

indicar indique replicar replique

b) La letra **-g-**, con sonido suave, se escribe **-gu-** ante **-e**:

pagar pague regar regué

c) La letra **-z-** se escribe **-c-** ante **-e**:

rozar roce agilizar agilicé

d) Las letras **-c-** y **-g-** se escriben **-z-** y **-j-**, respectivamente, ante **-a** y **-o**:

ejercer ejerza zurcir zurzo

recoger recoja fingir finjo

e) La letra **-i-**, no tónica, se vuelve **-y-** cuando se encuentra entre vocales:

leer leyó creer creyó

f) La letra **-u-** de los verbos terminados en **-guir**, se pierde ante **-a** y **-o**:

distinguir distinga distingo

perseguir persiga persigo

Irregulares

Son los verbos que, al flexionarse, presentan alteraciones en su raíz o en su terminación; es decir, no siguen la conjugación del modelo al que pertenecerían por su desinencia de infinitivo, *amar, comer, o vivir*.

La mayor parte de las irregularidades que presentan estos verbos puede sistematizarse, de tal manera que es posible formar grupos con ellos. Son pocos los verbos que no entran en un grupo porque constituyen, por sí mismos, su propio modelo de conjugación; es el caso de los verbos *ser* o *ir*, que tienen varias raíces y, por lo tanto, tienen formas tan diversas como:

soy seré sido es era éramos fui fuiste fuera

voy vas van iba ibas íbamos fui fuiste fuera

En general, las irregularidades que presentan los verbos en su conjugación pueden explicarse desde un punto de vista histórico; algunas de las más comunes son las siguientes:

a) Diptongación. En ocasiones, las vocales -i- y -e- diptongan en -ie-, y las vocales -o- y -u- diptongan en -ue-:

adquirir	adquiero	pensar	pienso
poder	puedo	jugar	juego

b) Cambio de una vocal. En ciertas formas verbales, las vocales -e- y -o- cambian a -i- y -u-, respectivamente:

pedir	pido	concebir	concibo
poder	pude	morir	murió

c) Sustitución de una letra por otra, -c-, por -g- o -j-:

hacer	haga	satisfacer	satisfaga
aducir	adujo	conducir	conduje

d) Adición de una letra, -d-, -c- o -g-:

poner	pondré	tener	tendré
nacer	nazco	parecer	parezco
poner	pongo	tener	tengo
salir	salgo	valer	valgo

e) Modificación de dos o más letras:

decir	diga	saber	sepa
caber	quepa	traer	traiga

Muchos verbos presentan varios de estos cambios en algunas de sus formas de conjugación:

tener	tendré	tiene	tengo
salir	saldré	sale	salga
venir	vendré	vienes	venga

Existen otras irregularidades que no se pueden sistematizar dado que son excepcionales, por ejemplo:

hacer	hice
errar	yerro
tener	tuvo

Defectivos

Son los verbos que sólo se conjugan en algunas formas y carecen de otras. La mayoría de ellos sólo tienen la tercera persona, debido a su significado:

atañer	atañe	atañen
acaecer	acaece	acaeció
acontecer	acontece	acontecen
concernir	concierne	conciernen

El verbo *abolir* también es defectivo porque no se conjuga en todos los tiempos y personas gramaticales; sólo pueden construirse las formas que tienen **-i-** después de la raíz:

abolí   aboliera   aboliremos   he abolido

Impersonales o unipersonales

Son los verbos que sólo se conjugan en tercera persona del singular, en todos los tiempos, porque no tienen un sujeto determinado; aluden a fenómenos meteorológicos:

llover	Llueve mucho.
nevar	En verano nunca nieva.
amanecer	Amaneció nublado.
anochecer	Anochece muy tarde en mi tierra.

Sin embargo, cuando se emplean en sentido figurado, es posible atribuirles un sujeto, con lo que pierden el sentido de impersonalidad; en este caso también pueden conjugarse en primera y segunda personas:

Amanecimos muy cansados.

Llovieron piedras.

Su vida anocheció demasiado pronto.

Ejercicios

1. Construya una oración con cada uno de los siguientes verbos defectivos e impersonales:

abolir _____

concernir _____

soler _____

nevar _____

relampaguear _____

atardecer _____

atañer _____

granizar _____

2. Algunas de las siguientes oraciones tienen verbos impersonales; subráyelos:

    a) Cuando nieve iremos a esquiar.

    b) Se oye un extraño rumor.

MORFOLOGÍA el verbo

c) Sus ojos relampaguean de contento.

d) Se dice que estás en problemas.

e) Nos llovieron críticas.

f) Amaneció nublado.

g) Se come bien en este restaurante.

h) Durante toda la tarde llovíznó en la sierra.

B) Por su significado: transitivos, intransitivos, copulativos, reflexivos, recíprocos y auxiliares

Transitivos

Son los verbos cuyo significado exige la presencia de un agente que realiza la acción, y un paciente que la recibe:

> <u>Llevé</u> mi dinero al banco.
> Ellos <u>lavaron</u> con esmero los pisos.
> René <u>construyó</u> un barco con materiales oxidados.

Los tres verbos anteriores son transitivos porque tienen un agente (*yo, ellos, René*), cuya acción recae directamente sobre los pacientes o complementos directos: *mi dinero, los pisos, un barco.*

En español existen muchos verbos transitivos:

querer	dar	decir	entregar	escribir	leer
oír	cortar	sembrar	abrir	matar	pintar

Otros verbos, sin ser transitivos, pueden llegar a serlo si se les añade un paciente o complemento directo:

> Lola <u>trabaja</u> la madera.
> <u>Vivimos</u> una experiencia muy intensa.
> <u>Lloré</u> lágrimas amargas.

Intransitivos

Son los verbos cuyo significado sólo exige la presencia de un agente, que es el que realiza la acción; ésta no tiene la posibilidad de afectar o modificar a alguien o algo; es decir, no tienen complemento directo, aunque sí admiten otro tipo de complementos:

Todas las mañanas Lucía <u>corre</u> en ese parque.

Los aviones modernos <u>vuelan</u> muy alto.

Mi hermana <u>nació</u> de madrugada.

Tú y yo <u>viviremos</u> en una casa frente al mar.

Ese camino <u>va</u> hacia el oriente.

Ejercicio

Escriba la clase a la que pertenece cada uno de los verbos que aparecen en las siguientes oraciones, transitivos o intransitivos:

a) Compré dulces, chocolates y naranjas. _____

b) La anciana vecina vive muy holgadamente. _____

c) Bebimos anís hasta el amanecer. _____

d) Murió de inanición. _____

e) Naciste con buena estrella. _____

f) Todas las tardes Verónica pasea a su perro. _____

g) Los niños de hoy crecen aprisa. _____

h) Quiero un minuto de atención. _____

i) Espero años de felicidad. _____

j) La tierra gira alrededor de su propio eje. _____

k) No riegues las plantas así. _____

l) Alquiló un amplio estudio con balcón. _____

m) Viajaremos en primavera. _____

n) Piensa una palabra mágica. _____

ñ) Esas flores huelen mal. _____

o) Huelo tu perfume. _____

p) Duermes como inocente. _____

q) El anestesista durmió al paciente. _____

Copulativos

Son los verbos que no aportan un significado pleno, sólo se emplean para unir el sujeto y el predicado; los principales verbos copulativos son *ser* y *estar*.

Tu vanidad <u>es</u> insoportable.

Su amiga <u>es</u> la presidenta.

Nuestra mascota <u>está</u> enferma.

Hoy tú <u>estás</u> deslumbrante.

MORFOLOGÍA el verbo

En estas oraciones las palabras que realmente predican algo de los sujetos son adjetivos o sustantivos, por ello reciben el nombre de predicados nominales: *insoportable, la presidenta, enferma* y *deslumbrante*.

Algunos verbos pueden adquirir un valor copulativo cuando incluyen un predicado nominal que, por lo general, modifica al sujeto y concuerda con él en género y número:

> Elvira se <u>halla</u> desesperada.
> Mi hijo se <u>quedó</u> solo en la vida.
> Alejandro <u>anda</u> enojado.

Los adjetivos *desesperada, solo* y *enojado* son predicados nominales; por ello los verbos están funcionando como copulativos.

Ejercicios

1. Algunas de las siguientes oraciones tienen verbos copulativos; subráyelos:

a) Ese niño ya está muy grande.

b) Andas enamorada como quinceañera.

c) Como ensaladas y frutas para adelgazar.

d) Su cabello es rubio y crespo.

e) Se quedó vestido y alborotado.

f) Anunciaré a los cuatro vientos mi felicidad.

g) Dormiría en tu casa si no tuviera prisa por llegar a la mía.

h) Las despedidas son amargas y dolorosas.

i) Me hallo desconsolada.

2. En las siguientes oraciones, añada el verbo copulativo que falta en los espacios en blanco, cuidando el sentido y la coherencia:

a) El árbol de tu infancia_____florecido.

b) Su sonrisa_____cálida.

c) Se_____petrificada por la sorpresa.

d) _____ triste por la noticia recién recibida.

e) Mi casa_____vacía.

f) La angustia_____mortal.

g) Alfonso se _____ embobado con semejante visión.

h) Las luces _____ apagadas.

i) Todos los vuelos nacionales_____ riesgosos.

Reflexivos

Los verbos reflexivos expresan una acción realizada por el sujeto, la cual recae sobre él mismo; exigen la presencia de los siguientes pronombres: *me, te, se, nos, os.*

> Me <u>baño</u> con esencia de flores.
> Te <u>peinas</u> como niña.
> Se <u>despertó</u> muy temprano.
> Nos <u>levantamos</u> al amanecer.
> Os <u>indignáis</u> con sus mentiras.

En los verbos reflexivos, los pronombres *me, te, se, nos* y *os* siempre se refieren al sujeto, es decir, a la persona que realiza la acción. Cuando no se da esta correspondencia entre el pronombre y el sujeto, los verbos dejan de ser reflexivos y funcionan como transitivos: *yo te peino, ustedes nos despertaron temprano.* Lo mismo ocurre cuando estos verbos se emplean sin los pronombres: *baño a mi perro, peinas a la anciana, levantamos a los niños.*

En español hay un grupo de verbos que casi siempre funcionan como reflexivos y por ello generalmente van acompañados de los pronombres:

> Me <u>asombro</u> de tus avances intelectuales.
> Ese hombre <u>se enoja</u> por todo.
> No <u>me arrepiento</u> de nada.
> <u>Se atrevió</u> a desafiarme.

Ejercicio

En algunas de las siguientes oraciones aparecen verbos reflexivos; subráyelos.

a) Levanto pesas en el gimnasio.

b) Vimos esa película el año pasado.

c) Te levantas de mal humor.

d) Me duermo con miedo.

e) Antes de que salgas, duerme al niño.

f) Él se baña en una tina inmensa.

g) Lavaremos los pisos de tu casa con ese jabón.

h) No me atrevo a pensar mal de ella.

i) Se sienta en todas las sillas.

j) La función empieza a las seis de la tarde.

k) Sienta al bebé en ese sillón.

l) Vamos a bañar al enfermo con mucho cuidado.

Recíprocos

Se emplean para expresar una acción que realizan dos o más personas y cada una de ellas recibe el efecto de dicha acción, de ahí que se les considere como una variante de los verbos reflexivos. La ejecución de este tipo de acciones no puede realizarse nunca por un solo sujeto, siempre tiene que haber, por lo menos, dos. Por ello, las formas verbales que se usan son en plural:

Los enemigos se <u>abrazaron</u> en son de paz.
Nos <u>dijimos</u> adiós.
Las naciones poderosas se <u>declararon</u> la guerra.
Adalberto y José se <u>pelearon</u> para siempre.
García Lorca y Dalí se <u>admiraban</u> mucho.

Los verbos recíprocos siempre van acompañados de un pronombre personal: *se, nos, os.*

Ejercicio

En los espacios indicados, escriba la clase a la que pertenecen los verbos de las siguientes oraciones: reflexivos o recíprocos.

a) Mi perro y mi gato se pelean continuamente. _____

b) Te pintas demasiado. _____

c) Nos abrazamos con desesperación. _____

d) Te avergüenzas de ti mismo. _____

e) Me ensucié terriblemente. _____

f) Se golpearon con coraje unos a otros. _____

g) Nos escribimos cartas a diario. _____

h) Me asusté por nada. _____

i) Nos besamos en las mejillas. _____

j) Se benefició con la venta de las acciones. _____

k) Jesús y yo nos tuteamos. _____

Auxiliares

Son los verbos que participan en la formación de perífrasis y pierden, total o parcialmente, su significado; por lo general, es el verbo auxiliar el que se conjuga y acompaña al verbo principal; éste puede ser participio, gerundio o infinitivo, aunque en ocasiones, también puede estar conjugado:

Anda diciendo que buscará venganza.

Voy a ir a la nueva cafetería.

Julio había prometido no volver a verla.

Los criminales fueron juzgados en público.

Habiendo dicho su discurso, se levantó y se fue.

Puede que nieve esta noche.

Los verbos auxiliares más frecuentes en español son: *haber, ser, ir, estar.*

a) El verbo *haber* es el auxiliar que se usa más comúnmente; con él se forman los tiempos compuestos:

Habrá esperado mucho tiempo.

Hemos comido demasiado tarde.

Habrías escuchado sus lamentos con verdadero espanto.

☞   Cuando el verbo *haber* no está en funciones de auxiliar, sólo puede emplearse en la tercera persona del singular:

Había muchos discos de música griega.

Hubo peticiones francamente inatendibles.

Si hubiera sillas desocupadas, te avisaré.

Ojalá haya oportunidades para todos.

b) El verbo *ser* se usa como auxiliar en la formación de la voz pasiva:

La casa fue vendida a buen precio.

Fui castigada severamente por mis abuelos.

Es perseguido por la policía.

c) El verbo *ir* suele emplearse como auxiliar en la formación del futuro perifrástico:

Mañana voy a quedarme en casa.

Los artistas van a llegar en la madrugada.

d) El verbo *estar* puede utilizarse como auxiliar cuando va acompañado de un gerundio:

Está escondiéndose de mí.

Estábamos escuchando mi disco preferido.

Muchos otros verbos también pueden emplearse como auxiliares; algunos de los más comunes son: *querer, poder, andar, tener, deber.*

Ya <u>podemos</u> iniciar el trabajo.

<u>Quiero</u> subir a las pirámides de Yucatán.

<u>Anda</u> hablando mal de mí.

<u>Tienes</u> que abandonar esa posición.

<u>Debes</u> conocer ese laberinto.

Ejercicios

1. En las siguientes oraciones subraye el verbo *haber* cuando esté empleado como auxiliar.

a) En otro momento no te habría tenido paciencia.

b) Habrás oído ya todas las quejas.

c) No habrá clemencia para ese crimen.

d) Habíamos esperado un trato mejor.

e) Sólo hay un médico en esa ciudad.

f) Has envenenado tu vida con esos remordimientos.

g) Hay cinco cosas que debes saber.

h) He trabajado demasiado estos meses.

i) Hubo fiestas a las que nunca asistí.

2. En algunas de las siguientes oraciones aparecen verbos auxiliares; subráyelos:

a) Ve al museo y copia las inscripciones que haya sobre los ritos de los mayas.

b) Esa niña es maltratada por sus amigas.

c) La ausencia es dolorosa.

d) Los ingenieros van a construir un puente levadizo que estará en este sitio.

e) Hemos entendido que usted no desea vernos.

f) No pude analizar los términos del convenio.

g) Debes hacer una copia de esos documentos.

h) Está lloviendo en Buenos Aires.

i) Quiere cooperar con los esfuerzos de paz.

j) Fue rechazada mi solicitud de préstamo hipotecario.

k) No somos los más adecuados para dar una opinión.

l) Teníamos que atender su solicitud.

m) Vamos a esperar el invierno para usar nuestros abrigos nuevos.

n) Habían estado caminando por la orilla del río.

ñ) Anda dando excusas que nadie le pidió.

o) Querría comenzar de nuevo.

p) Deberíamos tener más cuidado en esa ciudad.

C) Por su estructura: primitivos, derivados, simples, compuestos y prepositivos

Primitivos

Son los verbos que no se derivan de otra palabra:

lavar	cantar	correr	mirar	oír

Derivados

Son los verbos que se forman a partir de otra palabra, mediante la adición de uno o varios morfemas derivativos:

alumbrar	del sustantivo *lumbre*.
abanderar	del sustantivo *bandera*.
amontonar	del sustantivo *montón*.
mejorar	del adjetivo *mejor*.
oscurecer	del adjetivo *oscuro*.
ensordecer	del adjetivo *sordo*.
encimar	del adverbio *encima*.

Simples

Son los verbos formados por una sola palabra; pueden coincidir con los verbos primitivos:

quemar	comer	escribir	clavar	nadar

Compuestos

Son los verbos formados por dos palabras:

maldecir	contraponer	menospreciar	contradecir

Prepositivos

Son los verbos que exigen la presencia de una preposición para expresar una idea completa:

Mi tesis <u>consta de</u> cinco capítulos.

<u>Carece de</u> lo más elemental.

El artículo <u>abundaba en</u> improperios.

<u>Prescindió de</u> lujos.

<u>Abusó de</u> nuestra confianza.

<u>Renunció a</u> su cargo.

MORFOLOGÍA el verbo

105

Algunos verbos pueden usarse sin preposición pero, en ciertos contextos, la exigen:

<u>Piensa</u> un número.

<u>Piensa en</u> nuestra situación.

<u>Soñó</u> grandes riquezas.

<u>Soñaba con</u> monstruos marinos.

Ejercicio

De acuerdo con su estructura, escriba la clase a la que pertenece cada uno de los siguientes verbos: primitivos, derivados, simples, compuestos o prepositivos.

comercializar

bendecir

blanquear

desautorizar

dudar de

sobrevivir

arrugar

vender

familiarizar

arrepentirse de

ver

regresar

enrojecer

ensuciar

adolecer de

atardecer

abrazar

regar

creer en

abanicar

trastornar

sobrentender

volar

contravenir

masticar

PERÍFRASIS VERBALES

Las perífrasis verbales son construcciones que se forman con dos o más verbos que, en ocasiones, pueden estar unidos por una palabra de enlace. El primer verbo se conjuga y el segundo se expresa por medio de una forma no personal, es decir, por un infinitivo, un gerundio o un participio, aunque también es posible encontrarlo conjugado.

El primer verbo funciona como auxiliar y tiene una significación débil que puede llegar a perder; toda la perífrasis equivale a un solo verbo:

> <u>Voy a entregar</u> los calendarios.
> <u>Había dicho</u> mentiras.
> <u>Anda buscando</u> la respuesta.
> <u>Acaba de llegar</u> a su casa.
> <u>Puede que llueva</u> hoy en la tarde.
> <u>Voy a tener que acabar</u> ahí.
> <u>Voy a tener que ir a ver</u> la película.

Un gran número de perífrasis verbales aportan un matiz de significado que no es posible expresar mediante las formas verbales de la conjugación:

> <u>Tengo que ir</u> al banco.

La perífrasis anterior tiene un matiz de obligación que lo aporta el verbo auxiliar; este matiz no está presente en la forma simple *iré*.

> <u>Está consultando</u> el diccionario.

La perífrasis enfatiza la continuidad de la acción de *consultar*, que no está presente en la forma simple *consulta*.

Las perífrasis más comunes son las siguientes:

Las que se emplean en la formación de tiempos compuestos, del futuro perifrástico, de la voz pasiva, del gerundio y del infinitivo compuestos:

> <u>Hubiera recomendado</u> el programa.
> <u>Vamos a ir</u> al paseo.
> <u>Fue sentenciado</u> por el juez.
> <u>Habiendo solicitado</u> el número de cuenta, se formó en la fila.
> <u>Haber dicho</u> la verdad era su preocupación.

Las perífrasis pueden construirse con una conjunción:

> <u>Quiero que vengas</u> temprano.
> <u>Hay que estudiar</u> mucho.
> <u>Puede que sea</u> falso.
> <u>Tendría que premiar</u> a todos.

Perífrasis que se construyen con una preposición:

Comenzó a hablar lentamente.
Nos pusimos a trabajar de inmediato.
Alejandro se echó a llorar.
Acaba de pasar el tren.
Deben de ser las dos de la tarde.
Has de saber que Verónica se casó ayer.
Estoy por renunciar a ese proyecto.

Las que se forman con un infinitivo, sin nexo o palabra de enlace:

Desea comprar queso de cabra.
¿Puedes bajar el volumen de la televisión?
Suele caminar dormido.
Te debes ir antes del amanecer.

Las que se forman con un gerundio:

Anda diciendo que no te quiere.
Se fueron corriendo por la herencia.
Estuvo gritando en la ventana.

Ejercicios

1. Subraye las perífrasis verbales en las siguientes oraciones:

a) Ofelia comenzó a apreciar todo lo que la rodeaba.

b) En cuanto se hubo marchado, Marcos descansó.

c) Ella conservaría el recuerdo para poder sobrevivir.

d) Anduvo recorriendo los lugares donde vivió en su infancia.

e) Tenía que buscar en todos los cajones las cartas escritas por su hijo.

f) Te voy a enviar la lista de los alumnos que reprobaron.

g) La encontré quejándose porque no le habían pagado.

h) Debían colocar su bandera en la ventana.

i) Has de saber que todas las sospechas recayeron sobre tu hermano.

j) Acaban de pintar la casa y ya manchaste las paredes.

k) Se pusieron a reír en cuanto oyeron su historia.

l) Tuvieron que guardar silencio y así lo hicieron.

2. Escriba en el espacio en blanco, uno de los verbos en infinitivo que se presentan al principio, para completar las perífrasis verbales de las siguientes oraciones:

hacer   molestar   creer   ir   gritar   ver   comer   leer

a) Podríamos _____ la película en casa.

b) Tenía que _____ por los juguetes.

c) Ana no quiere _____ en supersticiones.

d) Todos deberíamos _____ esa novela policíaca.

e) Hay que _____ muy bien para recuperar fuerzas.

f) Vamos a _____ un castillo de arena.

g) Iba a _____ una insolencia cuando se percató de que estaba presente su maestro.

h) Espero que no te vayas a _____ por lo que te diré.

FORMAS NO PERSONALES DEL VERBO

Las formas no personales del verbo no presentan variación para indicar persona, tiempo ni modo; son el infinitivo, el gerundio y el participio.

A) Infinitivo

Es el nombre de los verbos, es decir, es la expresión de la acción verbal en abstracto. Sus terminaciones son -**ar**, -**er**, -**ir**:

ordenar	colgar	negar
encender	moler	sorber
sacudir	asistir	dormir

El infinitivo admite uno o dos pronombres enclíticos:

golpear**te**	golpear**nos**	golpear**se**	golpeár**selos**
sostener**me**	sostener**la**	sostener**se**	sostenér**selos**
regir**lo**	regir**se**	regir**nos**	regír**selos**

El infinitivo presenta formas simples y compuestas:

Infinitivo simple	*Infinitivo compuesto*
aprobar	haber aprobado
creer	haber creído
corregir	haber corregido

Ejercicios

1. Escriba el infinitivo de los siguientes verbos conjugados:

distribuyó _____

oirás _____

haya _____

traiga _____

pondrás _____

colocara _____

pienso _____

soy _____

contribuyeron _____

pedía _____

toqué _____

construirán _____

2. Subraye los verbos en infinitivo que se encuentran en las siguientes oraciones:

a) Jamás pensó que ganar iba a ser fácil.

b) Se necesita mucha voluntad para llegar hasta aquí.

c) Le hacía daño revivir el pasado.

d) Quiero recordártelo para que lo tengas presente.

e) Pensaba solicitar su cambio de adscripción.

f) Leer tantos periódicos lo mantenía al día.

g) Tendría que ir de nuevo a la biblioteca.

h) Puedo conseguirte trabajo en el extranjero.

 B) Gerundio

Es la forma no personal del verbo que expresa una acción continuada, en progreso. Sus terminaciones son -**ando**, -**iendo**:

ordenando	colgando	negando
encendiendo	moliendo	sorbiendo
sacudiendo	asistiendo	durmiendo

Cuando la **i** de la terminación -**iendo** se encuentra entre dos vocales, se convierte en **y**:

creyendo	huyendo	disminuyendo

Como el infinitivo, el gerundio también admite uno o dos pronombres enclíticos:

dándole	dándome	dándonoslo
temiéndote	temiéndose	temiéndoselo
midiéndonos	midiéndola	midiéndoselos

El gerundio presenta formas simples y compuestas:

Gerundio simple	*Gerundio compuesto*
cargando	habiendo cargado
ascendiendo	habiendo ascendido
distribuyendo	habiendo distribuido

☞ El gerundio sólo debe emplearse cuando se refiere a una acción simultánea o anterior a la de otro verbo; nunca debe referirse a una acción posterior:

Caminando por la plaza, se encontró una moneda.
Habiendo escuchado las noticias, se fue a dormir.
Pasó todas sus vacaciones esperando una sorpresa.

El gerundio nunca debe referirse a un sustantivo; frases como *caja conteniendo, carta diciendo* son incorrectas.

Ejercicios

1. Escriba los gerundios de los siguientes verbos:

suprimir _____

despertar _____

recolectar _____

ir _____

gemir _____

traer _____

construir _____

reír _____

fruncir _____

alzar _____

mecer _____

destruir _____

nacer _____

rehuir _____

2. Subraye los gerundios que aparecen en las siguientes oraciones:

a) Antonieta se había pasado la vida coleccionando mariposas.

b) Se estaba arreglando para ir a la fiesta.

c) Carlos encontró a su hijo jugando en la terraza.

d) Creo que no estamos consiguiendo lo que nos pidieron en la oficina.

e) Habiendo dicho la última palabra, se levantó y se fue.

f) Estuvieron gritando tanto que se quedaron roncos.

C) Participio

Esta forma no personal del verbo expresa una acción ya realizada; sus terminaciones regulares son **-ado**, **-ido** y las irregulares, **-to**, **-so**, **-cho**:

calculado	temido	salido
escrito	impreso	dicho

Los participios, a diferencia del infinitivo y del gerundio, sí marcan género y número. Se emplean en la formación de perífrasis verbales; también es muy común usarlos como adjetivos:

fueron reprobados	(perífrasis verbal)
hemos sido incluidos	(perífrasis verbal)
ha caminado	(perífrasis verbal)
trabajaba distraída	(adjetivo)
hombre engreído	(adjetivo)
muchacha alocada	(adjetivo)

Varios verbos aceptan tanto la forma regular como la irregular para formar el participio: **-ado**, **-ido** para referir una acción verbal y se usan en la formación de perífrasis; **-to**, **-so**, para formar un adjetivo:

Perífrasis verbal	Adjetivo
Hemos <u>freído</u> la carne.	Compré papas <u>fritas</u>.
El guía fue <u>elegido</u> por todos.	El presidente <u>electo</u> dio un discurso.
Ha <u>imprimido</u> todo el trabajo.	Los documentos <u>impresos</u> se perdieron.

Algunos verbos que tienen ambas terminaciones son:

imprimido	impreso	bendecido	bendito
convertido	converso	suspendido	suspenso
expresado	expreso	recluido	recluso
confesado	confeso		

Los participios no admiten pronombres enclíticos.

Ejercicios

1. Escriba el participio de los siguientes verbos; algunos de ellos admiten dos formas, escriba ambas.

molestar _____

caer _____

anotar _____

supervisar_____

descalzar_____

consumir_____

romper_____

freír_____

ver _____

despertar_____

morir _____

poner_____

cubrir _____

echar_____

ir_____

ser _____

hartar_____

eximir_____

soltar_____

2. Subraye los participios que se encuentran en las siguientes oraciones:

a) He terminado el ensayo que me pidieron.

b) Tienes que olvidar todo lo que has vivido.

c) Eso está muy bien hecho.

d) Los edificios construidos en esta década están en malas condiciones.

e) El sobre estaba colocado sobre la mesa del teléfono.

f) Sólo dos mujeres llegaron disfrazadas.

g) He observado que no te gustan las alcachofas.

h) Así lo has querido tú.

i) Quizá ellos habrán conservado un poco de cordura.

j) Se quedó deslumbrado ante el mar.

El adverbio

El adverbio es la clase de palabra que modifica al verbo, al adjetivo o a otro adverbio:

Fernando llegará <u>mañana</u>.   (Modifica al verbo *llegará*)
Ramón camina <u>lentamente</u>.   (Modifica al verbo *camina*)
Ese edificio está <u>bien</u> hecho.   (Modifica al adjetivo *hecho*)
Ellos están <u>muy</u> tristes.   (Modifica al adjetivo *tristes*)
La situación está <u>bastante</u> mal.   (Modifica al adverbio *mal*)
Mis amigos viven <u>muy</u> lejos.   (Modifica al adverbio *lejos*)

Su función más importante y más frecuente es modificar verbos para denotar modo, tiempo, lugar, cantidad:

El presidente *habló* <u>amenazadoramente</u>.

<u>Siempre</u> *llega* con noticias desalentadoras.

Nosotras *vivimos* <u>aquí</u>.

Comió <u>demasiado</u>.

Cuando se refieren a adjetivos o a adverbios, intensifican el significado de éstos:

La ciudad está <u>densamente</u> *poblada*.

Mi primo Alberto está <u>gravemente</u> *enfermo*.

Rogelio se sentó <u>demasiado</u> *cerca* de la fogata.

Cristina baila <u>extraordinariamente</u> *bien*.

Los adverbios se caracterizan porque no presentan morfemas flexivos, a diferencia de los sustantivos, adjetivos, artículos, pronombres y verbos; sin embargo, en el habla coloquial es posible encontrar adverbios con morfemas de diminutivos: *cerquita, despuesito, lueguito, apenitas, abajito.*

Los adverbios constituyen una clase muy grande y heterogénea, en la cual se incluyen no sólo adverbios formados por una palabra, sino también las llamadas frases o locuciones adverbiales:

cara a cara   sin ton ni son
a sabiendas   a la buena de Dios
de vez en cuando   a regañadientes

a pie	de prisa
a ciegas	de cuando en cuando

Es común el empleo de locuciones adverbiales latinas:

ex profeso	ipso facto
in fraganti	motu proprio
sui generis	a priori
a posteriori	verbi gratia
ad hoc	grosso modo

Ejercicios

1. Subraye todos los adverbios que aparecen en las siguientes oraciones:

a) El frío se intensificó terriblemente.

b) Entonces se le ocurrió que algo extraordinario iba a acontecer.

c) Oyó que la lluvia empezaba a caer fuertemente sobre los cristales.

d) Allí estaba otra vez ese ruido cortante y vertical.

e) Algo se había desadaptado definitivamente en su estructura de mujer firme.

f) Vestido de esa manera, se sintió mortalmente bello.

g) Tal vez nunca oyó aquellas palabras de consuelo.

h) Había llegado a los veinte años y eso significaba que ya no crecería más.

i) Creía que sólo venía a verlo a él.

j) Siempre miraba por la ventana la misma imagen que aparecía afuera.

k) La mujer echó la cabeza hacia atrás.

l) Nunca se había visto tan embellecida por una nube de tristeza como ahora.

m) Jorge apenas bromeó porque estaba definitivamente ausente.

n) Era demasiado tímido y serio para entender bien aquellos comentarios.

ñ) Gritó su nombre muy alto para que lo oyeran en la mesa del *presidium*.

o) Los parroquianos miraron nuevamente hacia la calle y pronto se atrevieron a formular la pregunta inevitable.

2. En el espacio en blanco, escriba a qué palabra modifica cada uno de los adverbios subrayados en las siguientes oraciones: verbo, adjetivo u otro adverbio. Ejemplo:

Me levanto <u>temprano</u>.　　Modifica el verbo *me levanto*.

a) Este recurso es <u>altamente</u> productivo. _____

b) <u>Casi</u> nunca está dispuesta. _____

c) Se comportó <u>seriamente</u>. _____

d) Lo escucha <u>pacientemente</u>. _____

e) <u>Muy</u> pronto mostró su verdadera cara. _____

f) Eres <u>tremendamente</u> obsesiva. _____

g) El perro ladró <u>ruidosamente</u>. _____

h) Has llegado <u>demasiado</u> lejos. _____

i) <u>Quizá</u> Laura vaya a nadar. _____

j) <u>No</u> trajimos lo necesario. _____

k) <u>Tal vez</u> me anime a leer mis poemas. _____

l) <u>¿Cuándo</u> recibiremos el dinero? _____

m) Abrió la carta <u>ansiosamente</u>. _____

 ## CLASIFICACIÓN DE LOS ADVERBIOS

Existen dos grandes clases de adverbios: calificativos y determinativos.

 ## A) Calificativos

Pertenecen a este grupo todos los adverbios derivados de adjetivos; en ocasiones se emplean las mismas formas adjetivas con función adverbial. Funcionan como adverbios cuando no tienen flexión y modifican un verbo, un adjetivo u otro adverbio; son adjetivos cuando acompañan un sustantivo y concuerdan con él en género y número:

Adverbios	*Adjetivos*
Jorge se encuentra muy <u>mal</u>.	Humberto es un <u>mal</u> hombre.
Hoy comiste <u>mejor</u>.	Mis ideas son <u>mejores</u> que las tuyas.
Será <u>peor</u> decirle que no.	Los resultados fueron <u>peores</u>.
Habla muy <u>recio</u>.	Iván tiene una <u>recia</u> musculatura.
Trabaja <u>duro</u>.	El pan está <u>duro</u>.
Hay que cantar <u>bajo</u>.	Es un techo <u>bajo</u>.

Son también adverbios calificativos los que se forman a partir de adjetivos, añadiéndoles el morfema -**mente**. Estos adverbios, generalmente, indican modo o manera de realizar una acción:

Contestó <u>forzadamente</u>.
Traduce <u>perfectamente</u>.
Revisó el texto <u>cuidadosamente</u>.
Se enfrentaron <u>valientemente</u>.

Los adverbios terminados en **-mente** que no denotan modo son: *primeramente, posteriormente, previamente, últimamente, anteriormente*, entre otros, dado que mantienen el valor ordinal o temporal del adjetivo de donde provienen.

En general, es posible formar adverbios en **-mente** a partir de cualquier adjetivo calificativo, excepto de los gentilicios, de los que se refieren a colores y de adjetivos que denotan características o cualidades físicas que no admitirían una interpretación modal; sin embargo, en ciertos contextos pueden encontrarse: *hawaianamente, argentinamente, blancamente, rojamente*, de adjetivos como *gordo, calvo, delgado, peludo*, no es común la formación de adverbios.

Cuando se coordinan dos adverbios terminados en **-mente**, en el primero se omite el morfema para evitar la cacofonía, es decir, se emplean formas apocopadas:

atrevida y audazmente

lenta y cuidadosamente

tierna y amorosamente

Es muy común emplear la forma apocopada *sólo*, en el caso del adverbio *solamente*, aunque no esté coordinado con otro: *sólo llegaron tres invitados a la fiesta*.

☞ Los adverbios terminados en **-mente** derivados de adjetivos que tienen acento ortográfico, lo mantienen:

último	últimamente
fácil	fácilmente
práctico	prácticamente
crítico	críticamente

B) Determinativos

Los adverbios determinativos constituyen una clase en la que se incluye un número limitado de formas. En general, se caracterizan porque desempeñan una función similar a la de los pronombres, dado que puede decirse que están en lugar de un nombre:

Trabajamos <u>ahí</u>.

El adverbio *ahí* señala el sitio donde *trabajamos*; en su lugar es posible encontrar un sustantivo con función de complemento:

Trabajamos <u>en ese edificio</u> o <u>en ese lugar</u>.

De acuerdo con su significado, pueden distinguirse las siguientes subclases:

Adverbios de lugar

Señalan el sitio donde se realiza la acción verbal; los más comunes son: *aquí, allí, ahí, acá, allá, cerca, lejos, fuera, afuera, dentro, adentro, encima, debajo, arriba, abajo, delante, adelante, alrededor, detrás, dónde, donde, dondequiera.* Por ejemplo:

Mario vive muy <u>cerca</u>.
¿<u>Dónde</u> trabajas?

Adverbios de tiempo

Indican el momento en que se realiza la acción. Los más usuales son: *mientras, luego, temprano, antes, después, pronto, tarde, ya, ahora, entonces, hoy, mañana, ayer, nunca, jamás, siempre, todavía, cuándo, cuando.* Ejemplos:

Emilio llegó <u>temprano</u> a casa y yo llegué <u>después</u>.
<u>Mañana</u> terminaremos la revisión de los textos.

Adverbios de modo

Se refieren a la manera como se realiza la acción. Los más conocidos son: *así, apenas, cómo, como.* Existen varias locuciones adverbiales de modo: *como si nada, a tontas y a locas, cara a cara, de prisa, sin ton ni son.* Por ejemplo:

¿<u>Cómo</u> lograste convencerla?
Después de enterarse de lo sucedido, Lucrecia se quedó <u>como si nada</u>.

Adverbios de cantidad

Indican la cantidad de la acción realizada; muchos de ellos son intensificadores y por ello es muy común encontrarlos modificando adjetivos o adverbios. Los más comunes son: *demasiado, más, mucho, poco, menos, bastante, tanto, casi, nada, cuánto, cuanto, muy.*

Carlos duerme <u>demasiado</u>.
Me gusta <u>mucho</u> la música oriental.
Ese problema no es <u>nada</u> obvio.
Su novia es <u>muy</u> alta.

☞ La palabra *nada* también puede ser pronombre indefinido cuando sustituye un sustantivo, como por ejemplo: *no quiso nada para la fiesta, no conseguimos nada, no me importa nada.*

Adverbios de duda

Señalan la posibilidad, el deseo o la duda acerca de algo. Los más conocidos son: *quizá, tal vez, acaso.*

Si digo la verdad en el juicio <u>tal vez</u> me crean.
<u>Quizá</u> mejoren las cosas para el año entrante.

Adverbios de afirmación

Se utilizan para aseverar o confirmar la acción del verbo; algunos de ellos son *sí,* *ciertamente, también*:

Yo <u>sí</u> consideré todos los contratiempos.

Adverbios de negación

Se emplean para negar el verbo o algún complemento oracional; los más usuales son *no, tampoco*:

Agustín <u>tampoco</u> estuvo de acuerdo.
Mi prima <u>no</u> compró tapetes persas.

Ejercicio

Subraye los adverbios que aparecen en las siguientes oraciones y anote en el espacio en blanco si son de modo, tiempo, lugar, duda, cantidad, etc.:

a) Trabaja demasiado porque es muy ambicioso. _____
    _____

b) Dile que venga ahora. _____

c) Esperaba más de lo que merecía. _____

d) Julio pensaba que nunca encontraría una respuesta. _____

e) ¡Me duele tanto la cabeza! _____

f) Lo colocó encima. _____

g) Acabemos pronto con esta historia. _____

h) Me amenazó sutilmente. _____

i) No te puedes quejar aquí. _____
    _____

j) Recientemente hubo un terremoto y no nos enteramos. _____
    _____
    _____

k) Tal vez aprenda a controlar mis impulsos. _____

l) Juliana se vestía escandalosamente para ir a las fiestas. _____
    _____
    _____

m) Nosotros sí queremos aceptar el reto. _____

La preposición

Las preposiciones son palabras invariables que sirven para relacionar vocablos; son partículas que se emplean para subordinar:

> La culpa recayó <u>sobre</u> mí.
> Trabajaba todos los días <u>por</u> la mañana.
> Le gustaba una mujer <u>de</u> ojos negros.

Los términos relacionados por las preposiciones pueden ser cualquier clase de palabra: sustantivo, adjetivo, verbo, adverbio o interjección:

La *casa* <u>de</u> *piedra* era muy conocida.	(sustantivo + sustantivo)
Radiante <u>de</u> *alegría*, leyó los primeros versos.	(adjetivo + sustantivo)
Ese hombre es *difícil* <u>de</u> *convencer*.	(adjetivo + verbo)
Lo *miró* <u>desde</u> *la ventana*.	(verbo + sustantivo)
¡*Ay* <u>de</u> *las personas* que no sienten!	(interjección + sustantivo)
Le *gritó* <u>desde</u> *aquí*.	(verbo + adverbio)

Las preposiciones se pueden clasificar en simples y en frases o locuciones prepositivas.
Las preposiciones simples son:

a	ante	bajo
con	contra	de
desde	en	entre
hacia	hasta	para
por	según	sin
so	sobre	tras

La preposición *so* tiene un uso muy restringido y sólo se emplea en contextos como el siguiente:

> So pretexto de su enfermedad, no hizo el examen.

Algunas preposiciones en desuso son: *allende, aquende, cabe.*

Las frases o locuciones prepositivas son de uso muy frecuente; permiten matizar o precisar lo que se enuncia. Pueden estar formadas por:

a) Adverbio y preposición:

antes de	después de	encima de
debajo de	delante de	detrás de
dentro de	cerca de	lejos de
atrás de	junto a	alrededor de

Algunas de estas locuciones equivalen a preposiciones simples como:

delante de	→	ante
encima de	→	sobre
debajo de	→	bajo
detrás de	→	tras

b) Preposición, un sustantivo y otra preposición:

con arreglo a	de acuerdo con	en virtud de
con base en	en relación con	en nombre de

Es posible emplear dos o más preposiciones juntas cuando se desea expresar un cierto matiz de significado:

Se pelea hasta por un café.

Lo ve hasta en la sopa.

Se asomó por entre las ramas.

Le envié unos patines de a diez pesos.

De por sí estaba fea.

El sueldo le alcanzaba hasta para lujos.

Estoy en contra de las prohibiciones.

Algunas preposiciones se adjuntan a verbos y a adjetivos que las exigen y forman con ellos una unidad; es el caso de los verbos y adjetivos prepositivos que siempre van acompañados de una preposición:

arrepentirse de	constar de	insistir en
referente a	conforme a	propenso a

Las preposiciones cumplen una función relacionante y, por ello, su contenido semántico no es tan completo como pudiera serlo el de un sustantivo, un adjetivo o un verbo; el significado de las preposiciones se precisa en el contexto; algunos de los usos y significados más comunes son:

Preposición	Uso y significado	Ejemplos
A	—Introduce complemento directo animado o complemento indirecto —Expresa dirección —Indica lugar —Denota modo —Marca tiempo —Señala orden o mandato —Forma frases y locuciones adverbiales	Vi a Joaquín Entregó los discos a Samuel Se fue a la escuela Llegó a Cuernavaca Viste a la moda Desperté al amanecer ¡A comer! Caminó a tientas A sabiendas se equivocó
ANTE	—Significa *delante* o *en presencia de*	Se humilló ante las autoridades Vaciló ante el problema
BAJO	—Significa *debajo de* —Expresa situación inferior, sujeción o dependencia	Me bañaba bajo el tejado Lo decidió bajo presión Vivió bajo un régimen totalitario
CON	—Expresa compañía —Indica modo, medio o instrumento —Tiene valor de *aunque*	Oía música con sus hijos Sale con su mejor amigo Lo dijo con amargura Golpeó el suelo con un bastón Con llorar no ganas nada Con gritar no lo lograrás
CONTRA	—Expresa oposición o contrariedad	Aventó la pelota contra la pared Estás contra las ideas modernas
DE	—Expresa propiedad o pertenencia —Origen o procedencia —Indica modo —Expresa el material de que está hecha una cosa —Significa contenido —Indica asunto o materia	La casa de mis padres es chica Los ríos de mi país son pocos Llegó de Venezuela Eres de una región árida Estoy de mal humor Cayó de rodillas Estrenó un suéter de lana Escribe en una hoja de papel Quiero un vaso de agua Trajo un galón lleno de aceite Consiguió el libro de arte Siempre habla de su obsesión

DE	—Marca tiempo	Llegaré de madrugada Los vampiros sólo salen de noche
	—Expresa causa	Llegó harto de la ciudad Estaba cansado de sus quejas
	—Señala la parte de alguna cosa	De todos los libros prefiero éste Bebió del vino amargo
	—Denota naturaleza o condición de una persona	Es un hombre de mal vivir Eran de costumbres exóticas
	—Significa ilación o consecuencia	El ingeniero llegó tarde, de ahí el atraso en los trabajos
	—Se emplea en oraciones exclamativas	¡Pobre de Marina! ¡Ay de mí!
	—Se utiliza para formar perífrasis verbales	He de decir la verdad
	—Relaciona un adjetivo con un sustantivo o pronombre	Pobres de ellos si no vienen El valiente de Juan huyó
	—Denota la función o la actividad que desempeña la persona o cosa de la que se habla	Trabaja de secretario Se fue de parranda Este sillón sirve de cama
DESDE	—Denota inicio de una acción en el tiempo o en el espacio	Desde aquí te voy a vigilar No lo veía desde antier
EN	—Indica tiempo	Nos veremos en diciembre En 1914 comenzó una guerra
	—Expresa lugar	Tal vez estaría en su casa En el centro había un café
	—Señala modo	Parecía decirlo en broma Di la verdad en dos palabras
	—Significa ocupación o actividad	Es especialista en biología Siempre gana en el juego
	—Indica medio o instrumento	Voy a mi pueblo en autobús Ya nadie viaja en carruaje
	—Forma locuciones adverbiales	En general, me siento bien En lo personal, apruebo tu idea
ENTRE	—Expresa que algo o alguien está en medio de dos personas o cosas	Está entre la vida y la muerte Hay problemas entre nosotros
	—Indica cooperación	Harán la comida entre los tres Entre tú y yo lo resolveremos
HACIA	—Indica lugar y dirección	Se inclinó hacia la izquierda Voy hacia la desesperación

HASTA	—Expresa el fin de algo o límite de lugar, de número o de tiempo	Llegaste hasta donde quisiste Lucharemos hasta morir Irá hasta donde termina la playa Daría hasta mil pesos por verlo No vendré sino hasta las seis
	—Equivale a *incluso*	Perdió hasta el último centavo Premiaron hasta a los perdedores

☞ En México es muy común el empleo incorrecto de esta preposición; se encuentran frases como: *La oficina abre hasta las cuatro de la tarde*; lo correcto es decir: *La oficina no abre sino hasta las cuatro de la tarde.*

PARA	—Indica destino o finalidad	Compré un boleto para Barranquilla Consulta revistas para estar al día Traje estas latas para mi gatita
	—Expresa tiempo o plazo determinado	Para mañana todo estará listo Vendré para el próximo invierno
	—Denota comparación o contraposición	Para estar enferma, te ves muy bien Es mal escritor, para su fama

☞ Es correcto el empleo de la preposición *para* en frases como: *Jarabe para la tos, pastillas para el dolor*, porque está implícito el verbo que marca la finalidad: *aliviar* o *curar*.

POR	—Introduce el agente en oraciones pasivas	La casa fue vendida por su tío El disco fue grabado por el cantante
	—Expresa tiempo aproximado	Vivió en Cádiz por aquellos años Estaré fuera por un mes
	—Marca lugar	Se pasea por todo el mundo Escapó por el jardín
	—Denota causa o finalidad	Estaba de mal humor por su fracaso Perdió el juego por su imprudencia Fuimos por la bicicleta nueva
	—Señala medio	Nos comunicaremos por teléfono Lo conocí por el correo electrónico
	—Expresa cantidad	Vendió su casa por poco dinero Lo denunció por una miseria

POR	—Indica sustitución o equivalencia —Expresa el concepto o la opinión que se tiene de alguien o de algo —Significa que algo está por hacerse	Yo pagaré la cuenta por ella Firma la entrada por mí Pasa por inteligente Se le tiene por mal educado La casa está por pintar Estoy por irme a Arabia
SEGÚN	—Denota relaciones de conformidad	Procedió según el reglamento Decidió según las ofertas que hubo
SIN	—Denota carencia de una cosa o persona	Se quedó sin novia Salió sin abrigo a pesar del frío
SOBRE	—Significa *encima de* —Expresa asunto o materia —Indica cantidad aproximada	Sorprendió al gato sobre la mesa Pintó su *grafitti* sobre el muro Discutían sobre política Escribe sobre la vida marina Luis anda sobre los treinta años Lo evaluaron sobre los mil pesos
TRAS	—Señala lugar —Expresa búsqueda de cosas o personas —Indica añadidura	Está tras las rejas Siempre anda tras ella La policía está tras sus huellas Tras la deshonra, la pobreza Tras de vejez, viruela

Ejercicios

1. Subraye todas las preposiciones que aparecen en las siguientes oraciones:

a) Los rayos del sol caían ardientes sobre sus cabezas.

b) A la izquierda se alzaba un pequeño muro.

c) Prepárate para algo más que tal vez debo decirte.

d) Raúl se propuso respetar los gustos de sus amigos.

e) Se quedó deslumbrado ante los peces y las tortugas.

f) Caminaba por la orilla de la acera, bajo un cálido sol de enero.

g) La discusión se centró en la falta de empleos.

h) Parecía inútil seguir luchando contra esos pensamientos.

i) Desde el aeropuerto hasta su casa pensó cómo lo recibirían.

j) ¿Vendrás a compartir una botella de vino con nosotros?

k) Tardó media hora en describir los efectos de la bomba de hidrógeno.

l) Miró con desconfianza hacia la plaza.

m) La choza se encontraba entre el bosque y el mar.

n) Desde esa distancia no advirtió su gesto de cansancio.

ñ) La suya siempre fue una vida sin rumbo.

o) Según lo que me digan, externaré mi opinión.

p) Estoy que brinco de desesperación.

q) Tras las rocas había unos arbustos secos.

r) ¿Hasta qué punto te gustan esos cuentos de alquimia?

2. Coloque las siguientes preposiciones en los espacios en blanco, atendiendo el sentido de las oraciones:

por   ante   para   entre   de   en   hasta

a) Se había arruinado _____ el grado de tener que vender su casa.

b) Hugo estalló de súbito _____ una carcajada.

c) La gente mostraba descontento por la amistad surgida _____ ellos.

d) _____ pie, junto al mostrador, Armando esperaba pacientemente.

e) Se sentó un momento _____ su nueva máquina de escribir.

f) Asomó la cabeza _____ el hueco de la escalera.

g) Se sentía muy débil _____ dar explicaciones.

3. Subraye todas las frases prepositivas y preposiciones agrupadas que se encuentran en las siguientes oraciones:

a) Los juguetes quedaron abandonados encima de la cama.

b) Después de un año de ausencia le pareció intolerable la ciudad.

c) Tenía que actuar con rapidez antes de ser descubierto.

d) Constantemente se manifestaba en contra de todo.

e) Debido a su ignorancia perdió la apuesta.

f) Cuando se encontraba delante de sus amigos ocultaba su tristeza.

g) Es una costumbre muy antigua guardar el dinero debajo del colchón.

h) Los pescadores tenían que ir lejos de su aldea para conseguir provisiones.

i) La necesidad de estar en favor de la libertad es indiscutible.

j) Héctor se comportaba de acuerdo con lo establecido.

k) Acordaron llevar a cabo la asamblea junto a la fábrica.

l) Estamos enterados de que publicará sus memorias dentro de un año.

La conjunción

Las conjunciones son partículas invariables que sirven para relacionar palabras y oraciones. Carecen de significado propio pues sólo tienen valor relacionante, dado que son nexos.
Existen dos tipos de conjunciones:

a) Propias. Son las que están formadas por una sola palabra que siempre funciona como conjunción: *y, ni, si, pero, o, mas, pues, sino.*

b) Impropias. Son las que están formadas por dos o más palabras de distinta naturaleza categorial; son las locuciones conjuntivas: *sin embargo, no obstante, así que, porque, aunque, por consiguiente, a pesar de que, por lo tanto, con el fin de que, para que, siempre que, por más que, ya que.*

Algunos adverbios y preposiciones pueden llegar a funcionar como conjunciones: *como, luego, así, para, entre.*

Las conjunciones y locuciones conjuntivas pueden coordinar o subordinar palabras u oraciones; cuando unen palabras, desempeñan la función de nexo coordinante; las palabras enlazadas deben ser de la misma categoría gramatical:

La obra de teatro es para *adolescentes* y *adultos.*   (Enlaza sustantivos)
Encontré a Martha *enferma* pero *optimista.*   (Enlaza adjetivos)
Ni *aquí* ni *allá* había dejado huellas.   (Enlaza adverbios)
Tú o *yo* lo haremos.   (Enlaza pronombres)

Cuando la conjunción relaciona oraciones, puede cumplir una función coordinante o subordinante; en el primer caso, une oraciones que son independientes entre sí; en el segundo, la oración subordinada introducida por la conjunción, funciona como complemento de la oración principal:

a) Algunas conjunciones que coordinan oraciones:

Raquel se fue muy temprano y su hermana se quedó dormida.

Omar hizo un gesto de reprobación pero nadie lo advirtió.

Pedro visitará a sus primos en la tarde o arreglará el jardín de su casa.

b) Algunas conjunciones que subordinan oraciones:

No se inscribió en el curso porque llegó tarde.

Yo hago la ensalada si me invitas a comer.

Rebeca dijo que no aceptaría las condiciones.

127

CLASIFICACIÓN DE LAS CONJUNCIONES

Según la función y el significado que aportan, las conjunciones y locuciones conjuntivas se clasifican en:

A) Copulativas

Son las conjunciones que coordinan dos o más palabras las cuales desempeñan una misma función. También pueden unir oraciones. Las conjunciones copulativas son *y, e, ni*:

> El domingo compré discos de música hindú, turca y rusa.
> Se retiró de la fiesta ciego de vergüenza e ira.
> Ni los maestros ni los estudiantes se interesaron por la exposición.
> Vio el reloj y recordó su cita con el oculista.
> Habló con violencia e hirió a todos los presentes.
> No se preocupó por las viudas ni pensó en los huérfanos.

Cuando los términos enlazados son más de dos, la conjunción sólo se escribe entre los dos últimos y en los anteriores se anota una coma para marcar pausa; la conjunción *e* se usa delante de palabras que inician con **i-** o **hi-**. La conjunción *ni* suele repetirse o combinarse con el adverbio *no*.

La conjunción *que* también es copulativa cuando equivale a *y*; es poco usual y sólo se la encuentra en expresiones como:

> Llueve que llueve.   Dale que dale.

B) Disyuntivas

Son conjunciones coordinantes que enlazan palabras u oraciones para expresar posibilidades alternativas, distintas o contradictorias. Las conjunciones disyuntivas son *o, u*; esta última es una variante de *o*, que se emplea ante palabras que empiezan por **o-** u **ho-**:

> Tú o él harán la paella.
> Uno u otro deberá pagar.
> No sé si domaba leones o amaestraba elefantes.

En ocasiones la alternancia se enfatiza anteponiendo al primer elemento coordinado la conjunción *o*:

> A ese árbol o le cayó un rayo o le prendieron fuego.
> O apoyas la causa o te expulsamos.

C) Distributivas

Estas conjunciones son coordinantes y enlazan dos términos que expresan posibles opciones; suelen emplearse con esta función, adverbios correlativos como *ya...ya, bien...bien, ora...ora*. También pueden usarse las formas verbales *sea...sea* o *fuera...fuera*. Tienen poco uso en el lenguaje oral:

> La asamblea se realizará <u>ya</u> en el auditorio, <u>ya</u> en la explanada.
>
> Respondía a las agresiones, <u>bien</u> con violencia, <u>bien</u> con serenidad.
>
> Plantaremos el rosal <u>ora</u> en tu jardín, <u>ora</u> en el mío.
>
> <u>Sea</u> una cosa la que hagas, <u>sea</u> otra la que pienses, debes decidirte.
>
> <u>Fuera</u> en verano, <u>fuera</u> en invierno, el hombre caminaba por la carretera.

D) Adversativas

Son conjunciones coordinantes que indican oposición o contrariedad entre los elementos que unen; la contrariedad no siempre es insalvable. Las conjunciones y locuciones conjuntivas más usuales son: *pero, mas, sino, sin embargo, no obstante, antes bien, con todo, más bien, fuera de, excepto, salvo, menos, más que, antes, que no*:

> Quería comprar muchas cosas, <u>pero</u> no le alcanzaba el dinero.
> Trataba de resolver el caso, <u>mas</u> no sabía cómo.
> No era el momento de descansar, <u>sino</u> de esforzarse más.
> Se equivocó de estrategia, <u>no obstante</u> haber analizado todas las consecuencias.
> Le ha ido muy mal en la vida, <u>sin embargo</u>, nunca se lamenta.
> Estuvo muy bien la reunión, <u>fuera de</u> las impertinencias de mi hermano.
> Estudiaba la vida de los reptiles <u>que no</u> la de los pájaros.
> El ensayo no hablaba sobre el tema de la democracia, <u>antes bien,</u> lo evitaba.

☞ La conjunción *mas* se escribe sin acento, a diferencia del adverbio de cantidad *más*. Otra conjunción adversativa es *empero*, que ha caído en desuso. La conjunción *aunque* adquiere valor adversativo cuando equivale a *pero*: *ese relato es divertido aunque es de mal gusto*. Algunas de estas conjunciones se emplean como nexos discursivos, es decir, para enlazar párrafos; en estos casos, no pierden su valor adversativo.

E) Completivas o complementantes

Son conjunciones que siempre subordinan una oración a otra; la conjunción completiva más usual es *que*; en algunas ocasiones se usa con este valor la conjunción *si*, y en este caso pierde el significado de condición. Se emplean para introducir oraciones con función de objeto o complemento directo y oraciones con función de sujeto:

Reconoció muy pronto que se había equivocado.

Dile que no aceptaré sus disculpas.

Soñé que me quedaba ciega.

Me interesa que llegues a tiempo.

Que resolvamos el enigma es imperativo.

Nos gusta que estés alegre siempre.

No sé si lo encuentre en su oficina.

Nos preguntamos si será controlada pronto la crisis económica.

Felipe no se fijó si traían algo oculto entre las ropas.

La conjunción complementante *que* puede emplearse, además, para encabezar oraciones exhortativas o exclamativas:

¡Que se mejoren las ventas!   ¡Que se vaya!

La conjunción complementante *si* añade un valor dubitativo o introduce una oración interrogativa indirecta:

No entendí si su gesto era de compasión o de burla.

Dime si debo ofrecer mi ayuda.

F) Causales

Estas conjunciones siempre subordinan una oración a otra. Expresan la causa o el motivo de la acción verbal. Algunas de las conjunciones y locuciones conjuntivas causales más comunes son: *porque, pues, ya que, puesto que, pues que, supuesto que, que, de que, como, por razón de que, en vista de que, dado que, por cuanto, a causa de que, por lo cual:*

No recordarás ese sueño porque tu olvido es ancestral.

Regresó caminando a su casa, pues quería hacer ejercicio.

Sospecharon de tu culpabilidad ya que te escondías.

En vano te cambiarás el nombre, puesto que conocen tus huellas.

No estoy contento, que me abandonaron.

Estamos cansados de que la autoridad nos mienta.

Como era un hombre de poder, todos lo halagaban.

En vista de que no recogiste los cuadros, los donaré al museo.

Dado que estoy mal de salud, no asistiré a la reunión.

José sintió indignación por cuanto le habían dicho de su hijo.

Ellos se preocupaban por su sobrevivencia, a causa de que había gran escasez.

☞ La expresión *por qué* no es conjunción; se trata de una frase prepositiva formada por la preposición *por* y el pronombre interrogativo *qué*. La palabra *porqué* es sustantivo.

G) Ilativas o consecutivas

Expresan la continuación o consecuencia lógica de una acción: *luego, así pues, conque, así que, por consiguiente, por tanto, por lo tanto, pues, de manera que, de modo que, que.*

> Ambicionaba desmedidamente el poder, <u>luego</u> tenía pocos escrúpulos.
> ¿Quieres obtener tu independencia?... <u>Pues</u> ¡trabaja!
> Nos hicieron muchas críticas destructivas en el congreso, <u>conque</u> no volveremos a presentar nada en el futuro.
> Las fábricas contaminaban el valle, <u>así que</u> las autoridades se vieron obligadas a intervenir.
> Ema escuchaba una conversación que no comprendía; <u>por consiguiente</u>, se aburrió muy pronto y se retiró.
> Lo deshauciaron demasiado joven, <u>por tanto</u> se dedicó a viajar.
> Lo abrumaron las evidencias, <u>por lo tanto</u> tuvo que confesar su culpabilidad.
> Se fue sigilosamente, <u>de manera que</u> nadie lo sintió.
> Me pusieron contra la espada y la pared, <u>de modo que</u> tuve que acatar sus órdenes.

La conjunción *que* sólo funciona como consecutiva cuando establece una correlación con los adverbios *tanto, tan, tal, así*, es decir, cuando implica la consecuencia debida a la intensidad de una acción determinada:

> Era *tal* su angustia <u>que</u> vaciló frente al jurado de su examen.
> Llovió *tanto* por la noche <u>que</u> se inundó el estacionamiento del hotel.
> Estaba *tan* entusiasmado <u>que</u> no veía la realidad.

H) Condicionales

Introducen oraciones subordinadas que expresan la condición que debe cumplirse para que se realice lo señalado en la oración principal. Las conjunciones y locuciones condicionales más comunes son *si, como, en caso de que, siempre que, con tal de que*:

> Llegaremos menos fatigados <u>si</u> hacemos un receso.
> <u>Como</u> te atrevas a decir semejante barbaridad, te castigaremos.
> <u>En caso de que</u> hubieran grabado nuestras conversaciones, estaremos perdidos.
> Compraremos ese departamento, <u>siempre que</u> nos autoricen el crédito hipotecario.

I) Finales

Introducen una oración subordinada que expresa la finalidad o el propósito de realizar la acción del verbo principal. Algunas locuciones conjuntivas finales son *para que, a fin de que, con el objeto de que, con el fin de que*:

MORFOLOGÍA **la conjunción**

Le escribo a diario <u>para que</u> no me olvide.

Vine <u>a fin de que</u> aclaremos nuestras diferencias.

El horario de la hemeroteca cambió, <u>con el objeto de que</u> pudieran asistir más usuarios.

J) Concesivas

Introducen una oración subordinada que expresa dificultad para el cumplimiento de lo manifestado en la oración principal, aunque esta dificultad no impide, necesariamente, la realización de la acción. Las conjunciones y locuciones concesivas más usuales son *aunque, por más que, si bien, aun cuando, a pesar de que, así, como, siquiera, ya que, bien que, mal que:*

<u>Aunque</u> le disgustaba enormemente, escuchó completo el discurso.

<u>Por más que</u> el ser humano esté consciente del ridículo, no puede evitarlo.

No lo admitiría en mi clase, <u>así</u> me lo suplicara de mil formas.

Levantaron el estado de emergencia, <u>si bien</u> la epidemia continuaba haciendo estragos.

La adulación es algo frecuente, <u>aun cuando</u> denigre a quien la practique.

La campaña para defender el medio ambiente no tiene los efectos esperados, <u>a pesar de que</u> los ciudadanos han colaborado.

Existen algunas expresiones que tienen significación concesiva y por ello funcionan como locuciones conjuntivas: *digan lo que digan, sea como sea, hagas lo que hagas;* por ejemplo:

<u>Digan lo que digan</u>, no pienso renunciar a mis derechos de la herencia.

No retiraremos la demanda, <u>hagas lo que hagas</u>.

☞ Algunas conjunciones pueden tener varios sentidos y, por ello, es posible encontrar una misma conjunción en distintas clases; es el caso de *que, pues, como, si.*

Ejercicios

1. Subraye las conjunciones y frases conjuntivas que aparecen en las siguientes oraciones:

a) Acostumbraba contar gran cantidad de anécdotas aunque casi todas eran variaciones sobre el mismo tema.

b) En el jardín reinaba una calma sepulcral pero de pronto el viento la alteró.

c) Juraría que vi un hombre en la ventana.

d) Ninguno de nosotros tiene mayores esperanzas de vida actualmente, por lo cual no hay razón para afligirse.

e) Si todos los misterios y todas las ilusiones desaparecieran la realidad sería incomprensible.

f) Graciela aceptó la copa que le ofrecían a pesar de que no le gustaba beber.

g) La feria no empezaría sino hasta mucho más tarde.

h) Disponía de una hora para llegar al aeropuerto; sin embargo, hacía el equipaje con mucha calma.

i) Andrés parecía hablar consigo mismo puesto que las personas que lo rodeaban no daban muestras de escucharlo.

j) En la mañana recibí una llamada telefónica anónima, así que todo el día estuve intranquilo.

k) David descubrió que todavía contaba con recursos para que sus hijos viajaran en vacaciones.

l) Si gana nuestro partido, impulsaremos el proyecto sobre educación de adultos.

m) La mansión tenía un estilo poco definido pues su dueña había hecho modificaciones sin respetar la estructura original.

n) Nos cansa que después de cada aguacero se destruyan los caminos.

ñ) En el viaje, Rodolfo perdió el dinero pero logró salvar el pasaporte.

o) Era tal su temor de encontrarse con un conocido que decidió usar un disfraz.

2. En las siguientes oraciones aparecen subrayadas algunas conjunciones; escriba en el espacio en blanco, la clase a la que pertenecen:

a) Necesitaba descansar un poco con el fin de que su cuerpo resistiera mejor.

_____

b) Los ancianos dicen que los ingleses construyeron esta vía de ferrocarril, aunque no creo que sea verdad.

_____

_____

c) Te ausentaste muchos años de tu pueblo, conque no te extrañe que nadie te conozca.

_____

_____

d) Si no nos vemos hoy mismo, voy a armar un escándalo.

_____

e) Te lo advertí cientos de veces, <u>así pues</u>, no hay lugar para reclamos.

f) Decidí no ir a la cita <u>y</u> preferí caminar por el malecón.

g) Mintió tanto ese año <u>que</u> olvidó sus verdades.

h) <u>Sea</u> en julio, <u>sea</u> en agosto, la convención se realizará.

i) 'Almohada' no es una palabra de origen latino <u>sino</u> árabe.

j) Podremos enfrentar el huracán que se aproxima <u>siempre que</u> tomemos las precauciones necesarias.

k) No quiero <u>que</u> me asuste la muerte.

l) A los diabéticos se les prohíbe el consumo de azúcar <u>porque</u> no la procesan bien.

m) Nunca pensó <u>que</u> reaccionaría con violencia, <u>así que</u> trató de calmarse.

n) Debemos apurarnos, <u>que</u> se hace tarde.

La interjección

Las interjecciones son palabras invariables que equivalen a una oración. Se emplean exclusivamente en oraciones exclamativas.

Pueden ser propias e impropias o derivadas; las primeras son palabras que siempre funcionan como interjecciones:

¡Ay!	¡Ah!	¡Oh!
¡Huy!	¡Bah!	¡Hurra!
¡Uf!	¡Ojalá!	¡Ea!
¡Puf!	¡Hola!	¡Caramba!

Estas expresiones no deben confundirse con los sonidos onomatopéyicos, que son los que imitan los ruidos de la naturaleza, como: *grr, zas, pum, je-je, run-run*.

Las impropias o derivadas están formadas por palabras que pertenecen a alguna categoría gramatical pero que se pueden emplear como interjecciones:

¡Fuego!	¡Bravo!	¡Socorro!
¡Suerte!	¡Ánimo!	¡Espléndido!
¡Diablos!	¡Dios mío!	¡Vaya!
¡Por Dios!	¡Bueno!	¡Fuera!
¡Alerta!	¡Cuidado!	¡Auxilio!
¡Salud!	¡Atención!	¡Peligro!

Existen además frases u oraciones completas, de carácter exclamativo, que funcionan como una interjección:

¡Hermosa tarde!	¡Hemos ganado!
¡Ojalá llueva!	¡Bonita respuesta!
¡Vaya contigo!	¡Qué cansancio!

Las interjecciones no son realmente una categoría gramatical; no forman parte de la oración ya que ellas, por sí mismas, constituyen una oración. Por ejemplo, cuando se dice *¡Socorro!*, están implícitos el sujeto y el verbo, es decir que la interjección equivale a decir *Yo pido ayuda*.

Ejercicio general

En los espacios señalados, escriba la categoría gramatical a la que corresponde cada una de las palabras que conforman las siguientes oraciones; anote, además, los accidentes gramaticales que presentan.

EJEMPLO: Ayer cocinó unas deliciosas chuletas de cordero.

ayer	Adverbio de tiempo.
cocinó	Verbo, modo indicativo, tiempo pretérito, tercera persona, singular.
unas	Artículo indefinido, femenino, plural.
deliciosas	Adjetivo, femenino, plural.
chuletas	Sustantivo, femenino, plural.
de	Preposición.
cordero	Sustantivo, masculino, singular.

a) La luz del sol penetraba por una rendija.

b) He perdido horas preciosas esperándote.

c) Los tres individuos estaban de pie frente a la barra.

d) Siempre habría de recordar aquella expresión sombría.

e) Vio que alguien lo golpeaba despiadadamente.

f) Sufría porque iba a perder el empleo que había obtenido con tanto esfuerzo.

SINTAXIS

ELEMENTOS BÁSICOS
ELEMENTOS DE LA ORACIÓN
LA ORACIÓN COMPUESTA

Elementos básicos

La sintaxis es la parte de la gramática que estudia la manera como se combinan y ordenan las palabras para formar oraciones; analiza las funciones que aquéllas desempeñan, así como los fenómenos de concordancia que pueden presentar entre sí. La unidad mínima de estudio de la sintaxis es la oración.

Dentro de la oración, las palabras adquieren un significado preciso y cumplen una función sintáctica determinada:

Se lastimó la <u>muñeca</u> izquierda mientras jugaba a la pelota.

La <u>muñeca</u> que le regalé a mi hija cierra los ojos.

Aisladamente, la palabra *muñeca* tiene varias acepciones, pero en cada oración sólo toma una de ellas; además, esta misma palabra cumple una función distinta, en la primera oración es objeto directo y en la segunda, es sujeto.

 **ORACIÓN**

Oración es la unidad, dentro del discurso, que expresa un sentido completo y está constituida por sujeto y predicado. El sujeto es de quien se habla en la oración y muchas veces es el agente de la acción del verbo. El predicado es lo que se dice sobre el sujeto:

Los astronautas llegarán a la tierra el próximo martes.

Los avestruces corren a gran velocidad.

El progreso técnico ha creado peligros ecológicos.

El sujeto y el predicado de las oraciones anteriores son:

Sujeto	Predicado
Los astronautas	llegarán a la tierra el próximo martes
Los avestruces	corren a gran velocidad
El progreso técnico	ha creado peligros ecológicos

Las oraciones que están constituidas por sujeto y predicado se llaman bimembres. La oración también recibe el nombre de enunciado.

Existen expresiones que equivalen a una oración, pero en las cuales no es posible distinguir el sujeto y el predicado; es el caso de las interjecciones, los saludos, las despedidas y las oraciones formadas por verbos meteorológicos. A este tipo de oraciones se les llama unimembres, porque constituyen una unidad indivisible:

¡Madre mía!
¡Hola!
¡Adiós!
¡Fuego!
Anocheció pronto
Llueve intensamente

FRASE

Existen expresiones que no siempre llegan a constituir una oración porque les falta la presencia de un verbo, de ahí que no posean un sentido completo; estas construcciones se llaman frases:

Una mañana de septiembre
La bicicleta verde de mi padre
Con mucha simpatía
Por si acaso
De vez en cuando

Ejercicios

1. Escriba en el espacio en blanco si las siguientes expresiones son oraciones o frases:

a) De un día a otro. _____

b) ¡Mientes! _____

c) Se ha roto el cántaro de la fuente. _____

d) Domingo a domingo. _____

e) Trata de entender. _____

f) La violencia no podrá contra la paz. _____

g) Casi siempre. _____

h) La lista negra. _____

i) Ya tuve bastante. _____

j) La gente no quiere conmiseración. _____

k) No sabría contestar sus preguntas. _____

l) Sí y no. _____

m) De norte a sur. _____

2. Construya una oración a partir de cada una de las siguientes frases:

a) Abiertas de par en par _____

b) A fuerza de golpes _____

c) De aquí para allá _____

d) De rodillas _____

e) Por tu propio bien _____

f) En son de paz _____

g) Ánimas en pena _____

h) Lejanos plañidos _____

SINTAGMA

Sintagma es una unidad conformada por una palabra que es la más importante y que funciona como núcleo; éste puede ir acompañado de complementos o modificadores y juntos forman un bloque. Es posible distinguir el núcleo en los sintagmas porque éste es imprescindible y las palabras que lo acompañan pueden omitirse. Existen diferentes tipos de sintagmas, dependiendo de la categoría gramatical del núcleo:

a) Sintagma nominal. Tiene como núcleo un nombre o sustantivo; también puede ser un pronombre o una palabra sustantivada:

> El nido de las palomas
> La saludable comida vegetariana de mis amigos
> La maestra
> Ella misma
> Lo bueno

El núcleo de los sintagmas nominales puede tener artículos y adjetivos funcionando como sus complementos o modificadores directos; estos elementos siempre concuerdan en género y número con el núcleo.

> Ríos anchos y profundos
> La tierra estéril
> Un barco fantasmal

También es posible encontrar otro tipo de complementos nominales que modifican indirectamente al núcleo sustantivo; se trata de sintagmas prepositivos o preposicionales:

> Un punto de apoyo
> El color de la cerveza
> La bufanda peruana de colores llamativos
> Una mujer con vestido verde

b) Sintagma adjetivo. Tiene como núcleo un adjetivo, el cual puede ir acompañado de un adverbio o sintagma adverbial que funciona como su complemento o modificador:

Bastante <u>solidario</u>
Sospechosamente <u>amable</u>
Muy <u>enojado</u>
Demasiado mal <u>redactado</u>

El núcleo adjetivo también puede tener como complemento o modificador indirecto, un sintagma prepositivo:

<u>Fácil</u> *de convencer*
<u>Apto</u> *para las ventas*
<u>Digno</u> *de confianza*

c) Sintagma adverbial. Su núcleo es un adverbio que puede ser modificado por otro adverbio:

Muy <u>cerca</u>
Bastante <u>pronto</u>
Tan <u>ingratamente</u>

d) Sintagma prepositivo o preposicional. Está constituido por una preposición, que es el núcleo, y un sintagma nominal que recibe el nombre de término, el cual funciona como complemento de la preposición:

<u>Por</u> *su culpa*
<u>Con</u> *singular alegría*
<u>En</u> *la orilla del río*

Dado que el término es un sintagma nominal, dentro de él es posible encontrar un núcleo sustantivo con modificadores directos e indirectos:

De gran trascendencia

Núcleo del sintagma prepositivo: *de*
Término: *gran trascendencia*
Núcleo del término: *trascendencia*
Modificador directo del núcleo del término: *gran*

Con un ramito de yerbabuena

Núcleo del sintagma prepositivo: *con*
Término: *un ramito de yerbabuena*
Núcleo del término: *ramito*
Modificador directo del núcleo del término: *un*
Modificador indirecto del núcleo del término: *de yerbabuena*

e) Sintagma verbal. Tiene como núcleo un verbo y por ello, siempre constituye el predicado de una oración; sus complementos son el objeto directo, el indirecto, los circunstanciales, el predicativo y el agente:

<u>Rompió</u> *la taza*
<u>Dedicó</u> *su vida a esa causa*
<u>Cantamos</u> *toda la noche*
<u>Es</u> *sorprendente*
<u>Fue vista</u> *por todos los vecinos*

Ejercicio

En los siguientes sintagmas se encuentra subrayado el núcleo; escriba en el espacio indicado el tipo de sintagma a que pertenece cada uno de ellos:

a) <u>Convencido</u> de sus méritos _____

b) La tenaz <u>lluvia</u> de anoche _____

c) <u>Sufriste</u> tanto _____

d) Una cálida <u>mirada</u> de ella _____

e) <u>Con</u> todas sus fuerzas _____

f) Muy <u>contento</u> de sí mismo _____

g) Tan <u>repentinamente</u> _____

h) <u>Sin</u> la ayuda necesaria _____

i) La <u>amargura</u> de su silencio _____

j) Bastante <u>cerca</u> _____

k) <u>Con</u> las manos totalmente vacías _____

l) La <u>casa</u> de las brujas medievales _____

m) Sumamente <u>agrio</u> _____

n) <u>Tiene</u> lo necesario _____

ñ) <u>Nunca</u> más _____

ORACIONES SIMPLES Y COMPUESTAS

Las oraciones pueden ser simples o compuestas; las primeras son las que tienen un solo verbo, ya sea simple o perifrástico:

El acusado <u>quiere</u> un jurado imparcial.
La marea <u>estaba</u> muy alta.
Anoche todos <u>durmieron</u> inquietos y preocupados.
El unicornio sólo <u>ha existido</u> en la imaginación.
<u>Voy a viajar</u> a Singapur.

Las oraciones compuestas son las que tienen dos o más verbos, simples o perifrásticos, es decir, están formadas por dos o más oraciones:

Cuando <u>oímos</u> los ruidos, se nos <u>cortó</u> la respiración.

Te <u>había dicho</u> que me <u>enojaría</u> mucho si lo <u>hacías</u>.

Si <u>pierdes</u> esa esperanza <u>será</u> necesario que <u>vuelvas a comenzar</u>.

Los mosquitos nos <u>molestaron</u> por la noche y <u>desaparecieron</u> al amanecer.

<u>Es</u> importante <u>hablar</u> de nuestras penas.

Ejercicio

Escriba en el espacio indicado si las siguientes oraciones son simples o compuestas:

a) Pintó sus óleos a la luz de una vela. _____

b) La melancolía se agrava si uno la expresa en lamentos. _____

c) El saber de los libros no ha muerto. _____

d) Si me traes agua y te sientas frente a mí escucharás lo inconcebible.

_____

e) Un corazón sensible ama las cosas sencillas y frágiles. _____

f) Una avecilla de colores cantaba frente a mi ventana. _____

g) Le falta color a la luna porque le falta pasión. _____

h) Entornaba los ojos y sonreía lánguidamente cuando evocaba aquellas horas.

_____

i) Es inútil quejarse. _____

j) No nos causarías tanta risa si no fueras tan solemne. _____

k) La cortesía es una forma del desdén. _____

l) Se basó en argumentos tramposos. _____

m) ¿Estarás bien cuando yo me vaya? _____

n) Me lanzó una mirada fulminante. _____

ñ) Muy pronto su desfachatez quedará al descubierto. _____

o) ¿Quién habrá de juzgar nuestras vidas de hoy? _____

p) La verdad tiene muchas caras. _____

q) La reflexión sobre la muerte no enseña a morir. _____

CLASIFICACIÓN DE LAS ORACIONES

Las oraciones pueden clasificarse de acuerdo con dos criterios básicos:

a) Desde el punto de vista de la actitud del hablante, son: enunciativas, interrogativas, exclamativas, imperativas, desiderativas, dubitativas.

b) De acuerdo con el tipo de verbo que tengan, son: copulativas, transitivas, intransitivas, reflexivas, recíprocas, pasivas, impersonales.

A) Oraciones desde el punto de vista de la actitud del hablante

Oraciones enunciativas

Se llaman también declarativas o aseverativas porque el hablante sólo enuncia un juicio, una idea, una opinión; estas oraciones informan de algo que está sucediendo, que sucedió en el pasado o que está por ocurrir. Pueden ser afirmativas o negativas:

> Mañana olvidaremos todas estas ofensas.
> Está fatigada de mirar el mismo paisaje.
> No quería que te fijaras en detalles.
> No has dicho nada grave.

Oraciones interrogativas

Expresan una pregunta sobre algo que el hablante desconoce. En la comunicación oral una pregunta se reconoce por la entonación, pero en la lengua escrita es necesario representarla gráficamente con los signos de interrogación, abierto al principio y cerrado al final:

> ¿Cómo puede irritarte algo tan simple?
> ¿Quién se quedará con las cosas que amas?
> ¿Volvió a contar la misma mentira?
> ¿Recibiste mi mensaje?

Existen, además, oraciones de este tipo que no se escriben entre signos de interrogación; se llaman oraciones interrogativas indirectas y se reconocen por la presencia de un adverbio o pronombre interrogativo que va acentuado:

> No sabía cómo empezar.
> Me pregunto quiénes estarán satisfechos con esa decisión.
> Ignoramos dónde está escondido el tesoro.

SINTAXIS elementos básicos

145

Oraciones exclamativas

Expresan la emoción del hablante, que puede ser de sorpresa, de dolor, de miedo, de alegría, de ira. Se reconocen en el lenguaje oral por la entonación y, en la escritura, por la presencia de los signos de admiración, al principio y al final de la oración:

> ¡Qué hermosa mañana!
>
> ¡Ah, tú siempre improvisando!
>
> ¡Ay!
>
> ¡Bravo!
>
> ¡Cuánto he esperado este momento!

Oraciones imperativas

También reciben el nombre de exhortativas o de mandato; expresan una petición, una orden, un ruego o una súplica:

> No fumes en este lugar.
>
> Te pido por segunda vez que me pongas atención.
>
> Sal inmediatamente de aquí.
>
> No me abandones en estos momentos difíciles.

Oraciones desiderativas

Con estas oraciones, el hablante expresa el deseo de que ocurra algo, sin pedirlo directamente a alguien. En general, se construyen con el verbo en modo subjuntivo:

> Ojalá sople el viento.
>
> Que tengas un feliz cumpleaños.
>
> Quisiera tu suerte y tu dinero.

Oraciones dubitativas

Expresan la duda que tiene el hablante de que ocurra algo; con estas oraciones no se afirma ningún hecho, sólo se marca la vacilación y, en algunos casos, la posibilidad de que suceda o haya sucedido:

> Habrán sido las ocho cuando supe que no volvería.
>
> Acaso llueva mañana.
>
> Quizá Laura comience a recuperarse.

B) Oraciones según el tipo de verbo

Las distintas clases semánticas a las que los verbos pueden pertenecer determinan el tipo de oración. Esta clasificación de verbos, según su significado, está desarrollada en el apartado de Morfología.

Oraciones copulativas

Son las que se construyen con verbos copulativos:

> La fiesta <u>fue</u> divertida.
> Los animales del zoológico <u>están</u> asustados.

Oraciones transitivas

Son las que tienen un verbo transitivo:

> Rosina <u>bebe</u> agua de frutas.
> Ismael <u>mató</u> un insecto.

Oraciones intransitivas

Se construyen con verbos intransitivos:

> María <u>estornudó</u> tres veces.
> Tatiana <u>nada</u> muy bien.

Oraciones reflexivas

Son oraciones que tienen un verbo reflexivo:

> Él se <u>admira</u> a sí mismo.
> Ayer te <u>bañaste</u> en el río.

Oraciones recíprocas

Se construyen con un verbo recíproco:

> Felipe y Vicente se <u>gritaron</u> injurias.
> Madre e hija se <u>besaron</u> cariñosamente.

Oraciones pasivas

Son las oraciones que tienen el verbo en voz pasiva, ya sea en forma perifrástica o refleja:

> Una dieta baja en grasas <u>ha sido recomendada</u> por los nutriólogos.
> <u>Se registraron</u> movimientos sísmicos.

Oraciones impersonales

Estas oraciones tienen un verbo impersonal:

> <u>Se lucha</u> por la democracia.
> La semana pasada <u>granizó</u>.

Ejercicio

Escriba en el espacio en blanco a qué clase pertenece cada una de las siguientes oraciones, de acuerdo con la actitud del hablante.

a) Cállate de una vez._____

b) ¿Él fue el que llamó ayer?_____

c) Tomó su café con calma, como si nada._____

d) Perdóname una vez más._____

e) ¡Ánimo compañeros!_____

f) Ojalá lloviera pronto._____

g) No matarás._____

h) No soy el que tú crees._____

i) Quizá se recupere pronto._____

j) ¡Salud!_____

k) Ven y dímelo todo._____

l) Su silueta se desdibujó en la niebla._____

m) ¿A dónde vas con tanta prisa?_____

n) Tal vez acierte._____

ñ) Querría encontrar un camino despejado._____

o) Sería en diciembre cuando se fue de casa._____

p) ¡Nos dieron la beca!_____

q) ¿Es el tiempo una ilusión?_____

r) Ojalá pudieras comprenderme._____

s) Me preguntó qué buscaba en ese sitio._____

Elementos de la oración

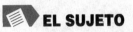 **EL SUJETO**

El sujeto es la palabra o frase que se refiere a una idea, un concepto, una persona, un animal o una cosa, de los cuales se dice algo; es de quien se habla en la oración; el sujeto, generalmente, realiza la acción del verbo. Se puede identificar con las preguntas *¿quién o qué realiza la acción?* o *¿de qué o de quién se habla?*:

> La silueta de la muchacha se reflejó en el espejo.
> Las hormigas trabajan afanosamente.
> El viento y la lluvia golpeaban las ventanas.

Otra manera de reconocer los sujetos es que siempre concuerdan en número (singular o plural) con el verbo:

> Los gatos *prefieren* la carne cruda.   (Plural)
> El pintor de acuarelas *regaló* todos sus cuadros.   (Singular)
> Me *duelen* las piernas.   (Plural)
> Los árboles de mi tierra *tienen* un extraño color amarillo.   (Plural)
> Le *preocupaba* la guerra.   (Singular)

El sujeto puede encontrarse al principio, en medio o al final de la oración:

> Las primas de Silvestre piensan viajar disfrazadas.
> Mañana nosotros prepararemos una cena al estilo italiano.
> Comenzarán a trabajar todos los amigos de Leopoldo.

El sujeto puede estar constituido por:

a) Un pronombre o un sustantivo con o sin modificadores; es decir, por un sintagma nominal:

> Tú atenderás las llamadas.
> En ese momento todos levantaron la mano.
> Ellas controlaban la situación.

149

Nos llegaron <u>rumores</u>.
<u>Orfeo</u> se enamoró de Eurídice.
<u>El viaje de los astronautas</u> terminó bien.
<u>La historia del mundo</u> registra muchas guerras.
<u>Los árabes</u> invadieron España en el siglo VIII.
<u>La fiebre y el hambre</u> lo hacían delirar.

b) Una oración:

<u>El que llegue primero</u> enfrentará esa dificultad.
<u>Atenuar el dolor</u> es el objetivo de todos.
<u>Quien pide compasión</u> no merece ser oído.
Me indigna <u>que exista todavía la pena de muerte</u>.

En ocasiones el sujeto puede omitirse; en estos casos se dice que es morfológico y se reconoce por la desinencia del verbo; también se le llama sujeto tácito. Por ejemplo:

Olvid*amos* el asador en el bosque.   (Sujeto: nosotros-as)
Fing*irás* cortesía durante toda tu vida.   (Sujeto: tú)
Se cans*ó* muy pronto de sus impertinencias.   (Sujeto: él, ella o usted)
Cort*é* unas naranjas agrias.   (Sujeto: yo)

Ejercicios

1. Subraye el sujeto de las siguientes oraciones:

a) Sus palabras desconcertaron a nuestros lectores.

b) Por la noche, surgió a mi alrededor una tenue luz.

c) En ese momento, yo mismo inicié la discusión entre los invitados.

d) Todos esperan de mí cualquier cosa.

e) La humedad y el silencio destruyeron la casa de mis antepasados.

f) Por primera vez, le desagradaban las novelas de horror.

g) En la sala oscura del cine, nosotros buscábamos asientos vacíos.

h) A Guadalupe le fascinan los poemas de Pablo Neruda.

i) Un comité especial resolvió el problema económico.

j) Las piedras y los gritos volvieron a zumbar a nuestro alrededor.

2. En las siguientes oraciones, el sujeto no se encuentra expresado, se trata de sujetos morfológicos. Escriba, en el espacio en blanco, la persona gramatical que corresponda:

Ejemplo: Ahora nos explicarás las condiciones del pacto.

Tú

a) La última noche la vi silenciosa.

b) No se despidió de nadie.

c) En las fiestas haces demasiadas bromas.

d) Buscábamos afanosamente una respuesta a nuestras inquietudes.

e) Salían espantadas y sin aliento.

3. Subraye el sujeto de las siguientes oraciones y, al final de cada una, escriba si está formado por un sintagma nominal o una oración:

Ejemplo: Este pueblo tiene todas las calles empedradas.
Forma del sujeto: sintagma nominal.

a) Pedro se muestra cauteloso.
Forma del sujeto: _____

b) Sólo en su rostro perduran las huellas del cansancio.
Forma del sujeto: _____

c) Ella decidió aumentar el sueldo a sus empleados.
Forma del sujeto: _____

d) El que observó todo olvidó muy pronto lo sucedido.
Forma del sujeto: _____

e) Hablar en público requiere de cierta preparación.
Forma del sujeto: _____

 ## Núcleo y modificadores del sujeto

Todo sujeto explícito que sea sintagma nominal tiene un núcleo que es la palabra más importante; puede estar acompañado de modificadores:

La misteriosa caja de música encantó a la familia.

La palabra más importante es el sustantivo *caja*; concuerda en número con el verbo y es la palabra imprescindible; si se suprime, la oración pierde sentido: *la misteriosa de música encantó a la familia.*

El núcleo del sujeto siempre es un sustantivo, un pronombre o una palabra sustantivada:

Me gustan <u>los *postres* de frutas</u>.	(Núcleo: sustantivo)
<u>Los *autos* de carreras</u> enloquecen a los jóvenes.	(Núcleo: sustantivo)
<u>*Ellas*</u> pensaron en ti.	(Núcleo: pronombre)
En esta casa trabajamos <u>*nosotros*</u>.	(Núcleo: pronombre)
Llegaron <u>los *indeseables*</u>.	(Núcleo: adjetivo sustantivado)
<u>El *ayer*</u> le traía falsos recuerdos.	(Núcleo: adverbio sustantivado)

Es posible que en el sujeto aparezcan dos o más núcleos:

<u>El *escritor* y el *crítico* literario</u> se reunieron en una cafetería.
Continuaron firmes <u>la *oscuridad*, el *silencio* y la *llovizna*</u>.
<u>*Tú* y *yo*</u> padeceremos las consecuencias.

El núcleo del sujeto puede estar acompañado por modificadores directos e indirectos:

a) Modificadores directos. Acompañan al nombre para agregar algo a su significado o para precisarlo; deben concordar con él en género y número. Esta función la desempeñan el artículo y el adjetivo:

Los espejos reflejan la imagen.
Un leve temblor lo delataba.
Una ligera brisa *marítima* refrescaba el ambiente.
Sus pasos *cansados* resonaban en medio del silencio.
Sus palabras *precisas* y *oportunas* llegaron a todos.
Tres desconocidos anunciaron el trágico accidente.

Es posible encontrar sintagmas adjetivos formados por un adjetivo y un adverbio, el cual, a su vez, puede tener como modificador otro adverbio. En estos casos, todo el sintagma adjetivo cumple la función de modificador directo:

<u>Una avenida *muy amplia*</u> atravesaba la ciudad.
<u>Dos hombres *terriblemente crueles*</u> se burlaban de los animales en el zoológico.
El sobre lo trajo <u>un mensajero *bien vestido*</u>.
<u>Una explicación *bastante mal fundamentada*</u> provocó desagrado.
<u>Una alimentación *muy bien balanceada*</u> evita enfermedades.

b) Modificadores indirectos. Son sintagmas prepositivos o preposicionales que modifican el núcleo del sujeto. Se introducen mediante una preposición; también se llaman complementos adnominales:

<u>La casa *de mi niñez*</u> ya no existe.
<u>El estudio *de los astros*</u> empezó hace mucho tiempo.

Una mujer *con larga melena* tocó a mi puerta.

El libro *sin pastas* tiene ilustraciones extrañas.

Los modificadores indirectos están constituidos por una preposición y un sintagma nominal que funciona como complemento de la preposición y recibe el nombre de término; la estructura de este último puede ser simple:

Los dulces *de México* son exquisitos.

El aullido *de los lobos hambrientos* nos despertó.

Su estructura es compleja si dentro tiene otro modificador indirecto:

Los vidrios de las grandes ventanas *del edificio* se estremecieron por el impacto.

El cielo con nubes *de color gris* parecía amenazante.

Existe otro tipo de complemento de los nombres que se llama aposición; es un sintagma nominal que se caracteriza por escribirse entre comas y por ser intercambiable con el núcleo del sujeto:

Jorge, *mi hermano*, practica varios deportes.

Los dos estudiantes de mi curso, *Rolando y José*, trajeron un instrumento extraño.

Simón Bolívar, *el Libertador,* nació en Caracas.

Esos indígenas, *los tarahumaras*, recorren a pie grandes distancias.

Ejercicios

1. Subraye los sujetos de las siguientes oraciones y escriba, como se indica en el ejemplo, el núcleo, los modificadores directos y los indirectos.

Ejemplo: El concurso de oratoria estuvo muy reñido.

Núcleo: concurso

Modificador directo: el

Modificador indirecto: de oratoria

a) La ronca voz del vendedor nos despertaba cada mañana.

Núcleo _____

Modificadores directos _____

Modificador indirecto _____

b) La lentitud habitual de los procedimientos burocráticos impacientaba a los ciudadanos.

Núcleo _____

Modificadores directos _____

Modificador indirecto _____

c) Su palidez y sus ojos hundidos me alarmaron.

Núcleos————————————————————————

Modificadores directos————————————————————

d) Las exclamaciones de asombro corrían de boca en boca.

Núcleo————————————————————————

Modificador directo————————————————————

Modificador indirecto————————————————————

e) Llegó a la estación desierta un forastero poco amigable.

Núcleo————————————————————————

Modificadores directos————————————————————

f) Una pregunta con mala intención molestó al entrevistado.

Núcleo————————————————————————

Modificador directo————————————————————

Modificador indirecto————————————————————

g) Un cielo sin estrellas cubre a los habitantes de la gran ciudad.

Núcleo————————————————————————

Modificador directo————————————————————

Modificador indirecto————————————————————

h) En medio del silencio de la gente, surgió aquel grito de euforia.

Núcleo————————————————————————

Modificador directo————————————————————

Modificador indirecto————————————————————

i) Los niños del coro dieron un concierto.

Núcleo————————————————————————

Modificador directo————————————————————

Modificador indirecto————————————————————

j) El tema de su insípida charla siempre era el mismo.

Núcleo————————————————————————

Modificador directo————————————————————

Modificador indirecto————————————————————

k) El café de la esquina más famosa del barrio estaba muy concurrido a esas horas.

Núcleo————————————————————————

Modificador directo _____

Modificador indirecto _____

l) La magnitud de su terrible traición atormentaba a Daniel.

Núcleo _____

Modificador directo _____

Modificador indirecto _____

m) Los terribles problemas de insomnio agobian a mucha gente.

Núcleo _____

Modificadores directos _____

Modificador indirecto _____

n) Un medio de transporte del siglo XIX es el ferrocarril.

Núcleo _____

Modificador directo _____

Modificador indirecto _____

ñ) Siempre me han espantado las mariposas negras de la época de lluvias.

Núcleo _____

Modificadores directos _____

Modificador indirecto _____

2. Subraye la aposición que aparece en el sujeto de las siguientes oraciones:

a) Mi amigo, ese joven prudente y tímido, tenía el propósito de viajar por todo el mundo.

b) Nosotros, los pobres mortales, nunca perdemos la esperanza.

c) Antonio, mi mejor alumno, publicó un libro de poemas.

d) Los gatos, hermanitos menores de los tigres, cazan roedores.

e) Afrodita, la diosa griega de la belleza, es la madre de Eros.

f) Sor Juana Inés de la Cruz, la Décima Musa, escribió el poema "Primero sueño".

g) La ambrosía, manjar de los dioses, daba la inmortalidad.

EL PREDICADO

El predicado es la parte de la oración que expresa la acción que realiza el sujeto o los diferentes estados en los que éste puede encontrarse; es decir, es todo lo que se dice del sujeto. Está formado por un verbo y sus complementos:

> Los asistentes del médico <u>guardaron silencio durante la operación</u>.
> Por la mañana <u>circuló</u> la noticia sobre el secuestro.
> Los fuegos artificiales <u>estallarán a la hora exacta</u>.
> <u>En el vado del río crecen</u> cipreses.

El verbo puede aparecer sin complementos y constituir, por sí solo, un predicado:

> Unos desconocidos <u>cantaban</u>.
> <u>Cociné</u>.
> Ustedes <u>van a descansar</u>.

El predicado puede estar al principio o al final de la oración; también puede encontrarse dividido, porque el sujeto se ha colocado en medio:

> <u>Apareció en la mirada del científico</u> un destello de malicia.
> Un destello de malicia <u>apareció en la mirada del científico</u>.
> <u>Apareció</u> un destello de malicia <u>en la mirada del científico</u>.

A) Núcleo del predicado

El núcleo del predicado siempre es un verbo, simple o perifrástico; es la palabra más importante y concuerda en número y persona con el núcleo del sujeto:

> La familia de mis primos no <u>asistió</u> al funeral.
> Sara nunca <u>ha visto</u> un eclipse.
> El lunes yo <u>voy a preparar</u> una comida tailandesa.
> Maribel y Elvira <u>contaron</u> la historia detalladamente.
> Ahora tú <u>tendrás que aclarar</u> las dudas.

La concordancia del núcleo del predicado con el del sujeto permite reconocer éste en las oraciones, sobre todo, en aquéllas en las que el sujeto no es agente de la acción verbal:

> Te <u>enferma</u> *la miseria*.
> A Sonia le <u>repugnaban</u> *los reptiles*.
> Se <u>dañaron</u> *las tuberías*.
> *El rey* <u>fue derrocado</u> por el pueblo.

En los ejemplos anteriores, los sujetos son *la miseria, los reptiles, las tuberías* y *el rey*, puesto que de ellos se habla en las oraciones y concuerdan con los verbos, aunque ninguno sea agente de la acción.

Ejercicio

Subraye el predicado de las siguientes oraciones y encierre en un círculo su núcleo:

a) Miguel buscaba mejores condiciones de vida.

b) Andaba diciendo cosas raras.

c) En un barrio de la ciudad ocurrió un milagro.

d) Acababa de decidir su futuro.

e) La gente ha renunciado a sus deseos y preferencias.

f) No le gustaba la vigilancia estricta del internado.

g) El lunes tengo que recoger los resultados.

h) Ellos viven intensamente.

i) De pronto Pablo se calló.

B) Predicado verbal y predicado nominal

El predicado verbal es aquél que tiene como núcleo un verbo con significado pleno; es decir, por sí mismo puede predicar o dar información. Casi todos los verbos son de este tipo:

quemar	mirar	sospechar	salir
hervir	pensar	volver	arreglar
trabajar	reír	sacar	explicar
escribir	vivir	decidir	calzar
pagar	dormir	protestar	regar
intentar	cruzar	votar	ocultar

El predicado nominal se construye con verbos copulativos, los cuales se caracterizan por no tener un significado pleno; se acompañan de un adjetivo, un sustantivo o una oración, estos elementos son los que aportan la información del predicado. En estas oraciones el verbo sólo cumple la función de enlazar el sujeto con el predicado, de ahí que reciba el nombre de copulativo. Los verbos copulativos más comunes son *ser* y *estar*:

Él <u>es</u> el doctor.
Algunos detalles <u>son</u> caóticos.
Su rostro <u>estaba</u> triste.
Ella <u>fue</u> la que me delató.

Es frecuente encontrar verbos plenos funcionando como copulativos; en ese caso necesitan apoyarse en un adjetivo, el cual modifica al sujeto y, generalmente, concuerda en género y número con él:

Eva <u>permaneció</u> quieta.
Julio <u>caminaba</u> distraído.
Todas las empleadas <u>llegaron</u> preocupadas.
Los colegas se <u>mostraron</u> encantados.

EL PREDICADO

Ejercicio

Escriba en el espacio en blanco la clase de predicado, nominal o verbal, de las siguientes oraciones:

a) Homero y Antonieta se miraron en silencio.

_____

b) Muchos se mostraron escépticos.

_____

c) La sorpresa y la inquietud se apoderaron de todos.

_____

d) El cachorro tenía una mirada triste.

_____

e) Ahora nuestras preocupaciones son otras.

_____

f) El escritor no pidió ninguna explicación por el maltrato.

_____

g) Se sentían indignadas por el agravio sufrido.

_____

h) El pelo largo le caía sobre la espalda.

_____

i) Amalia y Rosa gritaron eufóricas.

_____

C) Complementos del núcleo del predicado

La estructura del predicado está conformada por el verbo que funciona como núcleo y por los complementos de éste.

Los complementos del verbo son: objeto o complemento directo, objeto o complemento indirecto, complemento circunstancial, predicativo o atributo y complemento agente.

Objeto o complemento directo

El complemento directo se refiere a la persona, animal o cosa que recibe directamente la acción del verbo; se conoce también como paciente, dado que es el que resulta afectado o modificado por la acción del verbo. **Se presenta con verbos transitivos:**

158

Mi hermano *construyó* <u>un helicóptero de madera</u>.

El enfermo *abandonó* <u>su rutina alimentaria</u>.

Todos *asumieron* <u>su destino trágico</u> con entereza.

Roberto *arrojó* <u>los papeles</u> en el cesto de la basura.

Armida nunca *leía* <u>el periódico</u>.

El complemento directo puede estar formado por:

a) Un pronombre: *me, te, se, lo, la, los, las, nos, os, todo, algo*, etc.

<u>Me</u> asaltaron anoche.

<u>Te</u> trajeron a la fuerza.

Mi sobrino <u>se</u> cubre con una manta.

La noticia <u>los</u> dejó satisfechos.

<u>Nos</u> han olvidado.

<u>Os</u> arrojaron al abismo.

El economista negó <u>todo</u>.

b) Un sintagma nominal, constituido por un sustantivo con o sin modificadores:

Esa canción transmitía <u>alegría</u>.

Una sombra cubre <u>mis ojos</u>.

Ella extendió <u>sus largos y blancos brazos</u>.

El mago se subió <u>el cuello de la camisa</u>.

c) Un sintagma preposicional introducido por la preposición *a*.
Esta forma sólo se usa cuando el objeto se refiere a personas o seres personificados o singularizado .

Visité <u>a mi prima</u>.

Buscaban <u>a los estudiantes</u>.

Encontramos <u>al perro</u>.

d) Una oración:

Pidió <u>que todos escribieran una carta</u>.

Marcos pensaba <u>que tenía mucho dinero</u>.

Hizo <u>lo que pudo</u>.

Existen tres procedimientos para reconocer el complemento directo:

a) Con la pregunta ¿*qué es lo...?*

Todos denunciaron el crimen.	*¿Qué es lo denunciado?*	*El crimen*
Él oía los acordes de la música.	*¿Que es lo oído?*	*Los acordes de la música*
Javier adoptó a un niño.	*¿Qué es lo adoptado?*	*Un niño*

b) Mediante la sustitución del complemento directo por los pronombres: *lo, la, los, las*:

El médico atendió a su paciente.   El médico <u>lo</u> atendió.
El perro se comió la pierna de pollo.   El perro se <u>la</u> comió.
El abuelo añoraba los viejos tiempos.   El abuelo <u>los</u> añoraba.
Vio las agitadas olas del mar.   <u>Las</u> vio.

Estos pronombres se refieren al objeto directo y por ello deben concordar con él en género y número. Cuando se colocan antes del verbo se llaman proclíticos; cuando se posponen y se adjuntan se llaman enclíticos:

<u>Los</u> compadecieron por su mala suerte.
Necesita dinero para comprar<u>la</u>.
Por la tarde voy a ver<u>las</u> en la biblioteca.
Piénsa<u>lo</u>.

☞ Cuando el objeto directo se antepone a los demás elementos oracionales, se repite mediante un pronombre, nunca en otros casos:

<u>A mis estudiantes</u> no <u>los</u> he convencido de mi teoría.
<u>Las tareas de reconstrucción</u> <u>las</u> atiende un arquitecto.

c) Mediante el cambio de la oración a voz pasiva, en la que el complemento directo pasa a ser sujeto:

Voz activa

Luis recogió <u>la basura</u>.
La base naval solicita <u>un buzo</u>.
Marisa examinó <u>la grieta</u>.

Voz pasiva

<u>La basura</u> fue recogida por L
<u>Un buzo</u> es solicitado por la
<u>La grieta</u> fue examinada po

Ejercicios

1. Subraye el complemento directo en las siguientes oraciones:

a) Eugenia encontró las llaves de su casa bajo una carpeta.
b) Con furia, Luz arrancó el tapiz de la pared.
c) El olor de los eucaliptos no la reconfortó.
d) Los habitantes del pueblo recordaban el rumor de sus pasos.
e) Fernando tenía una herida en la mano izquierda.
f) Vio de reojo los trajes de payaso.
g) Alrededor de la casa, las plantas devoraban todo.
h) Fumigaron los sembradíos con sustancias tóxicas.
i) El paraíso no evoca mejores tiempos.
j) Canalizó toda su frustración en el trabajo.
k) Cómete un conejo asado.

2. Sustituya por los pronombres *lo, la, los, las*, el complemento directo que aparece subrayado en las siguientes oraciones. Además cambie las oraciones a voz pasiva:

a) Algún detalle enturbiaba <u>la transparencia de la magia</u>.

_____

_____

b) Un barco velero transportó <u>a María.</u>

_____

_____

c) Las sociedades favorecen <u>una forma de vida</u>.

_____

_____

d) Una sirena peinaba <u>sus cabellos</u> en medio del océano.

_____

_____

e) Con la cabeza hizo <u>un gesto cortés</u>.

_____

_____

f) Desde la cima el hombre agitó <u>un pañuelo</u>.

_____

_____

g) Conservaban <u>las legumbres</u> en salmuera.

_____

_____

h) Trajo enseguida <u>una botella de jerez</u>.

_____

_____

i) Los días desafortunados asfixiaron <u>sus ilusiones.</u>

_____

_____

j) El cónsul lanzó <u>una mirada nerviosa</u> por encima de su hombro.

_____

_____

Objeto o complemento indirecto

El complemento indirecto es la persona, animal o cosa que recibe indirectamente la acción del verbo; es el beneficiado o perjudicado por la acción. **Siempre se une al verbo mediante la preposición** *a* y, en algunas ocasiones, acepta la preposición *para*. Es muy frecuente que un pronombre repita el complemento indirecto en una oración. Por ejemplo:

Armando <u>les</u> dio una sorpresa <u>a sus socios</u>.
No <u>le</u> cuentes todo <u>a Raquel</u>.
<u>A Lidia</u> <u>le</u> demostraron una gratitud exagerada.
<u>Nos</u> explicaron el problema.
<u>Te</u> deseamos buena suerte.
El abogado trajo malas noticias <u>a los prisioneros</u>.
Tejió una bufanda <u>para mi abuelo</u>.

El complemento indirecto está constituido por:

a) Un sintagma prepositivo:

Carmela pidió las copias <u>a Rocío</u>.
La feria proporcionó beneficios <u>para todos nosotros</u>.

b) Un pronombre: *me, nos, te, os, se, le, les*.

Rafael <u>me</u> entregó los billetes.
<u>Te</u> gusta la carne de cerdo.
<u>Se</u> lavó las manos.
<u>Os</u> dedicamos esta canción.
<u>Le</u> ofreció una taza de chocolate.
<u>Nos</u> dieron una esperanza.

El pronombre de complemento indirecto se antepone al verbo, aunque en algunos casos se presenta como enclítico:

<u>Les</u> impusieron uniformes.
<u>Te</u> lo prometieron ayer.
Escríbe<u>le</u> una nota.
Quieren comunicar<u>nos</u> algo.
Voy a recomendar<u>te</u> una novela.

c) Una oración:

Exigió silencio <u>a quienes estaban cerca</u>.
Paco presentó su libro <u>a los que no creían en él</u>.

Existen dos procedimientos para reconocer el complemento indirecto:

a) Mediante la pregunta *¿a quién o para quién...?*

Entregó la carta a su dueño.	*¿A quién la entregó?*	*A su dueño*
Aplicó el examen a todos.	*¿A quién lo aplicó?*	*A todos*
Compré un regalo para ti.	*¿Para quién lo compré?*	*Para ti*

b) Mediante la sustitución por los pronombres *le* o *les*:

Pidió <u>a los extranjeros</u> una identificación.	<u>Les</u> pidió una identificación.
Prometieron ayuda <u>al campesino</u>.	<u>Le</u> prometieron ayuda.
Felipe no prestó atención <u>a los festejos</u>.	Felipe no <u>les</u> prestó atención.

Sólo es posible la sustitución por estos pronombres cuando el complemento indirecto corresponde a la tercera persona.

En ocasiones aparecen dos complementos indirectos en una oración:

Compré <u>a Olivia</u> unos dulces <u>para mis hijos</u>.
<u>A mi hermana le</u> preparé un flan <u>para sus invitados</u>.

Ejercicios

1. Subraye el complemento indirecto de las siguientes oraciones:

a) Un amigo te facilitará el pago de las deudas.

b) Anselmo presentó sus condolencias a los dolientes.

c) Las investigadoras expusieron su proyecto a la junta directiva.

d) El público le creyó al mago todos sus trucos.

e) Los lectores reprochaban al autor del libro su actitud pesimista.

f) La tarde le transmitió un extraño sentimiento de melancolía.

g) Me gustan los días nublados.

h) Nos faltaba entereza.

i) Se lo voy a decir cara a cara.

j) Al cielo le faltaban nubes.

2. Sustituya los complementos indirectos subrayados por los pronombres *le* o *les*:

a) Repetí la explicación <u>a mis colegas</u>.

_____

b) Cancelé mi cita <u>al psicoanalista.</u>

_____

c) Derrotados, dejaron la ciudad <u>a los enemigos</u>.

_____

d) Organicé un homenaje <u>para los jubilados</u>.

_____

e) Muy pronto Natalia pidió consuelo <u>a su madre</u>.

_____

f) Los intelectuales respondieron <u>a sus interlocutores</u> con claridad.

_____

g) La nueva medicina trajo esperanzas <u>a los deshauciados</u>.

_____

h) La ciencia permitió <u>a la humanidad</u> una vida más confortable.

_____

i) Ofreció una recompensa <u>a quien diera noticias sobre el perro extraviado</u>.

_____

Complemento circunstancial

Expresa la manera, el tiempo, el lugar y demás circunstancias en las que se realiza la acción del verbo:

Víctor vive <u>cerca</u>.
<u>En la madrugada</u> la señora entró <u>a la habitación</u>.
Joaquina miró <u>fijamente</u> a Ignacio <u>con una expresión de desaliento</u>.
<u>El próximo lunes</u> empezarán las festividades.

El complemento circunstancial puede estar formado por:

a) Un adverbio, un sintagma adverbial o una locución adverbial:

El sol <u>nunca</u> girará alrededor de la tierra.
<u>Quizá</u> se produzca <u>hoy</u> lo esperado.
Llovió <u>muy fuertemente</u>.
<u>Ayer</u> se encontraba <u>estupendamente bien</u>.
Pescó <u>al vuelo</u> la respuesta inverosímil.
Hizo la maleta <u>a la ligera</u>.

b) Un sintagma prepositivo o preposicional:

> Se comporta <u>de una forma extraña</u>.
> Habla <u>con mucha seguridad</u>.
> Llegarán <u>a otro planeta</u>.
> Se hospedaron <u>en un hotel tenebroso</u>.
> Brindo <u>por ella</u>.

c) Un sintagma nominal:

> Se paseaba <u>todos los fines de semana</u>.
> <u>Algunas veces</u> llegan las ballenas.
> <u>Esta tarde</u> comenzará un diluvio.
> <u>La próxima semana</u> podrás conocer las nuevas instalaciones.

d) Una oración:

> Los deportistas utilizaban el parque <u>para realizar sus ejercicios matutinos</u>.
> <u>Antes de que se descubriera América</u>, los europeos no conocían las papas.
> <u>Cuando despertó</u>, la película ya había terminado.
> Vivo <u>donde nacieron mis padres</u>.

Las múltiples circunstancias en las que se realiza la acción del verbo pueden ser de:

a) Modo. Se refieren a la manera como se realiza la acción; responden a la pregunta *¿cómo?*

> Lo estudiaremos <u>con detenimiento</u>.
> Abrió la puerta <u>cautelosamente</u>.
> Lo hizo <u>como le enseñaron</u>.

b) Tiempo. Expresan el momento en el cual se lleva a cabo la acción; responden a la pregunta *¿cuándo?*

> Llegará <u>en el momento menos esperado</u>.
> <u>Mañana</u> aparecerá su nombre en los periódicos.
> <u>El mes entrante</u> sostendré un debate.
> <u>Mientras aterrizaba el avión</u> casi todos los pasajeros dormían.

c) Lugar. Indican el sitio, espacio o lugar donde se realiza la acción; responden a la pregunta *¿dónde?*

> Dora se sentó <u>junto a la estufa</u>.
> <u>Ahí</u> venía él.
> Paseó la mirada <u>por donde estaban unos mendigos</u>.

d) Cantidad. En general, sólo se emplean adverbios que indican medida, puesto que denotan cantidad. Responden a la pregunta *¿cuánto?*

> Comió <u>bastante</u>.
> A veces escribía <u>mucho</u>.
> Pidió <u>más</u>.

☞ Los adjetivos numerales no se emplean para formar complementos circunstanciales de cantidad; en expresiones como *compré cinco sillas*, el adjetivo *cinco* se refiere al sustantivo *sillas* y, junto con él, forma el objeto directo.

e) Instrumento. Aluden al objeto con el cual se realiza la acción; responden a la pregunta *¿con qué?*

> Golpeó la mesa <u>con el vaso</u>.
> Recortó las imágenes <u>con unas pequeñas tijeras</u>.
> Amaestró al halcón <u>con un método desconocido</u>.

f) Compañía. Señalan con quién o con quiénes se realiza la acción:

> Isabel se fue al puerto <u>con sus dos perros</u>.
> Alfonsina quería ir a los llanos <u>con nosotros</u>.
> Bailó <u>conmigo</u>.

g) Tema. Se presentan con verbos que aluden a las acciones de *leer, hablar, escribir, conversar, pensar*; expresan el asunto, argumento o tema sobre el que tratan dichos verbos; responden a la pregunta *¿sobre qué?*

> No se cansaba de hablar <u>sobre la eternidad</u>.
> La conferencia giró <u>en torno a la medicina homeopática</u>.
> Conversaron <u>sobre aparecidos</u> durante toda la noche.

h) Causa. Manifiestan las razones o los motivos por los que se realiza la acción; responden a la pregunta *¿por qué?*

> No fue a la guerra <u>por miedo</u>.
> Adelgazó <u>debido a la mala alimentación</u>.
> No vendió sus cuadros <u>porque estaban muy mal hechos</u>.

i) Finalidad. Expresan el objetivo o propósito que se persigue con el cumplimiento de la acción verbal. Responden a la pregunta *¿para qué?*

> El caballo empezó a saltar por el establo <u>para encontrar una salida</u>.
> Se ocultó en el almacén <u>con el fin de esquivar a sus acreedores</u>.
> Da limosna <u>para tranquilizar su conciencia</u>.

j)   Duda. Expresan incertidumbre.

Quizá encuentre un sentido distinto a esas acciones.
Tal vez podamos recuperar el terreno perdido.
¿Acaso es falsa tu humildad?

Ejercicio

Subraye todos los complementos circunstanciales que aparecen en las siguientes oraciones y escriba en el espacio en blanco el tipo de circunstancia que expresan:

a)   Las moscas revoloteaban insistentemente alrededor del pastel.

_____

_____

b)   El sol resplandecía ahora sobre el mundo.

_____

_____

c)   Ambos escrutaban el cielo por las tardes.

_____

d)   El agua cayó tristemente toda la noche.

_____

e)   El pirata golpeó con su garfio en la escotilla para hacer callar a los marinos.

_____

_____

_____

f)   El inmenso tren avanzaba velozmente por el desierto.

_____

_____

g)   Porque tenía miedo a la gente, se retiró a su ermita.

_____

_____

h)   Gastó demasiado con sus malos amigos.

_____

_____

i)   Acaso ya no encuentres la respuesta.

_____

_____

j)   Ustedes siempre han resuelto los problemas con una pizca de malicia.

_____

_____

k)   Quizá mañana la gente se reirá a sus costillas.

_____

_____

l)   Compré veneno para las ratas porque estaban destruyendo los sembradíos.

_____

m)   A la luz de la luna, las hienas devoraban la carroña con sus filosos colmillos.

_____

_____

n)   Para provocar compasión se comportaba hipócritamente.

_____

_____

ñ)   Su conversación siempre versaba sobre asuntos filosóficos.

_____

_____

o)   En la antigüedad, un astrólogo famoso vivía pobremente en Grecia, en compañía de su esposa.

_____

_____

_____

p)   Discurrió incansablemente sobre la vida extraterrestre.

_____

_____

Complemento predicativo o atributo

Es el complemento que predica o informa sobre cualidades, atributos o peculiaridades del sujeto. Aparece en las oraciones con predicado nominal, es decir, con los verbos copulativos *ser* y *estar*; también puede presentarse con verbos de significado pleno:

Roberta era <u>mi amiga</u>.
El agua estaba <u>turbia</u>.
Este animal es <u>la fiera más hambrienta del zoológico</u>.
Los gritos se percibían <u>desesperados</u>.
Una de ellas se mostró <u>bastante indiferente</u>.
Las praderas se encontraban <u>devastadas</u>.

El predicativo se caracteriza porque siempre se refiere al sujeto y, en muchas ocasiones, concuerda con él en género y número.

Puede estar formado por:

a) Un sintagma nominal:

El arquitecto era <u>un hombre de avanzada edad</u>.
Remedios es <u>un ser ajeno a la realidad</u>.

b) Un sintagma adjetivo:

Angelina estaba <u>muy avergonzada</u>.
Una mano se alzó <u>tímida</u>.

c) Un pronombre:

Tú nunca serás <u>eso</u>.
El problema es <u>aquél</u>.
<u>Lo</u> somos.

d) Una oración:

El novelista es <u>el que sabe</u>.
La abeja reina es <u>la que nunca trabaja</u>.
Guadalupe es <u>quien no quiere la herencia</u>.
Morir es <u>ausentarse definitivamente</u>.

Es posible encontrar predicativos que se refieren al complemento directo; siempre concuerdan en género y número con él:

El juez declaró <u>culpable</u> *al acusado*.
Encontré hoy <u>más dichosas</u> *a las bailarinas*.
Veo *a Jorge* <u>incapaz de trabajar</u>.

Los complementos directos en las oraciones anteriores son *al acusado, a las bailarinas, a Jorge;* los predicativos son *culpable, más dichosas, incapaz de trabajar,* los cuales no deben confundirse con complementos circunstanciales de modo, puesto que éstos nunca pueden estar desempeñados por un adjetivo o sintagma adjetivo.

SINTAXIS **elementos de la oración**

Ejercicio

Subraye el complemento predicativo de las siguientes oraciones:

a) Sus ambiciones de actriz siempre fueron un poco falsas.

b) El resplandor de la luna se proyectaba tenebroso en los pantanos.

c) En la plaza el tumulto era inmenso.

d) El rinoceronte es un mamífero con uno o dos cuernos.

e) Durante algún tiempo ella recorrió solitaria las oscuras calles.

f) Su pesimismo era producto de la decepción.

g) Los gestos de esa mascota se volvieron feroces.

h) En tierra firme el mundo seguía desaforado.

i) Los egipcios eran expertos en el arte de embalsamar.

j) Ellas corrieron asustadas hasta la esquina más próxima.

k) Ustedes están abrumados porque quieren.

l) La liebre se quedó encandilada por la luz de los faros.

m) Los caracoles son un alimento exquisito.

n) La clasificación de las yerbas resultó muy laboriosa.

ñ) Margot y Asunción elaboraron juntas una revolucionaria propuesta médica.

■ Complemento agente

Este complemento aparece solamente en las oraciones en voz pasiva y designa al agente de la acción verbal; a pesar de referirse a quien realiza la acción, no es el sujeto. Se introduce por la preposición *por*:

La historia de la humanidad ha sido escrita <u>por unos cuantos</u>.

Su trayecto fue interrumpido <u>por una fuerte lluvia</u>.

La segunda estrofa será leída <u>por Manuel</u>.

Sus obras han sido olvidadas <u>por todos ustedes</u>.

El jardín fue cuidado <u>por quienes no salieron de viaje</u>.

La preposición *de* se empleaba antiguamente para introducir el complemento agente: *ese sirviente es favorecido del rey*.

Ejercicio

Subraye el complemento agente de las siguientes oraciones:

a) Fue interceptado en la frontera por los agentes de migración.

b) Sus miradas de desconfianza fueron filmadas por los espías.

c) Las tierras fueron trabajadas por los campesinos.

d) La novela fue escrita por un europeo contemporáneo.

e) La carta no fue enviada por ella.

f) La manzana había sido mordida por Adán.

D) Elementos de afirmación y de negación

Los adverbios de afirmación y de negación, *sí* y *no*, no siempre funcionan como complementos o modificadores del verbo. Pueden tener distintos usos y valores:

a) Suelen equivaler a una oración, en casos como:

¿Piensas trabajar hoy en la tarde?   —*Sí.*
¿Hiciste las correcciones al trabajo?   —*No.*

Las respuestas *sí* y *no* se consideran oraciones con el verbo omitido, pues equivalen a decir *sí pienso trabajar* y *no hice las correcciones*, respectivamente.

b) Funcionan como elementos enfáticos, es decir, refuerzan lo señalado por el verbo; la negación suele emplearse combinada con otro elemento negativo:

Carlos <u>sí</u> conoce a mis amigos.
Yo <u>no</u> sé nada.

c) El adverbio *no* sirve para negar distintos elementos oracionales:

Augusto *no* <u>comió</u>.   (Niega el verbo)
Augusto *no* comió <u>uvas</u>.   (Niega el objeto directo)
Augusto *no* comió uvas <u>hoy</u>.   (Niega el complemento circunstancial)
Augusto *no* comió uvas <u>verdes</u>   (Niega el adjetivo)

Ejercicio general

En las siguientes oraciones, señale el sujeto, el predicado, sus núcleos y cada uno de sus complementos; hágalo de la manera como se muestra en los ejemplos:

Ejemplos:

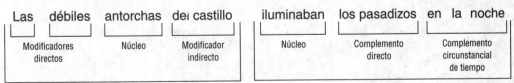

Le	erigieron	un inmenso monumento	al falso héroe	en la plaza central
Compl. indirecto	Núcleo	Complemento directo	Complemento indirecto	Complemento circunstancial de lugar

Sujeto morfológico o tácito

Predicado

a) Una cruel experiencia lo había marcado desde su niñez.

b) No podrás ver otro fin de siglo.

c) En un ardiente día de verano empecé a sentir este odio tan desbordante.

d) La industria informática ha crecido mucho en los últimos años.

e) El mar era un espejo de la furia humana.

f) Le pedí discreción.

g) Las reglas del juego fueron respetadas tácitamente por los contendientes.

h) El crujido de la madera se oyó en la habitación contigua.

i) Maximiliano y Carlota, Emperadores de México, cruzaron engañados el océano en el siglo XIX.

j) Al esquimal le regalaron unos guantes de piel fina.

k) De pie esperaban ansiosos a sus invitados.

l) Los volcanes arrojaron con violencia una lava roja.

m) Ella se sentía muy inquieta.

n) Un viejo sombrero negro coronaba la cabeza del muñeco.

ñ) Las teclas del piano eran golpeadas inmisericordemente por sus torpes manos.

La oración compuesta

Las oraciones simples son las que tienen un solo verbo, simple o perifrástico, con su correspondiente sujeto; cuando en un enunciado aparece más de un verbo, se trata de una oración compuesta.

La oración compuesta, también conocida como período, es la expresión que está formada por dos o más oraciones, entre las cuales se establece una relación:

> Me <u>alejé</u> cuando se <u>apagaba</u> el crepúsculo.
> La luna <u>iluminaba</u> la calle y los sonidos <u>adquirían</u> resonancia.
> Nadie me <u>negará</u> que <u>he tenido</u> éxito con la novela que <u>publiqué</u>.

Dentro de la oración compuesta siempre es posible distinguir una oración principal; en los ejemplos anteriores, *me alejé, la luna iluminaba la calle* y *nadie me negará* son las oraciones principales, pues son unidades con independencia sintáctica y sin conjunciones o adverbios que las introduzcan y las vinculen con otros elementos.

La oración compuesta puede llegar a constituir una cláusula o un párrafo si todas las oraciones que componen este último, están relacionadas entre sí; una simple enumeración de oraciones no necesariamente equivale a una oración compuesta:

> La tarde <u>había caído</u> sobre el poblado; algunos campesinos <u>caminaban</u> solitarios por las calles. A lo lejos se <u>dibujaba</u> en el cielo un relámpago repentino.

En el ejemplo anterior, las oraciones están separadas por signos de puntuación y no hay palabras que establezcan ningún tipo de enlace entre ellas; se trata de tres oraciones simples, independientes, que forman un párrafo, pero no una oración compuesta. En cambio, el siguiente enunciado sí constituye una oración compuesta porque las tres oraciones están enlazadas:

> Te <u>dije</u> que no <u>caminaras</u> por esos barrios que no <u>conoces</u>.

La primera oración es la principal, *te dije*, la segunda es su objeto o complemento directo, *que no caminaras por esos barrios*; y la tercera, *que no conoces*, equivale a un adjetivo del sustantivo *barrios*.

La relación entre las oraciones puede establecerse mediante tres formas: coordinación, subordinación y yuxtaposición.

ORACIONES COORDINADAS

Las oraciones coordinadas se encuentran unidas mediante una conjunción o locución conjuntiva coordinante; cada una de las oraciones coordinadas tiene sentido completo, es decir, no depende una de otra. Las oraciones coordinadas pueden expresar diversas relaciones entre sí, pero ninguna de ellas llega a convertirse en complemento de la otra.

Con base en el significado que aporta el nexo o conjunción que relaciona las oraciones coordinadas, éstas se clasifican en copulativas, adversativas, disyuntivas y distributivas.

A) Copulativas

Son oraciones que se enlazan mediante una conjunción copulativa que indica suma o adición:

> Mi madre <u>es</u> maestra *y* mi padre <u>trabaja</u> como oficinista.
> No <u>he solicitado</u> aumento de sueldo *ni* lo <u>haré</u> en todo este mes.
> La economía de nuestros países <u>está</u> en quiebra *y* las devaluaciones de la moneda nos <u>amenazan</u> continuamente.

Las oraciones coordinadas pueden tener el mismo sujeto o éste puede ser diferente:

> <u>Los adolescentes</u> *indagan*, *buscan* y *preguntan*.
> <u>Pedro</u> *lee* novelas de terror y <u>Alicia</u> *escucha* música norteña.

Las conjunciones copulativas más usuales son: *y, e, ni*. Sólo se emplea *e* cuando la palabra que le sigue inicia con **i-** o **hi-**. Es común repetir la conjunción *ni* o combinarla con el adverbio *no*:

> Gilberto *toca* la guitarra <u>y</u> *canta* canciones románticas.
> Luis *trabaja* por las tardes <u>e</u> Irene lo *hace* por las mañanas.
> Esa obra de teatro <u>ni</u> *es* comedia <u>ni</u> *es* drama <u>ni</u> *es* nada.
> Sergio <u>no</u> *come* <u>ni</u> *duerme*.

La conjunción *que* puede ser copulativa cuando equivale a *y*:

> *Come* <u>que</u> *come*.
> *Debes trabajar* <u>que</u> no *divertirte* tanto.

☞ En ocasiones la conjunción *y* tiene valor adversativo, es decir, puede equivaler a *pero*; aun en estos casos, las oraciones se siguen considerando copulativas:

> Me *habló* muy claro <u>y</u> no le *entendí*.
> Mi auto se *descompuso* <u>y</u> no lo *he arreglado*.

B) Adversativas

Son oraciones que expresan una contrariedad superable o insuperable. Las conjunciones adversativas más usuales son: *pero, mas, sino, sino que, no obstante, sin embargo, con todo, antes, antes bien*:

> Ese camino al mar *es* muy bonito <u>pero</u> *es* muy peligroso.
> Lo *invité* a mi casa <u>pero</u> no *aceptó*.
> *Debería descubrirse* una vacuna para esa enfermedad <u>mas</u>, desgraciadamente, aún no se *ha conseguido*.
> No *gastó* el dinero en reparaciones de su casa <u>sino que</u> lo *derrochó* todo en una fiesta.
> Siempre *he creído* en la buena fortuna, <u>sin embargo</u>, ahora *he llegado a tener* serias dudas.
> A Aurelio no le *gustaba externar* sus opiniones en público, <u>antes bien</u>, *prefería permanecer* en silencio.

 La conjunción *aunque* puede ser adversativa cuando equivale a *pero*:

> Estas motocicletas *son* muy veloces <u>aunque</u> *cuestan* demasiado.
> Teresa *es* una buena persona <u>aunque</u> no lo *parece*.

C) Disyuntivas

Se caracterizan porque una oración excluye a la otra, es decir, una de las oraciones presenta una alternativa o dilema.

Las conjunciones más comunes son *o, u*; esta última sólo se usa cuando la palabra que le sigue empieza con **o-** u **ho-**:

> *Dinos* la verdad <u>o</u> ya no te *volveremos a creer* nada.
> *Compra* ese libro ahora <u>o</u> te *arrepentirás* después.
> *Teníamos que explicar* el incidente <u>u</u> *ocultar* muy bien las evidencias.

D) Distributivas

Las oraciones distributivas expresan dos o más acciones alternativas. No existen conjunciones específicas para enlazar este tipo de oraciones; se acude a ciertas palabras que funcionan como nexos o conjunciones para establecer la correlación; las más comunes son: *ora...ora, éste...aquél, unos...otros, ya...ya, bien...bien, sea...sea*:

> *Ora reían*, <u>ora</u> *lloraban*.
> <u>Éste</u> *construye* cosas, <u>aquél</u> las *destruye*.
> <u>Unos</u> *cantaban*, <u>otros</u> *bailaban*.

SINTAXIS **la oración compuesta**

A continuación se presenta un cuadro con todos los tipos de oraciones coordinadas:

Oraciones Coordinadas	
Clasificación	Ejemplos
Copulativas	Mi padre preparó la cena y todos se lo agradecimos
Adversativas	Escribió un libro pero nadie se lo quiere publicar
Disyuntivas	Te comes toda la ensalada o no te daré el postre
Distributivas	Durante su enfermedad, ya sentía calor, ya sentía frío

Cada oración coordinada puede analizarse como cualquier oración simple, es decir, tiene sujeto, predicado y sus complementos correspondientes; por ejemplo:

<u>Pedro reconoció sus errores en público</u> pero <u>no modificó su actitud</u>.

Son dos oraciones coordinadas adversativas, unidas por la conjunción *pero*. La primera tiene como sujeto a *Pedro,* su verbo es *reconoció,* su objeto directo es *sus errores* y su complemento circunstancial es *en público*. La segunda oración tiene sujeto morfológico, su verbo es *modificó,* su complemento u objeto directo es *su actitud* y el adverbio *no* es un elemento que indica negación.

Ejercicio

Subraye el nexo que enlaza las siguientes oraciones coordinadas; escriba en el espacio en blanco la clase a la que pertenecen: copulativas, adversativas, disyuntivas o distributivas.

a) La relación del ser humano con la naturaleza ha sido destructiva, pero esta actitud ha cambiado en los últimos años.

b) O te reconcilias con tus viejos amigos o sufrirás abandono y soledad.

c) Nadie se acogió a la amnistía decretada, antes bien, todos radicalizaron sus posiciones.

d) El grupo de teatro montó una obra del renacimiento y en todas las representaciones la respuesta del público fue excelente.

e) Sus palabras me afrentaron e hirieron a mis amigos.

_____

f) Ora avizoramos la desgracia, ora vislumbramos un futuro radiante.

_____

g) José y sus hombres no habían regresado ni se les volvería a ver en este mundo.

_____

h) La familia ahorraba constantemente para la nueva casa pero aún les faltaba bastante.

_____

i) O se solucionan nuestras demandas o la lucha se intensificará.

_____

j) Lo desterraron injustamente pero la posteridad lo reivindicará.

_____

k) Por lo general ella nunca rechazaba las ideas de los demás, antes bien, le gustaba oírlas.

_____

l) Laura Elena invitó a la fiesta de su cumpleaños a todas sus amigas, sin embargo, algunas lo olvidaron.

_____

m) Ora divagaba, ora pasaba períodos de lucidez.

_____

n) La casa tenía grandes ventanales y un jardín en el centro, pero llevaba muchos años deshabitada.

_____

ñ) La actitud rebelde de Gisela era aceptada, mas algunos de sus amigos la consideraban escandalosa y falsa.

_____

o) Ya me elogiaban, ya me denostaban.

_____

p) El insomnio torturaba al enfermo desde la medianoche y lo mantenía en vela todavía a las tres de la madrugada.

_____

q) El hombre tenía una mandíbula agresiva, sin embargo, sus ojos pertenecían a una persona ansiosa y vulnerable.

SINTAXIS la oración compuesta

177

ORACIONES SUBORDINADAS

Las oraciones subordinadas están integradas dentro de otra oración, donde desempeñan una función específica; son parte de una oración principal y por ello no tienen independencia sintáctica ni semántica:

El arquitecto *prohibió* que demolieran el edificio.

En el período anterior, el verbo de la oración principal es *prohibió;* su complemento directo es una oración subordinada: *que demolieran el edificio.* En forma aislada, esta oración no tiene sentido completo por sí misma, debido a que es complemento del verbo principal; es decir, es dependiente o subordinada.

Las oraciones subordinadas siempre tienen un verbo, conjugado o no conjugado, su propio sujeto, el cual puede ser el mismo que el de la oración principal, y sus complementos; a menudo están introducidas por una palabra de enlace, llamada nexo subordinante, que puede ser un pronombre relativo, una conjunción o frase conjuntiva, una preposición o frase prepositiva, un adverbio o frase adverbial:

La que conteste primero todas las preguntas...
Quien mencione esa clave secreta...
Si obtienes la beca...
...porque no sabe conducir un auto
...para obtener alguna ganancia
Sin decir una palabra...
Cuando llegamos a la sierra...
...como vivió en su infancia

Es frecuente encontrar oraciones subordinadas sin ningún elemento que las introduzca:

Lo *vi* haciendo ejercicio.
Se *sentía* atrapado en un laberinto.
Comer frutas y verduras *es* recomendable.

Las funciones que pueden desempeñar dentro de una oración principal son múltiples:

Es difícil hablar en público.	(Sujeto)
José Luis *supo* que lo iban a denunciar.	(Complemento directo)
Entregó su vida a quien lo amó.	(Complemento indirecto)
Ese individuo *es* el que habló mal de ti.	(Complemento predicativo)
La certeza de ganar el premio lo obsesionaba.	(Término de preposición)
La caricatura que me hiciste *es* muy cruel.	(Modificador de un sustantivo)
Encendemos el horno cuando hacemos pan en casa.	(Complemento circunstancial)

En términos generales, puede decirse que las oraciones subordinadas cumplen las mismas funciones que las desempeñadas por los sustantivos, los adjetivos y los adverbios; de acuerdo con esto, se clasifican en:

Oraciones sustantivas
Oraciones adjetivas
Oraciones adverbiales

A) Oraciones subordinadas sustantivas

Las oraciones de este tipo pueden encontrarse desempeñando todas las funciones que realiza un sustantivo dentro de una oración. Esto significa que en lugar de un sustantivo o sintagma nominal, siempre es posible encontrar una oración subordinada sustantiva.

Las oraciones subordinadas sustantivas pueden desempeñar las funciones de sujeto, complemento directo e indirecto, término de una preposición y complemento predicativo.

Oraciones sustantivas con función de sujeto

Estas oraciones desempeñan la función de sujeto de la oración principal:

Pintar con las manos *es* divertido.
Quien se acercó primero al estrado *era* un impostor.
El que ambiciona demasiado *puede sufrir* grandes decepciones.
Es indispensable que realicemos ese trámite.
No *es* admisible que renunciemos a nuestra vocación.

En lugar de las oraciones subordinadas anteriores, es posible colocar un sustantivo, un sintagma nominal o un pronombre, funcionando como sujeto:

Eso es divertido.
Aquel hombre era un impostor.
La gente puede sufrir grandes decepciones.
Es indispensable ese trámite.
No es admisible nuestra renuncia.

Las oraciones subordinadas sustantivas con función de sujeto pueden construirse con un infinitivo y sus propios complementos:

Convencer a mis padres me *resultó* muy difícil.
Ir a la Luna o a Marte *debe ser* algo increíble.
Actualmente *es* indispensable saber emplear una computadora.

Las oraciones subordinadas sustantivas, frecuentemente, son introducidas por un pronombre relativo:

la oración compuesta

SINTAXIS

Quien encuentra sentido a esas incoherencias *es* Roberto.

Los que revolucionan la ciencia no siempre *disfrutan* de sus beneficios.

Lo que te dije ayer *es* falso.

La conjunción *que* puede introducir una oración con función de sujeto:

Es interesante que nadie se haya enterado aún de esa noticia.

Que hicieran esos ejercicios le *preocupaba* muchísimo al maestro de música.

Me *gusta* que hayas tomado una decisión firme.

Oraciones sustantivas con función de complemento u objeto directo

Estas oraciones se llaman también completivas. Suelen estar introducidas por un pronombre relativo o por la conjunción complementante *que*:

Siempre *he tenido* lo que he necesitado.

En el avión *identificó* a los que me estaban vigilando.

Ramón *piensa* que ya es demasiado tarde para él.

Les pedimos que trajeran alguna pista.

En algunas ocasiones aceptan la conjunción *si*, algún pronombre, adverbio o frase interrogativa: *quién, qué, dónde, cuándo, cómo, por qué*. Esto sucede en el caso de las oraciones interrogativas indirectas con función de complemento directo. Este tipo de oraciones puede mantener u omitir la conjunción subordinante *que*.

El herido *preguntaba* que quién lo había lastimado.

Adalberto *gritó* que por qué lo perseguían.

Esteban no *sabe* si debe confiar en sus dos nuevos compañeros.

No me *dijo* dónde se realizaría la asamblea.

Nunca *sabrás* cuándo firmé el convenio.

Todos se *preguntaban* cómo lo habría hecho.

No *sé* por qué se habrá comportado de esa manera.

☞ Como en todos los objetos directos animados, también los que están expresados mediante una oración subordinada, pueden tener al principio la preposición *a*:

Sólo *quería* a las que consideraba como hijas.

Rechazó a quienes lo criticaron.

Oraciones sustantivas con función de complemento u objeto indirecto

Las oraciones subordinadas sustantivas que funcionan como complemento indirecto están introducidas por un pronombre relativo y por las dos preposiciones que suelen acompañar este complemento: *a* y *para*. Ejemplos:

> *Regaló* un boleto para Acapulco <u>al que obtuvo el primer lugar en el certamen</u>.

> La compañía *dio* un aumento de sueldo <u>a los que tenían estudios especializados</u>.

> *Prepararé* una sorpresa <u>para quien gane este partido de ajedrez</u>.

> *Pagaremos* la multa <u>a quien esté autorizado por la ley</u>.

> Les *expliqué* mi posición <u>a los que me lo solicitaron</u>.

Oraciones sustantivas con función de término o complemento de una preposición

Los modificadores indirectos o sintagmas preposicionales son complementos de los nombres y están formados por una preposición y un término: *casa <u>de madera</u>*. El término de una preposición es desempeñado, generalmente, por un sustantivo; debido a esto es posible encontrar en su lugar, una oración subordinada sustantiva que depende de un nombre, ya sea sustantivo o adjetivo.

Estas oraciones suelen estar introducidas por la conjunción *que* precedida de una preposición:

> El *hecho* <u>de que no cumpliera con el contrato</u> cambiaba las cosas.

> Tu *idea* <u>de encender aquí una fogata</u> es maravillosa.

> Nos paraliza el *miedo* <u>de que se pierdan las cosechas</u>.

> Mi primo es muy *fácil* <u>de convencer</u>.

> Están *satisfechos* <u>de que esas personas hayan reaccionado positivamente</u>.

> Julián es muy *capaz* <u>de inventar pretextos para todo</u>.

Las oraciones subordinadas sustantivas con función de término o complemento de una preposición también pueden encontrarse con los llamados verbos prepositivos: *acordarse de, constar de, gustar de, preocuparse por, pensar en, ocuparse de*. Estos complementos, semánticamente, son muy parecidos a los objetos directos:

> Nunca se *acordaba* <u>*de* poner el reloj despertador</u>.

> Los políticos no siempre *piensan* <u>*en* mejorar las condiciones de vida de sus comunidades</u>.

> En esa época Rafael se *preocupaba* <u>*por* comenzar muy temprano su faena</u>.

SINTAXIS **la oración compuesta**

181

Este tipo de oraciones también suele emplearse como término de la preposición *por* en el complemento agente, dentro de una oración en voz pasiva:

La operación *fue filmada* <u>por quienes contaban con equipo</u>.

Fueron retirados todos los objetos robados <u>por los que habían realizado la labor de rescate</u>.

Las invitaciones *fueron repartidas* <u>por quienes estaban interesadas en presentar un espectáculo distinto</u>.

Oraciones sustantivas con función de complemento predicativo

La función de predicativo o atributo también puede ser desempeñada por una oración subordinada sustantiva. Estas oraciones siempre se presentan con los verbos copulativos *ser* y *estar*. Muchas veces carecen de alguna palabra de enlace que las introduzca y, cuando la tienen, suele ser un pronombre relativo:

Mi maestro de historia *fue* <u>quien me prometió un mapa de Oceanía</u>.

Su mascota *es* <u>la que duerme en ese sillón</u>.

No perdonar un agravio *es* <u>estar un poco fuera del mundo</u>.

Morir *es* <u>olvidar</u>.

Ejercicio

Subraye las oraciones subordinadas sustantivas que aparecen enseguida y anote, en el espacio en blanco, la función que desempeñan: sujeto, objeto directo e indirecto, predicativo o término de preposición.

a) Quien preparó el tema sobre la intolerancia de nuestra época presentó argumentos contundentes a favor de la libertad de expresión.

_____

b) La derrota del campeón provocó entre sus partidarios lo que nadie había previsto.

_____

c) Los que visitaron por lástima a las víctimas del desastre se sintieron defraudados por la frialdad de la recepción.

_____

d) Las imágenes fotográficas sobre la guerra fueron las que alteraron el ánimo.

_____

e) Indagar sobre el sentido de la existencia es una de las reflexiones filosóficas más importantes.

_____

f) A todo el mundo le gusta contar su historia.

_____

g) Las nuevas reglas del juego brindaron oportunidades inesperadas a quienes
    habían perdido sus esperanzas.

_____

h) Algunos sugerían que el museo misterioso había sido una quimera de la
    imaginación.

_____

i) El temor de que abrieran el cajón secreto le provocaba sobresaltos.

_____

j) Me exaspera la idea de perder mi juventud en este pueblo.

_____

k) Los fanáticos son los que no escuchan a los demás.

_____

l) Se preguntaba si ella había sido la responsable de ese dolor y de esa pérdida.

_____

m) Les incautó los bienes a quienes estaban indefensos.

_____

n) Dudar es un principio básico para el desarrollo del conocimiento.

_____

ñ) Desde esa noche prohibieron terminantemente al niño que se acercara al muelle.

_____

o) El homeópata le recomendó que se alimentara exclusivamente a base de
    verduras crudas.

_____

p) Todos nos preguntábamos si el atleta superaría el récord mundial.

_____

q) Ella ofrecía la imagen más distorsionada de sí misma a los que leían sus novelas.

_____

r) Un sector del mercado mundial es el que corresponde a la tecnología espacial.

_____

s) Nadie debe sospechar cómo es nuestra verdadera vida.

_____

t) No sabemos por qué el destino ha de preferir a unos por encima de otros.

_____

SINTAXIS la oración compuesta

B) Oraciones subordinadas adjetivas

Estas oraciones, también conocidas como relativas, siempre se refieren a un sustantivo o palabra sustantivada. Equivalen a un adjetivo y funcionan como modificadores directos de un nombre:

> El *pino* que derribamos ayer era gigantesco.
> En la constructora despidieron al *ingeniero,* quien había diseñado el auditorio de la ciudad.
> Ayer asamos la *carne* que nos trajeron de Sonora.
> El *gato* que me regalaron se murió.

En lugar de las oraciones subordinadas anteriores, es posible colocar un adjetivo: *derribado, diseñador, traída, regalado.*

El sustantivo al que modifican estas oraciones puede encontrarse en el sujeto, en el complemento directo o indirecto, en el predicativo, etc.

Las oraciones adjetivas, generalmente, están introducidas por un pronombre relativo el cual tiene como antecedente el sustantivo al que modifica; concuerda con él en género y número. Los pronombres relativos más usuales son *que, quien, quienes, el que, la que, los que, las que, cuyo, cuya, cuyos, cuyas;* el único pronombre invariable es *que.* En ocasiones pueden ir precedidos de una preposición:

> Nunca olvidamos los *errores* que cometen los demás.
> Acabamos de ver la *obra* que nos recomendaron.
> *Aquéllos* que mienten cotidianamente se exponen a ser descubiertos en cualquier momento.
> La *carta* a la que te refieres está guardada en una caja de seguridad.
> El *maestro* por quien votamos todos para presidente es un anarquista.
> El *barco* en que viajaban llegó al puerto en medio de grandes peligros.
> Las *casas,* cuyas ventanas sean lo suficientemente grandes, se cotizarán a mejor precio.
> Los *árboles,* bajo cuya sombra descansamos ayer, son desconocidos en mi pueblo.

También suelen usarse como nexos los adverbios *donde, como, cuanto,* en los casos en que tienen como antecedente un nombre:

> El *país* a donde te vas a estudiar tiene un clima muy extremoso.
> La *manera* como actuaron los vecinos fue muy criticada.
> *Todo* cuanto hacía era sospechoso.

☞ Estos nexos son adverbios e introducen oraciones adverbiales cuando no se refieren a un sustantivo: *trabajo donde siempre he querido, vivimos como podemos.*

Las subordinadas adjetivas pueden carecer de nexo cuando tienen un verbo en participio, siempre que este último funcione como verbo, es decir que tenga complementos verbales; si no los tiene, se le puede considerar como un simple adjetivo:

> El pan <u>horneado</u> estaba riquísimo.
>
> El pan <u>*horneado* en tu casa</u> estaba riquísimo.

En la primera oración, el participio *horneado* es adjetivo y funciona como modificador directo del sustantivo *pan*, dentro del sujeto. En la segunda, el participio *horneado* forma una oración subordinada adjetiva, junto con su complemento circunstancial de lugar *en tu casa*. A continuación se presentan otros ejemplos de este tipo de oraciones subordinadas adjetivas:

> El cielo <u>ennegrecido por las nubes</u> me daba miedo.
>
> El vestido <u>bordado con tanto esmero por Elisa</u> fue destrozado en la lavandería.
>
> Los árboles <u>dañados en sus raíces</u> no volvieron a florecer.

Existen dos clases de oraciones subordinadas adjetivas: las explicativas o incidentales y las determinativas o especificativas.

Oraciones adjetivas explicativas

Tienen carácter calificativo, es decir, expresan una cualidad, defecto o particularidad del sustantivo al que modifican; por ello se escriben entre comas y son prescindibles:

> Mi *suegra*, <u>que es muy diligente</u>, hizo todos los preparativos para la ceremonia.
>
> *Raimundo*, <u>quien frecuenta poco las fiestas</u>, no asistió a la reunión de bienvenida en la universidad.
>
> *Daniel*, <u>quien suele ser indiferente</u>, no me reconoció ayer en la cafetería.

Oraciones adjetivas determinativas o especificativas

Determinan el sustantivo al que se refieren; se diferencian de las anteriores en que no se escriben entre comas, ni hay pausa al pronunciarlas, además de que no son prescindibles:

> Los *hombres* <u>que recibieron tratamiento psiquiátrico</u> mostraron un cambio en su conducta.
>
> El budismo es una *religión* <u>que tiene muchos adeptos</u>.
>
> ¿Qué utilidad le encuentras a ese *trabajo* <u>que te dieron</u>?

SINTAXIS la oración compuesta

Ejercicio

Subraye las oraciones subordinadas adjetivas que aparecen en los siguientes períodos y encierre en un círculo el sustantivo al que modifican:

a) No conocemos el crepúsculo que no termina nunca.

b) Las piedras que cubrían el camino estaban gastadas.

c) En esa ciudad que visitamos el año pasado se encuentra una enorme presa.

d) Ahí había un café donde nos encontrábamos al salir de la universidad.

e) El capitán recibió al indígena en quien había depositado su confianza.

f) No le permitían realizar aquellas tareas de las que se hubiera podido ocupar perfectamente.

g) Asdrúbal nació un día de junio en que cayó una gran tormenta.

h) Ignoro los motivos por los que Simón nunca solicitó los servicios municipales para el control de la plaga.

i) El pollo, desplumado sin miramientos, se escondía debajo de un tronco.

j) Los intrusos evitaban instintivamente aquel sitio, por alguna razón que nunca pudieron elucidar.

k) El árbol gigantesco, cuyas raíces se aferraban a la tierra, se desplomó de golpe.

l) El barco, anclado en las márgenes del río, fue saqueado por unos forasteros.

m) El temor y la culpabilidad deformaban los rostros de quienes iban en la barca.

n) En los mitos griegos y babilónicos el mundo tiene su origen en peleas sostenidas por los dioses paganos.

ñ) El helicóptero que sobrevolaba los tejados fue derribado.

C) Oraciones subordinadas adverbiales

Las oraciones subordinadas adverbiales cumplen las funciones propias de los adverbios, por ello se llaman también circunstanciales. Expresan los múltiples tipos de condiciones o circunstancias en las que se realiza la acción del verbo principal. Como palabras de enlace emplean diversos tipos de nexos: conjunciones, locuciones conjuntivas, adverbios, locuciones adverbiales, preposiciones, así como combinaciones entre ellos:

Todos *estaban* muy familiarizados con el poema *porque eran profesores de literatura*.

Si te quedas, me *marcho*.

Las cosas no *son como tú has dicho*.

¿Qué explicaciones *darás cuando se descubra el fraude*?

Las oraciones adverbiales se clasifican de acuerdo con el tipo de circunstancia que expresan:

> Locativas
> Temporales
> Modales
> Comparativas
> Consecutivas
> Causales
> Finales
> Condicionales
> Concesivas

Oraciones adverbiales locativas

Expresan el lugar donde se realiza la acción del verbo principal; equivalen a un complemento circunstancial de lugar. Generalmente van introducidas por el adverbio *donde*, al cual se le puede agregar una preposición:

> Te *espero* <u>donde ya sabes</u>.
> Ellos *comían* <u>donde era posible</u>.
> *Caminó* <u>por donde le fueron indicando</u>.
> *Vive* <u>donde nadie conoce la miseria</u>.
> *Llegó* <u>hasta donde se lo permitieron las circunstancias</u>.

Oraciones adverbiales temporales

Sitúan en el tiempo la acción del verbo principal; equivalen a un complemento circunstancial de tiempo. Las palabras que más frecuentemente se emplean como nexos o enlaces son: *cuando, mientras, mientras que, en cuanto, antes de que, después de que, desde que, apenas, tan pronto como, luego que*:

> <u>Cuando nos hartemos de tanta mentira</u>, quizá ya *sea* demasiado tarde.
> *Empecé a hacer* muy bien las cosas <u>después de que me comunicaron mi inminente despido</u>.
> No *expreses* ninguna opinión, <u>mientras estés trabajando en esa oficina</u>.
> <u>En cuanto apareció el anuncio en el pizarrón electrónico</u> mis amigos *comenzaron a gritar* de gusto y emoción.
> <u>Antes de que comiencen las lluvias</u> *tenemos que preparar* la tierra.
> Se *volvió* muy descuidado <u>desde que aumentó de peso</u>.
> <u>Apenas amaneció</u>, don Pablo *fue a revisar* las caballerizas.

Es frecuente el empleo de oraciones con formas no personales del verbo, infinitivos, participios o gerundios, en la construcción de oraciones subordinadas temporales:

Partiremos al salir el sol.
Dichas aquellas amenazadoras palabras, *salió* del recinto.
Caminando ayer por la Avenida de las Américas me *encontré* con ella.

Oraciones adverbiales modales

Indican la manera como se desarrolla la acción del verbo principal; desempeñan la misma función que los adverbios de modo. Los nexos más frecuentes para introducir estas subordinadas son: *como, como si, igual que, según, sin, sin que, conforme:*

Andrés se *explicó* como convenía a sus intereses.
Paula *baila* como le enseñaron en la academia.
Las bibliotecas siempre *requieren* de una constante actualización, como dijo mi maestro.
Lloraba como si lo fueran a matar.
El ingeniero *diseñó* el edificio como si éste fuera a ser un museo.
Llenó el formato según le habían explicado.
Nos *pagarán* según lo que trabajemos.
Se *fue* de la casa sin que se dieran cuenta.
Rebeca *camina* sin fijarse en nada.
El abogado *actuó* conforme lo señala la ley.

Las oraciones subordinadas modales pueden carecer de nexo o palabra de enlace cuando su verbo es un gerundio:

Julio *salió* dando un portazo.
Esa gente se *pasa* la vida inventando fantasías.
Ayer *estudié* pensando en viajes y aventuras.
Riéndose a carcajadas nos *contó* lo sucedido.

A menudo estas oraciones pueden omitir el verbo; esto sucede cuando el verbo subordinado es el mismo que el de la oración principal:

Jerónimo *habló* como (habla) un orador.
Te *comportas* como (se comporta) un niño pequeño.
Un cielo sin estrellas *es* como (es) un mar sin olas.

En ocasiones, al adverbio comparativo *como* se le puede agregar la preposición *para*, con lo cual se añade un matiz de finalidad, sin que por ello se pierda el significado modal:

Aceptó el ofrecimiento de empleo en Alaska, <u>como para consolarse de sus fracasos</u>.

Su educación no *es* <u>como para comportarse de esa forma</u>.

Oraciones adverbiales comparativas

Estas oraciones subordinadas adverbiales comparan la cantidad o cualidad entre dos o más cosas; siempre implican la idea de cantidad o intensidad: *trabaja tanto como..., es tan alto como...* Tienen la característica de establecer una correlación debido a su propia naturaleza comparativa.

Es muy común suprimir el verbo de la oración subordinada, pues es el mismo que el de la oración principal: *es tan inteligente como tú (eres).*

La comparación puede establecerse en términos de igualdad o desigualdad; para el primer tipo comúnmente se emplean los nexos correlativos *tan...como, tanto...como, tal...como.* La comparación de desigualdad, puede presentarse como de superioridad o de inferioridad, y se emplean los nexos *más...que, mejor...que, mayor...que, menos...que, peor...que..., menor...que.*

Mis abuelos *fueron* tan generosos <u>como sólo ellos sabían serlo</u>.

Fernando *trabajó* tanto <u>como se lo permitieron sus fuerzas</u>.

La arena de las playas del Caribe *es* tan fina <u>como el talco</u>.

Hay que ser más precavidos <u>que audaces</u>.

Este postre *es* mejor <u>que cualquier pastel</u>.

Los animales enjaulados *son* menos felices <u>que los libres</u>.

Mi ración *es* menor <u>que la tuya</u>.

Oraciones adverbiales consecutivas

En estas oraciones se enuncia la conclusión o continuación lógica de lo que se ha dicho en la oración principal.

Los nexos más usuales para introducir este tipo de oraciones son *conque, así es que, por consiguiente, por lo tanto, luego*:

Armando *suele fantasear* mucho <u>conque no le creas sus historias</u>.

No *hicimos* las reservaciones a tiempo, <u>así es que no iremos a la representación</u>.

A ustedes les *encanta* la natación, <u>por consiguiente inscríbanse en un club másadecuado</u>.

La propuesta de la empresa le *provocó* desconfianza, <u>por lo tanto, a última hora no firmó el contrato de compra-venta</u>.

SINTAXIS **la oración compuesta**

Las oraciones subordinadas consecutivas también pueden expresar la consecuencia, el efecto o el resultado de lo que se ha dicho en la oración principal. Este tipo de oraciones emplea como nexo la conjunción *que*, la cual se relaciona con alguna palabra incluida en la oración principal: *tanto...que, tan...que, tal...que*.

> Llovió tanto <u>que se inundó</u>.
> Habló de tal manera <u>que convenció a todo el mundo</u>.
> Remigio es tan distraído <u>que no se percató de nada</u>.
> Le gustó tanto la película <u>que fue a verla tres veces</u>.
> Se sentía tan angustiado <u>que se enfermó</u>.

Oraciones adverbiales causales

Expresan la causa de lo señalado en la oración principal. Equivalen al complemento circunstancial de causa.

Los nexos que se emplean con mayor frecuencia son *porque, pues, puesto que, dado que, por, ya que, a causa de que, dado que, en vista de que*.

> No *juegues* conmigo <u>porque yo siempre gano</u>.
> No le *presten* mucha atención a ese hombre, <u>pues sólo está haciendo proselitismo en favor de su partido</u>.
> *Debes ver* este nuevo documental <u>puesto que estás interesado en el estudio de los insectos</u>.
> <u>Por no saber nada de la ciudad de Calcuta</u> *recibió* una reprimenda terrible en el examen oral.
> *Prefirió quedarse* en casa <u>ya que anunciaron una fuerte tormenta</u>.

Oraciones adverbiales finales

Las oraciones subordinadas finales indican la finalidad o el propósito que se busca al realizar la acción del verbo principal.

Se caracterizan porque su verbo, cuando está conjugado, siempre está en subjuntivo. Los nexos más usuales para introducirlas son *para, para que, a fin de que, con el fin de que*.

> *Fue* a Canadá <u>para participar en el congreso sobre teoría literaria</u>.
> Mi último descubrimiento me *animó* <u>para continuar con la investigación</u>.
> Lo *presionaron* en la empresa <u>para que renunciara a su cargo</u>.
> <u>Con el fin de que no niegue lo sucedido</u>, los miembros del jurado buscarán nuevos testigos del accidente.

Oraciones adverbiales condicionales

En estas oraciones se enuncia la condición o requisito que debe cumplirse para que sea posible la realización del verbo principal.
Los nexos más comunes son: *si, siempre que, en caso de que, como:*

> <u>Si no tiene dinero</u> no *podrá pagar* la multa.
>
> Te *hubieras divertido* mucho <u>si hubieras escuchado su charla</u>.
>
> *Firmaremos* el convenio <u>siempre que se especifiquen las responsabilidades de cada participante</u>.
>
> Te castigaré duramente, <u>como no regreses antes de medianoche</u>.

Es común añadir la preposición *por* a la conjunción condicional *si*; con ello se introduce un matiz causal a la oración subordinada, aunque ésta sigue considerándose condicional:

> Te lo *digo* <u>por si no lo sabes</u>.
>
> Les dejaremos aquí las llaves del auto <u>por si se animan a venir con nosotras</u>.

Oraciones adverbiales concesivas

Las oraciones subordinadas concesivas manifiestan una dificultad u objeción para que se realice la acción del verbo principal; esta dificultad o inconveniente, sin embargo, no impide el cumplimiento de la acción verbal.

☞ Las oraciones concesivas tienen implícita la idea de causalidad y eso las diferencia de las coordinadas adversativas; en el período *aunque hace frío iremos al paseo*, la oración concesiva *aunque hace frío* manifiesta la causa por la cual no se podría realizar la acción del verbo principal *iremos*. Esto no sucede con las coordinadas adversativas, pues éstas no tienen una idea de causalidad: *Julieta es muy inteligente pero su hermano es un tonto; mi perro es de raza pura aunque se ve muy feo.*

Las palabras que comúnmente se emplean como enlaces de estas oraciones son *aunque, por más que, aun cuando, a pesar de que, si bien, así:*

> <u>Aunque se lo juré varias veces</u>, no me lo *creyó*.
>
> Alejandro *será* nuestro jefe, <u>aunque no nos guste</u>.
>
> No quiso *aceptar* la dirección de la revista <u>por más que le rogamos</u>.
>
> No *terminó* su tesis <u>aun cuando le dieron una beca por tres años</u>.
>
> <u>A pesar de que tenía poco dinero</u> *realizó* un viaje a Centroamérica.
>
> <u>Así me lo pidas de mil maneras</u> no *volveré a confiar* en ti.

SINTAXIS **la oración compuesta**

Ejercicio

Subraye las oraciones subordinadas adverbiales que aparecen en los siguientes períodos y anote, en el espacio indicado, la clase a la que pertenecen: locativas, temporales, modales, comparativas, consecutivas, causales, finales, condicionales o concesivas.

a) Le contó todo a su hermana porque no tenía secretos para ella.

_____

b) Los conquistadores de México se quedaron asombrados cuando vieron las espléndidas ciudades de los indígenas.

_____

c) Sus pasos hacia la barra sonaron metálicos, como si llevara en las suelas unas placas o láminas de bailarín.

_____

d) Los abogados hablaron con el acusado para conocer sus intenciones.

_____

e) Nuestra casa está siempre en silencio porque a nadie le interesa la música.

_____

f) Si el crepitar de las llamas te hace sentir nostalgia, no encenderé más la chimenea.

_____

g) Así me lo encarezcas no iré más a tu casa.

_____

h) Se frustraron mis proyectos porque puse mi confianza en apoyos falsos.

_____

i) Su pena era tan extrema que lloraba todo el día.

_____

j) El estallido de la bomba fue tan horroroso como lo sería el fin del mundo.

_____

k) Nada le disgustaba más que una expresión de indiferencia.

_____

l) Los alumnos estudiaban murmurando cancioncillas.

_____

m) Lo sorprendió la fecha del aniversario sin haber hecho los preparativos correspondientes.

_____

n) Los duendes del castillo desaparecieron para que los inquilinos no tuvieran que marcharse.

_____

ñ) Si vamos a acampar debemos llevar alimentos suficientes para una semana.

_____

o) El jurado emitió su dictamen sin consultar a los testigos.

_____

p) César respiraba como si tuviera un problema en la nariz.

_____

q) Si vamos a Mérida, como sin duda iremos, visitaremos las ruinas de Uxmal.

_____

r) El sabor amargo de la rabia le impedía pensar con claridad, así que trató de controlar sus impulsos.

_____

A continuación se presenta un cuadro con todos los tipos de oraciones subordinadas:

Oraciones Subordinadas

	Clasificación	Ejemplos
Sustantivas	Con función de sujeto	*Bailar* es una necesidad
	Con función de objeto directo	Gastó *lo que le pagaron*
	Con función de objeto indirecto	Regaló su fortuna *a quienes amaba*
	Con función de predicativo	Lo importante es *lo que está en juego*
	Con función de término	Lo asustó la certeza de *que moriría*
Adjetivas	Explicativas	Mi casa, *que es muy fría*, tiene dos pisos
	Determinativas	La carne *que comí* tenía un sabor raro
Adverbiales	Locativas	En su bicicleta Ruth va *a donde quiere*
	Temporales	Prepararé la cena *mientras terminas*
	Modales	Corría *como si lo persiguiera un perro*
	Comparativas	Es más aburrido quedarse en casa *que ir a esa fiesta*
	Consecutivas	Su discurso fue tan conmovedor *que todos lloraron*
	Causales	No terminó su licenciatura *porque no quiso*
	Finales	Memorizó el poema *para decirlo en el recital*
	Condicionales	El naranjo se secará *si no lo regamos*
	Concesivas	Todos lo notarán *aunque disimules*

ORACIONES YUXTAPUESTAS

Las oraciones yuxtapuestas son aquéllas que carecen de nexos o palabras de enlace; se encuentran unidas por medio de signos de puntuación:

> *Ven* conmigo, te *enseñaré* la biblioteca.
>
> Todos *estábamos* impacientes; sólo *esperábamos* el final.
>
> No me *gusta* el té, *prefiero* el café.

Estas oraciones no tienen nexos que las introduzcan o las enlacen, pero puede existir una relación específica entre ellas. Esta relación, que es de naturaleza semántica, equivale a la que establece un nexo coordinante o uno subordinante; a pesar de ello, se consideran oraciones yuxtapuestas, debido a la ausencia de un elemento coordinador o subordinador. Por ejemplo:

> La *conoció* hace un año; no la *ha vuelto a ver*.
>
> El mapamundi *estaba* en el centro del estudio, se *veía* espectacular.
>
> Arcelia *cerró* la ventana, *llovía* demasiado.
>
> Patricia y Rolando siempre *tenían* la misma conversación, se *veían* aburridos.

ESTRUCTURA DE LA ORACIÓN COMPUESTA

Todas las oraciones coordinadas, subordinadas y yuxtapuestas pueden analizarse como cualquier oración simple, es decir, todas ellas tienen sujeto, predicado y sus complementos correspondientes; por ejemplo:

> Armandina díjo <u>que ella deseaba leer toda la obra de José Saramago</u>.

La oración subordinada sustantiva anterior es complemento directo del verbo principal *dijo*; pero tiene su propia estructura interna, pues su sujeto es *ella*, su verbo es *deseaba leer*, su complemento directo es *toda la obra de José Saramago*.

Es posible encontrar, dentro de una oración subordinada, otra u otras oraciones subordinadas:

> Las dos hermanas elaboraron un plan perfecto <u>para que la discusión *que tenían sus hermanos* no terminara como pleito</u>.

En el período anterior, el verbo principal es *elaboraron*, el cual tiene una oración subordinada àdverbial final como su complemento: *para que la discusión que tenían sus hermanos no terminara como pleito*. Dentro de esta oración adverbial, que tiene como nexo subordinante *para que*, el sujeto es *la discusión que tenían sus hermanos*, su verbo es *terminara*, y su complemento circunstancial modal es *como pleito*. Dentro del sintagma nominal *la discusión que tenían sus hermanos* aparece una oración subordinada adjetiva *que tenían sus hermanos*, la cual modifica al sustantivo *discusión*. En la oración adjetiva, el sujeto es *sus hermanos*, el verbo es *tenían* y su complemento directo es el pronombre relativo *que*. Esto mismo puede representarse en un esquema o diagrama como el siguiente:

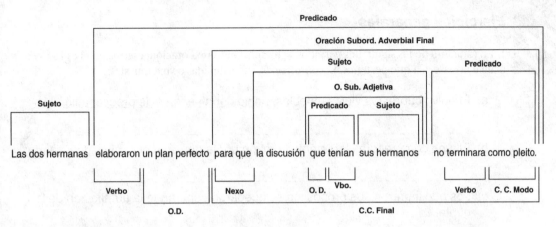

Cuando un pronombre o un adverbio es el nexo que introduce la oración subordinada, éste desempeña una función sintáctica específica dentro de la oración, además de ser nexo subordinante; cuando el nexo es una conjunción, preposición o locución, éste sólo desempeña la función de nexo o palabra subordinante, porque tanto las preposiciones como las conjunciones no son palabras con significado léxico pleno, son partículas subordinadoras.

Debido a que las oraciones adjetivas comúnmente están introducidas por un nexo que es un pronombre relativo, éste cumple, además de la función de enlace, la función de ser sujeto, objeto directo, indirecto o complemento circunstancial, dentro de la oración subordinada:

Conseguí el *libro **que*** habla sobre los mitos de Occidente.	Sujeto
Las *personas **que*** vieron el encuentro son pocas.	Sujeto
¿Cuál respuesta darías a ese *problema **que*** te plantearon?	Objeto directo
La *historia **que*** me contaron era totalmente falsa.	Objeto directo
El *profesor **a quien*** entregué mi tesis es alemán.	Objeto indirecto
Vendí el *auto **al que*** le había puesto aire acondicionado.	Objeto indirecto
Recordé aquel *verso **con el que*** conquistaste a José.	C. Circunstancial
Este es el *sitio **donde*** se firmó la Constitución.	C. Circunstancial

En el caso de las oraciones sustantivas sucede lo mismo cuando éstas tienen un pronombre relativo como palabra de enlace; esta última cumple una función sintáctica específica dentro de la oración subordinada, además de ser nexo subordinante:

Quienes llegaron temprano hablaron a su favor.	Sujeto
Compró ***lo que*** tanto había deseado.	Objeto directo
Les dije la verdad a ***quienes*** estaban presentes.	Sujeto

Los adverbios que introducen oraciones subordinadas también tienen dos funciones: ser nexos subordinantes y ser complementos circunstanciales dentro de la oración subordinada:

Cuando terminó su tarea se sintió libre y feliz.	C. Circunstancial temporal
Siempre ha trabajado ***donde*** le pagan bien.	C. Circunstancial locativo

Ejercicios generales

1. En cada uno de los siguientes períodos se ha subrayado una oración; escriba en el espacio en blanco la clase a la que pertenecen: coordinadas, subordinadas o yuxtapuestas:

a) El polvo cubría los viejos muebles, <u>nadie daba señales de preocupación</u>.

_____

b) Ella no comprendía claramente la razón <u>por la que sólo él había sido juzgado</u>.

_____

c) <u>Los que lograron sus propósitos</u> se quedaron esperando la admiración de la gente.

_____

d) Adalberto mostraba cierto desasosiego; <u>nosotras lo acompañábamos solemnes</u>.

_____

e) No había olvidado los cuentos de su niñez; <u>tenía un recuerdo confuso de ellos</u>.

_____

f) El desconcierto <u>que mostraron todos</u> provocó una atmósfera tensa.

_____

g) Expresó su inconformidad <u>pero nadie lo escuchó.</u>

_____

h) La monotonía de la existencia asfixiaba <u>a quienes habían soñado con una vida aventurera</u>.

_____

i) La lluvia se ha convertido en nieve <u>y caen grandes y suaves copos</u>.

_____

j) Después de su convalecencia se sentía capaz <u>de caminar más de un kilómetro</u>.

_____

k) Aceptó una copa de jerez <u>que le ofreció la recepcionista</u>.

_____

l) No realizaron la difusión necesaria <u>ni distribuyeron adecuadamente el material</u>.

_____

2. En cada uno de los siguientes períodos, identifique las oraciones coordinadas, subordinadas o yuxtapuestas que haya; en el caso de las oraciones coordinadas y subordinadas, anote además la clase a la que pertenezcan o la función que cumplen:

a) Si tienes malestar estomacal, prueba este té de yerbabuena.

_____

b) En la Edad Media uno de los pasatiempos favoritos de los hombres eran los torneos, en los cuales se arriesgaba el honor y la vida misma.

_____

c) Ese hombre se preocupó porque no comprendía la relación entre la naturaleza y el ser humano.

_____

d) El náufrago lanzó una botella al mar y esperó pacientemente su rescate.

_____

e) La democracia no se construye sólo en las urnas, pide compromisos duraderos.

_____

f) La televisión puede servir para educar a la gente.

_____

g) Los mares guardan aún grandes misterios que no hemos podido desentrañar.

_____

h) El mundo que habitaron los dinosaurios se ha perdido irremediablemente.

_____

i) El tiempo es un falso curandero, aunque la gente piense lo contrario.

_____

j) Me persigue tanto el recuerdo de tus canciones que a veces me paraliza la nostalgia.

_____

k) En ocasiones me siento un explorador que ha descubierto un país extraordinario.

_____

l) Las noticias de mi abogado me produjeron un efecto insólito porque no volvería a verte.

_____

m) Vivía un exilio voluntario meditando en su honor perdido.

_____

n) Leer las cartas era muy doloroso.

_____

ñ) Gerardo se quedó en la oficina de correos escribiendo telegramas toda la tarde.

o) Un cierto barullo se produjo entre el público y pudieron captarse gritos de indignación.

p) Lo que lo despertó fue el estruendo de la tempestad.

q) Aunque todos eran especialistas en el tema, ninguno pudo hablar con precisión.

r) Repararían el edificio dañado; sus ocupantes corrían un peligro inminente.

s) El malestar gravitaba sobre todos pero trataban de disimularlo.

t) Estoy donde siempre había deseado estar.

u) Ofrecemos nuestros servicios a organismos internacionales o perderemos comodidades incomparables.

v) Cuando se vive un cambio de siglo y de milenio, la gente irremediablemente experimenta una profunda incertidumbre.

RESPUESTAS A LOS EJERCICIOS

Fonética y fonología

La sílaba

p. 12
a-cue-duc-to	an-te-o-jos
co-ar-ta-da	cons-trui-do
lec-ción	ter-mó-me-tro
ciu-dad	dic-cio-na-rio
a-cor-de-ón	Cuau-tla

El acento

p. 13
em-pe-ra-(dor)	ven-(ta)-na
re-pe-(tir)	de-sa-(rro)-llo
(cho)-clo	a-(cuér)-da-te
ex-po-(ner)	clo-ro-(for)-mo
bi-blio-(te)-ca	za-(pa)-to
(cie)-lo	bi-ci-(cle)-ta
co-ra-(zón)	pa-se-(ar)

p.13
laurel	volverá	planchar	reloj
comió	autobús	sutil	calcetín
verdad	febril	revolución	calor
comerás	mejor	melón	cantar
resolvió	ojalá	amanecer	ladrón
huir	hollín	calamidad	tener
acné	casual	tabú	rubí
feliz	anís	camaleón	francés

p. 14
lunes	ángel	tesis	césped
hora	lápiz	perro	suerte
dátil	difícil	cauce	cama
frágil	espacio	cáliz	examen
huésped	álbum	resumen	lectura
bursátil	colegio	carácter	grácil
peces	hule	almíbar	orden
mármol	joven	germen	cóndor
túnel	dictamen	carta	trébol
cárcel	acento	origen	lentejas

p. 14
género	clásico	ridículo	éxito
pronóstico	congénito	cómico	déficit
cónico	líquido	gráfica	pálido
álgebra	vorágine	ácido	sólido
lámina	cáscara	matemáticas	rápido

p. 15
1
comiéndoselo	arréglatelo	compándoselo
corrígeselo	avísamelo	entrégamelos

p. 15
2
esdrújula	grave
aguda	grave
esdrújula	esdrújula
esdrújula	esdrújula
aguda	aguda

esdrújula	grave
grave	esdrújula
grave	aguda
esdrújula	grave

p. 15
continúan	cálidamente	quemólo o quémolo
grúa	tendría	beduino
ruina	oír	huida
vahído	leído	distribuido
típicamente	reír	fácilmente
acostóse	dúo	cantóle o cántole

Acento diacrítico

p. 17 **a)**
mí	mi
mí	
mi	

b)
sí
si
sí
si

c)
sé	
se	
sé	se

d)
de	
dé	de
dé	
de	de

e)
tú	
tu	tu

f)
éste
este

g)
más
mas

h)
esta	ésta
ésta	

Acento enfático

p. 19 **a)** **c)** **e)**
que	qué	cómo	donde
qué		cómo	dónde
que		como	

b) **d)**
cuándo	quién
cuando	quien

Morfología

EL SUSTANTIVO

p. 28
a) vencidos b) caminar pequeños
c) pro contra d) mal
e) contrario f) malquerida
g) errar vagabundos

Accidentes gramaticales

A) Género

p. 30

arquitecta	periodista
cantante	escritora
patriota	tía
estudiante	comadre
panadera	pájara
testigo	condesa
elefanta	nuera
sobrina	sacerdotisa
peatona	hembra

B) Número

p. 32

tractores	plantaciones
capataces	regalos
especies	cables
atenciones	las cirrosis
ataúdes	magueyes
los éxtasis	colibríes
las tuberculosis	guardarropas
los virus	los atlas
aludes	los miércoles
tamices	wats
autoridades	

C) Aumentativos, diminutivos y despectivos

p. 32

cortinota, cortinón	pueblote
gastote, gastazo	remediote, remediazo
ojote, ojazo, ojón	puertota
ratonsote	camionsote

p. 33

ropita	periquito, periquillo
humito	calorcito, calorcillo
dinerito	cuernito, cuernillo, cuernecillo
torrecita, torrecilla	vueltita, vueltecilla, vueltica

p. 33

canastucha	arbolucho
pajarraco	maestrucho, maestrillo
callesucha, callezuela	calducho, caldillo

Clasificación de los sustantivos

A) Concretos y abstractos

p. 34

concreto	concreto
concreto	abstracto
abstracto	concreto
abstracto	abstracto
concreto	concreto

B) Comunes y propios

p. 34

propio	propio
común	común
común	común
propio	común
propio	común
común	común

C) Colectivos

p. 35 semillero alameda asamblea enjambre

D) Simples E) Derivados F) Compuestos

p. 36 1

derivado	derivado
compuesto	simple
derivado	simple
derivado	compuesto
simple	compuesto
derivado	derivado
compuesto	compuesto

p. 36 2

petición	reproducción
resurrección	corrección
aparición	fabricación
alimentación	creación

p. 36 3

ligereza	flaqueza
belleza	crudeza
franqueza	extrañeza

p. 36 4

prejuicio	subgénero
subsuelo	presentimiento
antifaz	antesala
presuposición	antebrazo
subdesarrollo	prehistoria
bilateralidad	anteposición, preposición
bimotor	anteproyecto

EL ADJETIVO

Apócope

p. 39
a) Cualquier individuo pensaría que estamos equivocados.
b) ¿No te has aprovechado de ningún beneficio?
c) Ése fue el primer hombre en llegar.

d) Cien soldados murieron en esa batalla.

e) Tal vez algún cliente descubra el fraude.

f) Su nombre es San Ambrosio.

g) Rodrigo se caracteriza por tener bastante mal humor.

h) El chileno es buen vino.

Accidentes gramaticales
A) Género

p. 40
artesana hábil
doctora servicial
escritora interesante
emperatriz astuta
yegua negra
faraona egipcia
actriz ignorante
jugadora atrevida
pintora contemporánea

B) Número

p. 41   1

creadores	mayores
adorables	estimables
voraces	reprobados
crueles	tenaces
peores	fritos
grises	ásperos

p. 41   2

alemanas	comestible
cálido	delicada
holgazán	interesante
filoso	

C) Grados

p. 43

ardentísimo	inquietísimo
crudelísimo	rojísimo
miserabilísimo	indispensabilísimo
antiquísimos	extremísimo
responsabilísimo	solísimo
autoritarísimo	ciniquísimo

D) Aumentativos, diminutivos y despectivos

p. 43

blancota	blanquita	blancucha
perdidote	perdidito	perdiducho
borrachote	borrachito	borrachillo
fragilote	fragilito	fragilucho
ricote, ricazo	riquito	riquillo
grandote, grandesote	grandecito	grandesucho
pobresote	pobrecito	pobrecillo, pobrezuelo
delgadota	delgadita	delgaducha
extranjerote	extranjerito	extranjerucho
feote	feíto	feúcho, feíllo

Derivación y composición

p. 45   1

atigrado	volátil, volado
aguerrido	bailable, bailado
lechoso	cocinable, cocinado
semanal	estimulable
estudiantil, estudioso	competitivo

p. 45   2

serial	autoral
proverbial	mental
circunstancial	mortal
visual	institucional
regional	correccional
vital	fantasmal

p. 45   3

correctivo (a)	transitivo (a)
lesivo (a)	directivo (a)
conminativo (a)	apelativo (a)
vomitivo (a)	aditivo (a)
persuasivo (a)	aumentativo (a)
representativo (a)	selectivo (a)

Clasificación de los adjetivos
A) Calificativos

p. 46

tibetano	salvadoreño
chileno	bogotano
uruguayo	iraní
quiteño	antillano
búlgaro	puertorriqueño
costarricense	cubano
polaco	romano
parisino, parisiense	canadiense

B) Determinativos
– Demostrativos

p. 48   1   p. 48   2

a)	estas	a)	aquellos, esos
b)	aquel	b)	esta
c)	aquella	c)	ese
d)	este	d)	esa
e)	ese	e)	aquel

– Posesivos

p. 50

a) su

b) tu

c) mi

d) su

e) mis

f) tuyas, suyas, vuestras

g) mía

h) tuya

Indefinidos

p. 51   1
- **a)** algún
- **b)** cierto   algunos
- **c)** diferentes   ningún
- **d)** algún
- **e)** ninguna   semejantes
- **f)** mucho
- **g)** cualquier
- **h)** alguna

p. 51   2

locura, idea...	enemigo, cliente...
cualidades, costumbres...	gente, amabilidad...
día, niña...	asunto, lugar...
país, dinero...	negocio, detalle...
año, libro...	individuo, olor...

– Numerales

p. 52
- **a)** primer, tercer
- **b)** primer
- **c)** quinto
- **d)** veinte
- **e)** XX
- **f)** medio
- **g)** doble

p. 53
- **a)** hábil   *calificativo*   dos   *numeral cardinal*
- **b)** cualquier   *indefinido*   lisa   *calificativo*
- **c)** peruana   *calificativo*   muchos   *indefinido*
- **d)** ningún   *indefinido*   subterráneo   *calificativo*
- **e)** este   *demostrativo*   terrible   *calificativo*
- **f)** qué   *interrogativo*   tus   *posesivo*
- **g)** su   *posesivo*   primer   *numeral ordinal*
- **h)** media   *numeral partitivo*   primer   *numeral ordinal*
- **i)** cuál   *interrogativo*   gitana   *calificativo*
- **j)** mi   *posesivo*   tres   *numeral cardinal*
- **k)** qué   *interrogativo*   novedosa   *calificativo*

EL ARTÍCULO

p. 55   1

las	los
la	el
el	las
los	el

p. 55   2

unos	un
una	unas
una	unos
unos	una

p. 55   1

Me gustó lo puntual de su discurso.
Lo frágil de la vida me asusta.
Prevalece lo histórico en esa obra.
Lo blanco simboliza la inocencia.
Lo frío me hace daño.

p. 55   2
- **a)** indeterminado masculino singular
- **b)** determinado neutro
  determinado neutro
- **c)** indeterminado masculino plural
- **d)** determinado femenino singular
  indeterminado femenino singular
- **e)** determinado masculino plural

p. 57
- **a)** el
- **b)** el
- **c)** los
- **d)** un
- **e)** el
- **f)** una
- **g)** la
- **h)** el
- **i)** la
- **j)** la
- **k)** el
- **l)** el

p. 58
- **a)** al
- **b)** del
- **c)** al
- **d)** del
- **e)** al
- **f)** de El
- **g)** de El
- **h)** a El

EL PRONOMBRE

Clasificación de los pronombres
A) Pronombres personales

p. 62   1
- **a)** sí   *tercera persona*
- **b)** yo   *primera persona*
- **c)** ti   *segunda persona*
- **d)** se   *tercera persona*
- **e)** contigo   *segunda persona*
- **f)** me   *primera persona*
- **g)** nos   *primera persona*
- **h)** lo   *tercera persona*
- **i)** ella   *tercera persona*

p. 62   2
- **a)** Eliseo
- **b)** Nicanor
- **c)** prima
- **d)** anfitriones
- **e)** Jaime
- **f)** disco
- **g)** anciano
- **h)** María Elena

B) Pronombres demostrativos

p. 64 1
- a) ésta
- b) esto
- c) aquello
- d) aquélla
- e) éstos
- f) eso
- g) éste

p. 64 2
- a) conferencia
- b) amigos
- c) palabras
- d) líneas
- e) Lauro
- f) el accidente había ocurrido a las cinco de la mañana
- g) canción

C) Pronombres posesivos

p. 66
- a) suyos
- b) mío
- c) nuestro
- d) suya
- e) míos
- f) suyos
- g) suya
- h) nuestros

D) Pronombres relativos

p. 67 1
- a) que
- b) lo que
- c) quienes
- d) quien
- e) las cuales
- f) cuantos
- g) cuantas

p. 68 2
- a) lectores
- b) compañeras
- c) Javier
- d) playas
- e) ahorros
- f) Federico estudia muy poco

p. 68 3
- a) que
- b) cuantos
- c) quien
- d) lo cual
- e) las cuales

E) Pronombres interrogativos

p. 69 1
- a) qué
- b) cuál
- c) quién
- d) qué
- e) quién
- f) cuál (el más largo)
- g) cuántos
- h) cuántas (las que olvida)

p. 70 2
- a) relativo
- b) interrogativo
- c) relativo
- d) relativo
- e) interrogativo
- f) relativo
- g) interrogativo
- h) interrogativo

F) Pronombres indefinidos

p. 71 1
- a) varios
- b) uno cualquiera
- c) todo
- d) nadie
- e) alguien algo
- f) pocos
- g) otros
- h) ninguno
- i) alguno
- j) algunas

p. 72 2

a)	muchos	*pronombre indefinido*
	la (guardó)	*pronombre personal*
b)	que	*pronombre relativo*
	lo	*pronombre personal*
c)	que	*pronombre relativo*
	lo	*pronombre personal*
	se	*pronombre personal*
	se	*pronombre personal*
d)	tuyos	*pronombre posesivo*
	me	*pronombre personal*
e)	qué	*pronombre interrogativo*
f)	varios	*pronombre indefinido*
g)	lo que	*pronombre relativo*
h)	quién	*pronombre interrogativo*
	éste	*pronombre demostrativo*
i)	nadie	*pronombre indefinido*
	le	*pronombre personal*
j)	cuántos	*pronombre interrogativo*
	se	*pronombre personal*
	que	*pronombre relativo*
k)	consigo	*pronombre personal*
l)	quienes	*pronombre relativo*
	nos	*pronombre personal*
	se	*pronombre personal*
m)	ti	*pronombre personal*
	nada	*pronombre indefinido*

EL VERBO

Accidentes gramaticales
A) Persona y número

p. 75

a)	caminaba	*primera persona*	*singular*
	era	*tercera persona*	*singular*
b)	volvió	*tercera persona*	*singular*
c)	supimos	*primera persona*	*plural*
	había perdido	*tercera persona*	*singular*
d)	deleitamos	*primera persona*	*plural*
	vimos	*primera persona*	*plural*
e)	abandonarás	*segunda persona*	*singular*
	quieres	*segunda persona*	*singular*
f)	dicen	*tercera persona*	*plural*
	vendrán	*tercera persona*	*plural*
g)	quedaron	*segunda persona*	*plural*
h)	dormiste	*segunda persona*	*singular*
i)	recordó	*tercera persona*	*singular*
	había	*tercera persona*	*singular*
j)	lees	*segunda persona*	*singular*

C) Tiempo

p. 84 1

copretérito	*segunda persona*	*singular*
pospretérito	*primera o tercera persona*	*singular*
antecopretérito	*primera o tercera persona*	*singular*
presente	*primera persona*	*singular*
presente	*tercera persona*	*singular*
antepretérito	*tercera persona*	*singular*
pretérito	*tercera persona*	*singular*
copretérito	*tercera persona*	*plural*
presente	*segunda persona*	*singular*
antepresente	*primera persona*	*plural*
antepretérito	*tercera persona*	*singular*
presente	*segunda persona*	*singular*
futuro	*segunda persona*	*singular*
pospretérito	*tercera persona*	*plural*
pospretérito	*primera persona*	*plural*
antepospretérito	*primera o tercera persona*	*singular*
antepretérito	*tercera persona*	*plural*
pretérito	*tercera persona*	*singular*
antepresente	*tercera persona*	*plural*
futuro	*tercera persona*	*singular*
pretérito	*segunda persona*	*singular*
copretérito	*primera o tercera persona*	*singular*
antepresente	*segunda persona*	*singular*
antefuturo	*primera persona*	*singular*
antepospretérito	*primera o tercera persona*	*singular*
antecopretérito	*primera persona*	*plural*
antefuturo	*segunda persona*	*singular*

p. 85 2

a)	gustaría	*pospretérito*	*primera persona* *singular*

b)	era	*copretérito*	*tercera persona*	*singular*
c)	había charlado	*antecopretérito*	*primera o tercera persona*	*singular*
d)	creyó	*pretérito*	*segunda persona*	*singular*
e)	sería	*pospretérito*	*tercera persona*	*singular*
f)	has mezclado	*antepresente*	*segunda persona*	*singular*
g)	hacía	*copretérito*	*tercera persona*	*singular*
	colocaban	*copretérito*	*tercera persona*	*plural*
h)	sabemos	*presente*	*primera persona*	*plural*
	hubo	*pretérito*	*tercera persona*	*singular*
i)	había pensado	*antecopretérito*	*tercera persona*	*singular*
	era	*copretérito*	*tercera persona*	*singular*
j)	habremos hablado	*antefuturo*	*primera persona*	*plural*
k)	tendrías	*pospretérito*	*segunda persona*	*singular*
l)	tengo	*presente*	*primera persona*	*singular*
	he acostumbrado	*antepresente*	*primera persona*	*singular*
m)	permanecía	*copretérito*	*tercera persona*	*singular*
	tratábamos	*copretérito*	*primera persona*	*plural*

p. 89 1

dispare	distinguiera o distinguiese
dispares	distinguieras o distinguieses
dispare	distinguiera o distinguiese
disparemos	distinguiéramos o distinguiésemos
disparéis	distinguierais o distinguieseis
disparen	distinguieran o distinguiesen
recorriere	haya incluido
recorrieres	hayas incluido
recorriere	haya incluido
recorriéremos	hayamos incluido
recorriereis	hayáis incluido
recorrieren	hayan incluido

hubiera o hubiese respirado	hubiere seguido
hubieras o hubieses respirado	hubieres seguido
hubiera o hubiese respirado	hubiere seguido
hubiéramos o hubiésemos respirado	hubiéremos seguido
hubierais o hubieseis respirado	hubiereis seguido
hubieran o hubiesen respirado	hubieren seguido

p. 90   2

antepresente	*primera persona*	*plural*
antepretérito	*segunda persona*	*singular*
presente	*primera o tercera persona*	*singular*
antepresente	*tercera persona*	*plural*
presente	*segunda persona*	*singular*
antefuturo	*tercera persona*	*plural*
pretérito	*tercera persona*	*plural*
futuro	*primera o tercera persona*	*singular*
presente	*tercera persona*	*plural*
antepretérito	*primera persona*	*plural*
antepretérito	*primera o tercera persona*	*singular*
pretérito	*primera persona*	*plural*
antepresente	*primera persona*	*plural*
antepretérito	*tercera persona*	*plural*

p.91   3

a)	desesperemos	*presente*	*primera persona*	*plural*
b)	hubiera preferido	*antepretérito*	*tercera persona*	*singular*
	dijeras	*pretérito*	*segunda persona*	*singular*
c)	hayas olvidado	*antepresente*	*segunda persona*	*singular*
d)	hayamos tenido	*antepresente*	*primera persona*	*plural*
e)	hubiese acercado	*antepretérito*	*tercera persona*	*singular*
	hubiera estado	*antepretérito*	*tercera persona*	*singular*
f)	sea	*presente*	*tercera persona*	*singular*
	fuere	*futuro*	*tercera persona*	*singular*
g)	hubiera fatigado	*antepretérito*	*tercera persona*	*singular*
h)	dijeras	*pretérito*	*segunda persona*	*singular*

p. 92
a) ofrece
b) comprended
c) despiértate asómate
d) mezcle agregue
e) escucha

Voz pasiva

p. 93   1
a) fue recibida
b) serán aclamados
c) se venden
d) se celebraba
e) fue recibido
f) fue dispersada
g) fueron sacados
h) se reflejó

p. 94   2
a) Los últimos sueños eran recordados por ellos.
b) Buenos hábitos fueron adquiridos por Orlando en su infancia.
c) Los pacientes serán atendidos con cuidado por los médicos.
d) Los discos que deseaba han sido comprados por mí.
e) La multitud era observada.
f) Grandes nevadas eran esperadas por la gente de la ciudad.
g) Las puertas del almacén fueron cerradas.
h) Todas las casas fueron destruidas por el huracán.
i) Tus opiniones fueron subestimadas por los sindicalistas.
j) Joaquín fue convencido por el profesor para que hiciera un nuevo proyecto.
k) El barco fue abandonado en medio del río.

Clasificación de los verbos

A) Por su flexión: regulares, irregulares, defectivos e impersonales o unipersonales

p. 97   1
En el siglo XIX se abolió la esclavitud.
Tu problema no me concierne.
Solía tomar café con leche por las tardes.
No nevó en mi pueblo.
Relampagueó mucho toda la tarde.
Atardece muy temprano en esa ciudad.
Esos asuntos no te atañen.
Granizó fuertemente sobre los sembradíos.

p. 97   2
a) nieve
b)
c)
d)
e)
f) amaneció
g) se come
h) lloviznó

B) Por su significado: transitivos, intransitivos, copulativos, reflexivos, recíprocos y auxiliares

–Transitivos e intransitivos

p. 99
a) transitivo
b) intransitivo
c) transitivo
d) intransitivo

e) intransitivo
f) transitivo
g) intransitivo
h) transitivo
i) transitivo
j) intransitivo
k) transitivo
l) transitivo
m) intransitivo
n) transitivo
ñ) intransitivo
o) transitivo
p) intransitivo
q) transitivo

–Copulativos

p. 100   1

a) está
b) andas
c)
d) es
e) quedó
f)
g)
h) son
i) hallo

p. 100   2

a) está
b) era, se veía
c) quedó
d) está, anda
e) quedó, estaba, parecía
f) es, resultaba
g) quedó
h) estaban
i) eran, parecían

–Reflexivos

p. 101   a)
b)
c) te levantas
d) me duermo
e)
f) se baña
g)
h) me atrevo
i) se sienta
j)
k)
l)

–Recíprocos

p. 102   a) recíproco
b) reflexivo
c) recíproco
d) reflexivo
e) reflexivo
f) recíproco
g) recíproco
h) reflexivo
i) recíproco
j) reflexivo
k) recíproco

–Auxiliares

p. 104   1

a) habría (tenido)
b) habrás (oído)
c)
d) habíamos (esperado)
e)
f) has (envenenado)
g)
h) he (trabajado)
i)

p. 104   2

a)
b) es (maltratada)
c)
d) van (a construir)
e) hemos (entendido)   desea (vernos)
f) pude (analizar)
g) debes (hacer)
h) está (lloviendo)
i) quiere (cooperar)
j) fue (rechazada)
k)
l) teníamos (que atender)
m) vamos (a esperar)
n) habían estado (caminando)
ñ) anda (dando)
o) querría (comenzar)
p) deberíamos (tener)

C) Por su estructura: primitivos, derivados, simples, compuestos y prepositivos

p. 106   derivado
compuesto
derivado
derivado
prepositivo
compuesto
derivado
primitivo   simple
derivado
prepositivo
primitivo   simple
primitivo   simple
derivado
derivado
prepositivo
derivado
derivado
primitivo   simple
prepositivo
derivado
compuesto
compuesto

primitivo   simple
compuesto
primitivo   simple

Perífrasis verbales

p. 108   1

- **a)** comenzó a apreciar
- **b)** hubo marchado
- **c)** poder sobrevivir
- **d)** anduvo recorriendo
- **e)** tenía que buscar
- **f)** voy a enviar
- **g)** habían pagado
- **h)** debían colocar
- **i)** has de saber
- **j)** acaban de pintar
- **k)** pusieron a reír
- **l)** tuvieron que guardar

p. 109   2

- **a)** ver
- **b)** ir
- **c)** creer
- **d)** leer
- **e)** comer
- **f)** hacer
- **g)** gritar
- **h)** molestar

Formas no personales del verbo

A) Infinitivo

p. 110   1

distribuir
oír
haber
traer
poner
colocar
pensar
ser
contribuir
pedir
tocar
construir

p. 110   2

- **a)** ganar   ser
- **b)** llegar
- **c)** revivir
- **d)** recordár(telo)
- **e)** solicitar
- **f)** leer
- **g)** ir
- **h)** conseguir(te)

B) Gerundio

p. 111   1

suprimiendo
despertando
recolectando
yendo
gimiendo
trayendo
construyendo
riendo
frunciendo
alzando
meciendo
destruyendo
naciendo
rehuyendo

p. 112   2

- a) coleccionando
- b) arreglando
- c) jugando
- d) consiguiendo
- e) habiendo dicho
- f) gritando

C) Participio

p. 113   1

molestado   molesto
caído
anotado
supervisado
descalzado   descalzo
consumido
roto
freído   frito
visto
despertado   despierto
muerto
puesto
cubierto
echado
ido
sido
hartado   harto
eximido
soltado   suelto

p. 113   2

- a) terminado
- b) vivido
- c) hecho
- d) construidos
- e) colocado
- f) disfrazadas
- g) observado
- h) querido
- i) conservado
- j) deslumbrado

EL ADVERBIO

p. 115   1
- **a)** terriblemente
- **b)** entonces
- **c)** fuertemente
- **d)** allí
- **e)** definitivamente
- **f)** mortalmente
- **g)** tal vez   nunca
- **h)** ya   no   más
- **i)** sólo
- **j)** siempre   afuera
- **k)** atrás
- **l)** nunca   ahora
- **m)** apenas   definitivamente
- **n)** demasiado   bien
- **ñ)** muy
- **o)** nuevamente   pronto

p. 115   2
- **a)** modifica al adjetivo *productivo*
- **b)** modifica al adverbio *nunca*
- **c)** modifica al verbo *comportó*
- **d)** modifica al verbo *escucha*
- **e)** modifica al adverbio *pronto*
- **f)** modifica al adjetivo *obsesiva*
- **g)** modifica al verbo *ladró*
- **h)** modifica al adverbio *lejos*
- **i)** modifica al verbo *vaya a nadar*
- **j)** modifica al verbo *trajimos*
- **k)** modifica al verbo *anime a leer*
- **l)** modifica al verbo *recibiremos*
- **m)** modifica al verbo *abrió*

Clasificación de los adverbios

A) Calificativos   B) Determinativos

p. 119
- **a)** demasiado   *cantidad*
-     muy   *cantidad*
- **b)** ahora   *tiempo*
- **c)** más   *cantidad*
- **d)** nunca   *tiempo*
- **e)** tanto   *cantidad*
- **f)** encima   *lugar*
- **g)** pronto   *tiempo*
- **h)** sutilmente   *modo*
- **i)** no   *negación*
-     aquí   *lugar*
- **j)** recientemente   *tiempo*
-     no   *negación*
- **k)** tal vez   *duda*
- **l)** escandalosamente   *modo*
- **m)** sí   *afirmación*

LA PREPOSICIÓN

p. 125   1
- **a)** de(l)   sobre
- **b)** a
- **c)** para
- **d)** de
- **e)** ante
- **f)** por   de   bajo   de
- **g)** en   de
- **h)** contra
- **i)** desde   hasta
- **j)** a   de   con
- **k)** en   de   de
- **l)** con   hacia
- **m)** entre
- **n)** desde   de
- **ñ)** sin
- **o)** según
- **p)** de
- **q)** tras
- **r)** hasta   de

p. 126   2
- **a)** hasta
- **b)** en
- **c)** entre
- **d)** de
- **e)** ante
- **f)** por
- **g)** para

p. 126   3
- **a)** encima de
- **b)** después de
- **c)** antes de
- **d)** en contra de
- **e)** debido a
- **f)** delante de
- **g)** debajo de(l)
- **h)** lejos de
- **i)** en favor de
- **j)** de acuerdo con
- **k)** junto a
- **l)** dentro de

LA CONJUNCIÓN

Clasificación de las conjunciones

p. 132   1
- **a)** aunque
- **b)** pero
- **c)** que
- **d)** por lo cual
- **e)** si   y

f) a pesar de que
g) sino
h) sin embargo
i) puesto que
j) así que
k) que para que
l) si
m) pues
n) que
ñ) pero
o) que

p. 133   2

a) final
b) completiva o complementante   adversativa
completiva o complementante
c) ilativa o consecutiva
completiva o complementante
d) condicional
e) ilativa o consecutiva
f) copulativa
g) ilativa o consecutiva
h) distributiva
i) adversativa
j) condicional
k) completiva o complementante
l) causal
m) completiva o complementante
ilativa o consecutiva
n) causal

Ejercicio general

p. 136 **a)** la — *artículo determinado, femenino, singular*

luz — *sustantivo, femenino, singular*

del — *preposición y artículo determinado, masculino, singular*

sol — *sustantivo, masculino, singular*

penetraba — *verbo, modo indicativo, tiempo copretérito, tercera persona, singular*

por — *preposición*

una — *artículo indeterminado, femenino, singular*

rendija — *sustantivo, femenino, singular*

b) he perdido — *verbo, modo indicativo, tiempo antepresente, primera persona, singular*

horas — *sustantivo, femenino, plural*

preciosas — *adjetivo, femenino, plural*

esperándote — *verbo, gerundio y pronombre personal enclítico, segunda persona, singular*

c) los — *artículo determinado, masculino, plural*

tres — *adjetivo numeral*

individuos — *sustantivo, masculino, plural*

estaban — *verbo, modo indicativo, tiempo copretérito, tercera persona, plural*

de pie — *frase o locución adverbial de modo*

frente a — *frase o locución prepositiva*

la — *artículo, determinado, femenino, singular*

barra — *sustantivo, femenino, singular*

d) siempre — *adverbio de tiempo*

habría de recordar — *perífrasis verbal, modo indicativo, pospretérito, primera o tercera persona, singular*

aquella — *adjetivo demostrativo, femenino, singular*

expresión — *sustantivo, femenino, singular*

sombría — *adjetivo, femenino, singular*

e) vio — *verbo, modo indicativo, tiempo pretérito, tercera persona, singular*

que — *conjunción completiva o complementante*

alguien — *pronombre indefinido*

lo — *pronombre personal, tercera persona, masculino, singular*

golpeaba — *verbo, modo indicativo, tiempo copretérito, tercera persona, singular*

despiadadamente — *adverbio de modo*

f) sufría — *verbo, modo indicativo, tiempo copretérito, primera o tercera persona, singular*

porque — *conjunción causal*

iba a perder — *perífrasis verbal, modo indicativo, tiempo copretérito, primera o tercera persona, singular*

el — *artículo determinado, masculino, singular*

empleo — *sustantivo, masculino, singular*

que — *pronombre relativo*

había obtenido — *verbo, modo indicativo, antecopretérito, primera o tercera persona, singular*

con — *preposición*

tanto — *adjetivo indefinido, masculino, singular*

esfuerzo — *sustantivo, masculino, singular*

Sintaxis

ELEMENTOS BÁSICOS

Oración   Frase

p. 140   1
  a) frase
  b) oración
  c) oración
  d) frase
  e) oración
  f) oración
  g) frase
  h) frase
  i) oración
  j) oración
  k) oración
  l) frase
  m) frase

p. 141   2
  a) Dejó las ventanas abiertas de par en par.
  b) Aprendió a fuerza de golpes.
  c) Camina de aquí para allá.
  d) Pidió perdón de rodillas.
  e) Debes hacerlo por tu propio bien.
  f) Los enemigos se despidieron en son de paz.
  g) Se sentía perseguido por ánimas en pena.
  h) Se escuchaban lejanos plañidos.

Sintagma

p. 143   a) sintagma adjetivo
  b) sintagma nominal
  c) sintagma verbal
  d) sintagma nominal
  e) sintagma prepositivo o preposicional
  f) sintagma adjetivo
  g) sintagma adverbial
  h) sintagma prepositivo o preposicional
  i) sintagma nominal
  j) sintagma adverbial
  k) sintagma prepositivo o preposicional
  l) sintagma nominal
  m) sintagma adjetivo
  n) sintagma verbal
  ñ) sintagma adverbial

Oraciones simples y compuestas

p. 144   a) oración simple
  b) oración compuesta
  c) oración simple
  d) oración compuesta
  e) oración simple
  f) oración simple
  g) oración compuesta
  h) oración compuesta
  i) oración compuesta
  j) oración compuesta
  k) oración simple
  l) oración simple
  m) oración compuesta
  n) oración simple
  ñ) oración simple
  o) oración simple
  p) oración simple
  q) oración simple

Clasificación de las oraciones

p. 148   a) oración imperativa
  b) oración interrogativa
  c) oración enunciativa
  d) oración imperativa
  e) oración exclamativa
  f) oración desiderativa
  g) oración imperativa
  h) oración enunciativa
  i) oración dubitativa
  j) oración exclamativa
  k) oración imperativa
  l) oración enunciativa
  m) oración interrogativa
  n) oración dubitativa
  ñ) oración desiderativa
  o) oración dubitativa
  p) oración exclamativa
  q) oración interrogativa
  r) oración desiderativa
  s) oración interrogativa (indirecta)

ELEMENTOS DE LA ORACIÓN

El sujeto

p. 150   1
  a) sus palabras
  b) una tenue luz
  c) yo mismo
  d) todos
  e) la humedad y el silencio
  f) las novelas de horror
  g) nosotros
  h) los poemas de Pablo Neruda
  i) un comité especial
  j) las piedras y los gritos

p. 151   2

    a) yo
    b) él, ella o usted
    c) tú
    d) nosotros o nosotras
    e) ellas

p. 151   3

    a) Pedro   *sintagma nominal*
    b) las huellas del cansancio   *sintagma nominal*
    c) ella   *sintagma nominal*
    d) el que observó todo   *oración*
    e) hablar en público   *oración*

Núcleo y modificadores del sujeto

p. 153   1

    a) la ronca voz del vendedor
             voz
             la   ronca
             del vendedor
    b) la lentitud habitual de los procedimientos burocráticos
             lentitud
             la   habitual
             de los procedimientos burocráticos
    c) su palidez y sus ojos hundidos
             palidez   ojos
             su   sus   hundidos
    d) las exclamaciones de asombro
             exclamaciones
             las
             de asombro
    e) un forastero poco amigable
             forastero
             un   poco amigable
    f) una pregunta con mala intención
             pregunta
             una
             con mala intención
    g) un cielo sin estrellas
             cielo
             un
             sin estrellas
    h) aquel grito de euforia
             grito
             aquel
             de euforia
    i) los niños del coro
             niños
             los
             del coro
    j) el tema de su insípida charla
             tema
             el
             de su insípida charla

k) el café de la esquina más famosa del barrio
         café
         el
         de la esquina más famosa del barrio

l) la magnitud de su terrible traición
         magnitud
         la
         de su terrible traición

m) los terribles problemas de insomnio
         problemas
         los   terribles
         de insomnio

n) un medio de transporte del siglo XIX
         medio
         un
         de transporte del siglo XIX

ñ) las mariposas negras de la época de lluvias
         mariposas
         las   negras
         de la época de lluvias

p. 155   2

    a) ese joven prudente y tímido
    b) los pobres mortales
    c) mi mejor alumno
    d) hermanitos menores de los tigres
    e) la diosa griega de la belleza
    f) la Décima Musa
    g) manjar de los dioses

EL PREDICADO

A) Núcleo del predicado

p. 157 **a)** (buscaba) mejores condiciones de vida
       b) (andaba diciendo) cosas raras
       c) en un barrio de la ciudad (ocurrió)
       d) (acababa de decidir) su futuro
       e) (ha renunciado) a sus deseos y preferencias
       f) no le (gustaba)
       g) el lunes (tengo que recoger) los resultados
       h) (viven) intensamente
       i) de pronto se (calló)

B) Predicado verbal y predicado nominal

p. 158 **a)** predicado verbal
       b) predicado nominal
       c) predicado verbal
       d) predicado verbal
       e) predicado nominal
       f) predicado verbal
       g) predicado nominal
       h) predicado verbal
       i) predicado nominal

C) Complementos del núcleo del predicado

– Objeto o complemento directo

p. 160 1
  a) las llaves de su casa
  b) el tapiz de la pared
  c) la
  d) el rumor de sus pasos
  e) una herida
  f) los trajes de payaso
  g) todo
  h) los sembradíos
  i) mejores tiempos
  j) toda su frustración
  k) un conejo asado

p. 161 2
  a) Algún detalle la enturbiaba.
     La transparencia de la magia era enturbiada por algún detalle.
  b) Un barco velero la transportó.
     María fue transportada por un barco velero.
  c) Las sociedades la favorecen.
     Una forma de vida es favorecida por las sociedades.
  d) Una sirena los peinaba en medio del océano.
     Sus cabellos eran peinados por una sirena en medio del océano.
  e) Con la cabeza lo hizo.
     Un gesto cortés fue hecho con la cabeza.
  f) Desde la cima, el hombre lo agitó.
     Un pañuelo fue agitado por el hombre desde la cima.
  g) Las conservaban en salmuera.
     Las legumbres eran conservadas en salmuera.
  h) La trajo enseguida.
     Una botella de jerez fue traída enseguida.
  i) Los días desafortunados las asfixiaron.
     Sus ilusiones fueron asfixiadas por los días desafortunados.
  j) El cónsul la lanzó por encima de su hombro.
     Una mirada nerviosa fue lanzada por el cónsul por encima de su hombro.

– Objeto o complemento indirecto

p. 163 1
  a) te   h) nos
  b) a los dolientes i) se
  c) a la junta directiva j) al cielo... le
  d) le... al mago
  e) al autor del libro
  f) le
  g) me

p. 164 2
  a) Les repetí la explicación.
  b) Le cancelé mi cita.
  c) Derrotados les dejaron la ciudad.
  d) Les organicé un homenaje.
  e) Muy pronto Natalia le pidió consuelo.
  f) Los intelectuales les respondieron con claridad.
  g) La nueva medicina les trajo esperanzas.
  h) La ciencia le permitió una vida más confortable.
  i) Le ofreció una recompensa.

– Complemento circunstancial

p. 167
  a) insistentemente   modo
     alrededor del pastel   lugar
  b) ahora   tiempo
     sobre el mundo   lugar
  c) por las tardes   tiempo
  d) tristemente   modo
     toda la noche   tiempo
  e) con su garfio   instrumento
     en la escotilla   lugar
     para hacer callar a los marinos finalidad
  f) velozmente   modo
     por el desierto   lugar
  g) porque tenía miedo a la gente causa
     a su ermita   lugar
  h) demasiado   cantidad
     con sus malos amigos   compañía
  i) acaso   duda
     ya   tiempo
  j) siempre   tiempo
     con una pizca de malicia modo
  k) quizá   duda
     mañana   tiempo
     a sus costillas   modo
  l) porque estaban destruyendo los sembradíos causa
  m) a la luz de la luna   modo
     con sus filosos colmillos instrumento
  n) para provocar compasión   finalidad
     hipócritamente   modo
  ñ) siempre   tiempo
     sobre asuntos filosóficos tema
  o) en la antigüedad   tiempo
     pobremente   modo
     en Grecia   lugar
     en compañía de su esposa compañía
  p) incansablemente   modo
     sobre la vida extraterrestre tema

– Complemento predicativo o atributo

p. 170 a) un poco falsas
        b) tenebroso
        c) inmenso
        d) un mamífero con uno o dos cuernos

e) solitaria
f) producto de la decepción
g) feroces
h) desaforado
i) expertos en el arte de embalsamar
j) asustadas
k) abrumados
l) encandilada
m) un alimento exquisito
n) muy laboriosa
ñ) juntas

– Complemento agente

p. 170 a) por los agentes de migración
        b) por los espías
        c) por los campesinos
        d) por un europeo contemporáneo
        e) por ella
        f) por Adán

Ejercicio general

p. 171 a) sujeto: una cruel experiencia
           núcleo: experiencia
           modificadores directos: una   cruel
           predicado: lo había marcado desde su niñez
              núcleo: había marcado
              objeto directo: lo
              c.c. de tiempo: desde su niñez

        b) sujeto: morfológico (tú)
           predicado: no podrás ver otro fin de siglo
              núcleo: podrás ver
              objeto directo: otro fin de siglo

        c) sujeto: morfológico (yo)
           predicado: en un ardiente día de verano empecé a sentir este odio tan desbordante
              núcleo: empecé a sentir
              objeto directo: este odio tan desbordante
              c.c. de tiempo: en un ardiente día de verano

        d) sujeto: la industria informática
              núcleo: industria
              modificadores directos: la informática
           predicado: ha crecido mucho en los últimos años

           núcleo: ha crecido
           c.c. de cantidad: mucho
           c.c. de tiempo: en los últimos años

        e) sujeto: el mar
              núcleo: mar
              modificador directo: el
           predicado: era un espejo de la furia humana
              núcleo: era
              predicativo: un espejo de la furia humana

        f) sujeto: morfológico (yo)
           predicado: le pedí discreción
              núcleo: pedí
              objeto directo: discreción
              objeto indirecto: le

        g) sujeto: las reglas del juego
              núcleo: reglas
              modificador directo: las
              modificador indirecto: del juego
           predicado: fueron respetadas tácitamente por los contendientes
              núcleo: fueron respetadas
              c.c. de modo: tácitamente
              agente: por los contendientes

        h) sujeto: el crujido de la madera
              núcleo: crujido
              modificador directo: el
              modificador indirecto: de la madera
           predicado: se oyó en la habitación contigua
              núcleo: se oyó
              c.c. de lugar: en la habitación contigua

        i) sujeto: Maximiliano y Carlota, Emperadores de México
              núcleos: Maximiliano Carlota
              aposición: Emperadores de México
           predicado: cruzaron engañados el océano en el siglo XIX
              núcleo: cruzaron

objeto directo:	el océano	
c.c. de tiempo:	en el siglo XIX	
predicativo:	engañados	
j) sujeto:	morfológico (ellos o ellas)	
predicado:	al esquimal le regalaron unos guantes de piel fina	
núcleo:	regalaron	
objeto directo:	unos guantes de piel fina	
objeto indirecto:	al esquimal...le	
k) sujeto:	morfológico (ellos)	
predicado:	de pie esperaban ansiosos a sus invitados	
núcleo:	esperaban	
objeto directo:	a sus invitados	
c.c. de modo:	de pie	
predicativo:	ansiosos	
l) sujeto:	los volcanes	
núcleo:	volcanes	
modificador directo:	los	
predicado:	arrojaron con violencia una lava roja	
núcleo:	arrojaron	
objeto directo:	una lava roja	
c.c. de modo:	con violencia	
m) sujeto:	ella	
núcleo:	ella	
predicado:	se sentía muy inquieta	
núcleo:	se sentía	
predicativo:	muy inquieta	
n) sujeto:	un viejo sombrero negro	
núcleo:	sombrero	
modificadores directos:	un viejo negro	
predicado:	coronaba la cabeza del muñeco	
núcleo:	coronaba	
objeto directo:	la cabeza del muñeco	
ñ) sujeto:	las teclas del piano	
núcleo:	teclas	
modificador directo:	las	
modificador indirecto:	del piano	

predicado:	eran golpeadas inmisericordemente por sus torpes manos	
núcleo:	eran golpeadas	
c.c. de modo:	inmisericordemente	
agente:	por sus torpes manos	

LA ORACIÓN COMPUESTA

Oraciones coordinadas

p. 176
a)	pero	*adversativa*
b)	o...o	*disyuntiva*
c)	antes bien	*adversativa*
d)	y	*copulativa*
e)	e	*copulativa*
f)	ora...ora	*distributiva*
g)	ni	*copulativa*
h)	pero	*adversativa*
i)	o...o	*disyuntiva*
j)	pero	*adversativa*
k)	antes bien	*adversativa*
l)	sin embargo	*adversativa*
m)	ora...ora	*distributiva*
n)	pero	*adversativa*
ñ)	mas	*adversativa*
o)	ya...ya	*distributiva*
p)	y	*copulativa*
q)	sin embargo	*adversativa*

Oraciones subordinadas
A) Oraciones subordinadas sustantivas

p. 182
a)	quien preparó el tema sobre la intolerancia de nuestra época	*sujeto*
b)	lo que nadie había previsto	*objeto directo*
c)	los que visitaron por lástima a las víctimas del desastre	*sujeto*
d)	las que alteraron el ánimo	*predicativo*
e)	indagar sobre el sentido de la existencia	*sujeto*
f)	contar su historia	*sujeto*
g)	a quienes habían perdido sus esperanzas	*objeto indirecto*
h)	que el museo misterioso había sido una quimera de la imaginación	*objeto directo*
i)	de que abrieran el cajón secreto	*término de preposición*
j)	de perder mi juventud en este pueblo	*término de preposición*

k) los que no escuchan a
los demás — *predicativo*

l) si ella había sido la responsable
de ese dolor y de esa pérdida — *objeto directo*

m) a quienes estaban indefensos — *objeto indirecto*

n) dudar — *sujeto*

ñ) que se acercara al muelle — *objeto directo*

o) que se alimentara exclusivamente
a base de verduras crudas — *objeto directo*

p) si el atleta superaría el récord
mundial — *objeto directo*

q) a los que leían sus novelas — *objeto indirecto*

r) el que corresponde a la
tecnología espacial — *predicativo*

s) cómo es nuestra verdadera vida — *objeto directo*

t) por qué el destino ha de
preferir a unos por encima
de otros — *objeto directo*

B) Oraciones subordinadas adjetivas

p. 186 **a)** (crepúsculo) que no termina nunca

b) (piedras) que cubrían el camino

c) (ciudad) que visitamos el año pasado

d) (café) donde nos encontrábamos al
salir de la universidad

e) (indígena) en quien había depositado su
confianza

f) (tareas) de las que se hubiera podido
ocupar perfectamente

g) (día) en que cayó una gran tormenta

h) (motivos) por los que Simón nunca
solicitó los servicios
municipales para el control de
la plaga

i) (pollo) desplumado sin miramientos

j) (razón) que nunca pudieron elucidar

k) (árbol) cuyas raíces se aferraban a la
tierra

l) (barco) anclado en las márgenes del río

m) (rostros) de quienes iban en la barca

n) (peleas) sostenidas por los dioses
paganos

ñ) (helicóptero) que sobrevolaba los tejados

C) Oraciones subordinadas adverbiales

p. 192 **a)** porque no tenía secretos
para ella — *causal*

b) cuando vieron las espléndidas
ciudades de los indígenas — *temporal*

c) como si llevara en las suelas unas
placas o láminas de bailarín — *modal*

d) para conocer sus intenciones — *final*

e) porque a nadie le interesa
la música — *causal*

f) si el crepitar de las llamas te
hace sentir nostalgia — *condicional*

g) así me lo encarezcas — *concesiva*

h) porque puse mi confianza en
apoyos falsos — *causal*

i) que lloraba todo el día — *consecutiva*

j) como lo sería el fin del mundo — *comparativa*

k) que una expresión de indiferencia — *comparativa*

l) murmurando cancioncillas — *modal*

m) sin haber hecho los preparativos
correspondientes — *modal*

n) para que los inquilinos no tuvieran
que marcharse — *final*

ñ) si vamos a acampar — *condicional*

o) sin consultar a los testigos — *modal*

p) como si tuviera un problema
en la nariz — *modal*

q) si vamos a Mérida
como sin duda iremos — *condicional* / *modal*

r) así que trató de controlar sus
impulsos — *consecutiva*

Ejercicio general

p. 196 **1**

a) yuxtapuesta
b) subordinada
c) subordinada
d) yuxtapuesta
e) yuxtapuesta
f) subordinada
g) coordinada
h) subordinada
i) coordinada
j) subordinada
k) subordinada
l) coordinada

p. 196 **2**

a) si tienes malestar
estomacal — *subordinada adverbial condicional*

b) en los cuales se arriesgaba
el honor y la vida misma — *subordinada adjetiva*

c) porque no comprendía la
relación entre la naturaleza
y el ser humano — *subordinada adverbial causal*

d) esperó pacientemente su
rescate — *coordinada copulativa*

e) pide compromisos
duraderos — *yuxtapuesta*

f)	para educar a la gente	*subordinada adverbial final*	•	**ñ)**	escribiendo telegramas	*subordinada adverbial*
g)	que no hemos podido desentrañar	*subordinada adjetiva*	•		toda la tarde	*modal*
			•	**o)**	pudieron captarse gritos de indignación	*coordinada copulativa*
h)	que habitaron los dinosaurios	*subordinada adjetiva*	•	**p)**	lo que lo despertó	*subordinada sustantiva de sujeto*
i)	aunque la gente piense lo contrario	*subordinada adverbial concesiva*	•	**q)**	aunque todos eran especialistas en el tema	*subordinada adverbial concesiva*
j)	que a veces me paraliza la nostalgia	*subordinada adverbial consecutiva*	•	**r)**	sus ocupantes corrían un peligro inminente	*yuxtapuesta*
k)	que ha descubierto un país extraordinario	*subordinada adjetiva*	•	**s)**	trataban de disimularlo	*coordinada adversativa*
			•	**t)**	donde siempre había deseado estar	*subordinada adverbial locativa*
l)	porque no volvería a verte	*subordinada adverbial causal*	•	**u)**	perderemos comodidades incomparables	*coordinada disyuntiva*
m)	meditando en su honor perdido	*subordinada adverbial modal*	•	**v)**	cuando se vive un cambio de siglo y de milenio	*subordinada adverbial temporal*
n)	leer las cartas	*subordinada sustantiva de sujeto*	•			

APÉNDICE DE ORTOGRAFÍA

USO DE GRAFÍAS
USO DE MAYÚSCULAS

USO DE GRAFÍAS

Se escribe *B*:

1. Antes de **-l** o **-r**

tabla	obligar	blusa	hablar	blanco
brillo	broma	brujo	bruma	abrazar

2. Después de **m-**

ambos   ambiguo   embajador   tambor cambiar

3. En los prefijos **bi-**, **bis-**, **sub-**

bipolar	bisnieto	subdirector
bilabial	bisabuelo	subíndice

4. En palabras que empiezan por **bur-**, **bus-**

burbuja	bursátil	burla	burdel
busto	búsqueda	busco	buscón

5. En las terminaciones **-ble**, **-bilidad**, **-bundo**, **-bunda**. Excepto *movilidad, civilidad*, que son derivados de *móvil* y *civil*

flexible	corregible	comprable
amabilidad	habilidad	durabilidad
tremebundo	vagabundo	nauseabunda

6. En las palabras que empiezan por **bien-** o la forma latina **bene-**, siempre y cuando esté presente el sentido de *bueno, bondad*

bienestar	bienaventurado	bienvenido
benefactor	beneficio	beneplácito

7. En las terminaciones del tiempo copretérito de los verbos que lo forman mediante las desinencias **-aba**, **-abas**, **-aba**, **-ábamos**, etcétera. También las formas verbales del verbo *ir* en este mismo tiempo

amaba	caminaban	pintaba	cantábamos
íbamos	iban	iba	ibas

8. En todas las formas verbales, cuyo infinitivo termina en **-buir**, **-bir**. Excepto *hervir, servir, vivir* y sus derivados

recibió	concebían	prohibido	contribuir
distribuir	atribuir	concebir	percibir

Se escribe *V*:

1. Después de **b-**, **d-**, **n-**

obvio	subversivo	subvenir
adverso	adverbio	adversario
enviar	invierno	invocar

2. Cuando las palabras comienzan con **eva-**, **eve-**, **evi-**, **evo-**. Excepto *ébano, ebanista*

evadir	evaporado	evaluar
eventualidad	evento	Evelina
evidente	evitar	evidenciar
evocar	evolución	evocado

3. Cuando las palabras empiezan con las sílabas **di-**, **le-**, **sal-**, **cla-**. Excepto *dibujar* y sus derivados

diverso	divertido	levita	levantar	leve
salvo	salvaje	clavar	clave	clavel

4. Todas las palabras que inician con **vice-** y **villa-**. Excepto *billar, bíceps* y sus derivados

vicecónsul	vicerrector	villancico	Villahermosa

5. En los adjetivos terminados en **-avo**, **-ava**, **-evo**, **-eva**, **-ivo**, **-iva**

octavo	nuevo	vengativa	lesivo	decisiva
primitivo	longeva	pasivo	activo	agresivo

6. En las palabras terminadas en **-ave**, **eve**. Excepto *árabe*

suave	ave	grave	breve	leve

7. Todas las formas del pretérito de indicativo y de subjuntivo de los verbos *tener, andar* y *estar*

tuvo	tuviera
anduve	anduviéramos
estuvimos	estuvieras

8. Todas las formas del presente de indicativo, imperativo y subjuntivo del verbo *ir*

voy	vamos	ve	vaya	vayas

Algunas palabras homófonas con b y v:

tubo	(conducto, cilindro)	tuvo	(del verbo *tener*)
botar	(una pelota)	votar	(emitir un voto)

bello	(hermoso)	vello	(pelo)
acerbo	(áspero al gusto)	acervo	(caudal, montón)
bacilo	(bacteria)	vacilo	(del verbo *vacilar*)
bienes	(propiedades)	vienes	(del verbo *venir*)

Se escribe C:

1. En las palabras terminadas en **-ancia**, **-encia**, **-ancio**, **-encio**, **-uncia, -uncio.** Excepto *ansia, hortensia*

   prestancia   esencia   rancio   denuncia   anuncio

2. En las desinencias de diminutivo: **-cito, -cita, -cico, -cica, -cillo, -cilla,** excepto cuando hay una **-s-** en la última sílaba de la palabra: *casita, bolsita, masita, cosita*

   ratoncito   leoncita   rinconcito   hombrecillo   florecilla

3. En las palabras terminadas en **-cida**, cuando está presente el sentido de *matar*

   parricida   raticida   insecticida   suicida

4. En las formas plurales de las palabras que terminan en **-z**

   feroces   cruces   rapaces   peces   lápices

5. En los verbos terminados en **-cer**, **-cir**. Excepto *ser, coser, toser, asir*

   crecer   mecer   atar   decer   uncir   lucir   conducir

6. En los verbos terminados en **-ciar**. Excepto *ansiar, extasiar, lisiar*

   rociar   enunciar   anunciar   pronunciar

Se escribe S:

1. En palabras que empiezan con **des-**, **dis-**. Excepto *dizque*

   despintar   desesperar   disgusto   distinto

2. En los adjetivos que terminan en **-oso, -osa**

   mañoso   glorioso   ocioso   amoroso   horroroso

3. En la desinencia **-ísimo, -ísima** de los superlativos

   hermosísimo   altísimo   grandísimo   feísimo

4. En palabras que inician con los grupos **as-**, **es-**, **is-**, **os-** seguidos de consonante. Excepto *izquierda, azteca*

astucia   asma   estado   isla   oscuro   espía

5. En palabras terminadas en **-ista** y en **-ismo**

recepcionista   telefonista   comunismo   budismo

6. En sustantivos terminados en **-sión**, relacionados con adjetivos terminados en **-so**, **-sor**, **-sible** y **-sivo**

confusión	(confuso)	sucesión	(sucesor)
comprensión	(comprensible)	evasión	(evasivo)

7. En las desinencias del pretérito de subjuntivo **-ase**, **-ese**

amase   trabajase   comiese   saliese

Se escribe **Z**:

1. En las palabras terminadas en **-anza**, **-azgo**. Excepto *mansa*, *transa*

añoranza	esperanza	enseñanza
liderazgo	hallazgo	noviazgo

2. En los verbos derivados formados con el sufijo **-izar**. No entran en esta regla los verbos que tienen en su raíz la desinencia **-isar**, como *requisar, precisar, pisar*

atomizar   agudizar   amenizar   sintetizar   divinizar

3. En las desinencias **-zuelo**, **-zuela** de los despectivos. También en la terminación **-azo** de superlativo

mozuelo	escritorzuelo
cazuela	mujerzuela
cañonazo	pitazo

4. En las desinencias verbales de algunos tiempos, en el caso de verbos cuyo infinitivo se escribe con **c**

crezco   envejezcan   conozco   nazca   parezco

Algunas palabras homófonas con c, s o z:

meses	(plural de mes)	meces	(del verbo *mecer*)
serrar	(cortar con sierra)	cerrar	(verbo)
enseres	(objetos)	enceres	(del verbo *encerar*)

cause	(del verbo *causar*)	cauce	(lecho del río)
seda	(tela)	ceda	(del verbo *ceder*)
sien	(parte de la frente)	cien	(número, cantidad)
ves	(del verbo *ver*)	vez	(ocasión)
sumo	(del verbo *sumar*)	zumo	(jugo o líquido de las frutas)
asar	(verbo)	azar	(destino, suerte)

Se escribe *H*:

1. En todas las palabras que empiezan con **hum-**, **hue-**, **hui-**, **hie-**, **hia-**. Excepto *umbilical, umbral, umbrío*

   humo   humedad   hueso   huir   hiena   hiato

   Existen palabras cuyos derivados se escriben con **h**, aunque las palabras de donde proceden no la lleven; esto se debe a la regla anterior

huele	(oler)	hueco	(oquedad)
huérfano	(orfandad)	hueso	(óseo)

2. En las palabras que empiezan con **homo-**, **hetero-**, **hexa-**, **hect-**, **hepta-**, **herm**. Excepto *ermita* y sus derivados

homogéneo	heterodoxo
hexágono	hectárea
heptasílabo	hermoso

3. En algunas interjecciones se escribe **h** al final de la palabra

   ¡Ah!   ¡Eh!   ¡Bah!   ¡Oh!

Se escribe *G*:

1. En todas las formas de los verbos cuyo infinitivo termina en **-ger**, **-gir**. Excepto *tejer, crujir*

   coger   fingirá   protegerían   regiremos

   Se escribe **j** cuando antecede a una **a** u **o**:

   coja   finjo   proteja   rijo

2. En palabras terminadas en **-gente**

   vigente   regente   contingente   insurgente

3. En palabras que se construyen con **geo-**

geografía   geológico   geometría   apogeo

4. En palabras que tienen las terminaciones **-gio-a, -ogía, -ógico-a**

contagio   magia   prodigio   elogio   vestigio
prestigio   hemorragia   biología   patológico   lógica

Se escribe J:

1. En los conjuntos **ja, jo, ju**

caja   jabón   jolgorio   joven   junto   juez

2. En sustantivos y adjetivos terminados en **-jero, -jería**. Excepto *ligero, flamígero*

relojero   conserjería   cerrajería

3. En palabras que comiencen con **aje-, eje-**. Excepto *agencia, agente, agenda, Egeo* y sus derivados

ajeno   ajedrez   ejecutivo   ejemplo   ejercer

4. En palabras terminadas en **-aje**. Excepto *ambage*

ramaje   lenguaje   paraje   viaje

5. Las formas verbales del pretérito de indicativo y pretérito y futuro de subjuntivo de los verbos terminados en **-decir**, **-ducir**, **-traer**

conduje   condujera   condujere
traje   trajera   trajere
aduje   adujera   adujere
redujo   redujera   redujere

USO DE MAYÚSCULAS

1. Al principio de cualquier escrito, así como después de punto y seguido y punto y aparte.

2. Todos los nombres propios: Rosa García, Platón, Guatemala, América, Everest, Lima, Amazonas.
   — El título de un libro, película, artículo, obra escultórica, pictórica, musical: *El llano en llamas, Amarcord, El placer que el teatro nos procura, La victoria de Samotracia, Las meninas, La novena sinfonía.*
   — Los tratamientos y títulos, si están abreviados, así como los nombres de dignidad: Lic., Dr., Sr. Ud., Sumo Pontífice.

— Nombres que se refieren a órganos de gobierno, corporaciones y sociedades: Congreso de la Unión, Tratado de Libre Comercio, Sociedad de Escritores Latinoamericanos.
— Los nombres, calificativos y apodos con que se designa a determinadas personas: El Cid Campeador, Alfonso el Sabio, Juana la Loca.
— Los sustantivos y adjetivos que componen el nombre de una institución, o de un establecimiento comercial: Supremo Tribunal de Justicia, Museo de Bellas Artes, Universidad Nacional Autónoma de México, Banco de los Andes.
— Las siglas y abreviaturas que representan el nombre de organismos, instituciones o países: ONU, S. A., ONG, EUA.
— El número romano que designa reyes, papas y siglos: Pío V, Fernando III, siglo XX.
— Épocas, períodos históricos, acontecimientos, celebraciones: Edad Media, Revolución Mexicana, Semana Santa.

3. Los conjuntos **ch** y **ll**, llevan mayúscula sólo en la **C** o **L** iniciales, respectivamente: Chihuahua, China, Llosa, Llorente.

El acento ortográfico debe mantenerse en las mayúsculas: Álvaro, África, Océano Índico.
Los nombres de los días de la semana, de los meses, de las estaciones del año y de las notas musicales, se escriben con minúscula, salvo que inicien párrafo.

APÉNDICE DE CONJUGACIÓN DE VERBOS

Se presentan 72 modelos de conjugación de verbos. Al final se incluye una lista de los verbos más usuales, con el número del modelo de conjugación al que siguen; este número no remite a páginas, sino al modelo

1

amar

INDICATIVO

Presente	Pretérito	Futuro	Copretérito	Pospretérito
amo	amé	amaré	amaba	amaría
amas	amaste	amarás	amabas	amarías
ama	amó	amará	amaba	amaría
amamos	amamos	amaremos	amábamos	amaríamos
amáis	amasteis	amaréis	amabais	amaríais
aman	amaron	amarán	amaban	amarían

Antepresente	Antepretérito	Antefuturo	Antecopretérito	Antepospretérito
he amado	hube amado	habré amado	había amado	habría amado
has amado	hubiste amado	habrás amado	habías amado	habrías amado
ha amado	hubo amado	habrá amado	había amado	habría amado
hemos amado	hubimos amado	habremos amado	habíamos amado	habríamos amado
habéis amado	hubisteis amado	habréis amado	habíais amado	habríais amado
han amado	hubieron amado	habrán amado	habían amado	habrían amado

SUBJUNTIVO

Presente	Pretérito	Futuro
ame	amara o amase	amare
ames	amaras o amases	amares
ame	amara o amase	amare
amemos	amáramos o amásemos	amáremos
améis	amarais o amaseis	amareis
amen	amaran o amasen	amaren

Antepresente	Antepretérito	Antefuturo
haya amado	hubiera o hubiese amado	hubiere amado
hayas amado	hubieras o hubieses amado	hubieres amado
haya amado	hubiera o hubiese amado	hubiere amado
hayamos amado	hubiéramos o hubiésemos amado	hubiéremos amado
hayáis amado	hubierais o hubieseis amado	hubiereis amado
hayan amado	hubieran o hubiesen amado	hubieren amado

IMPERATIVO

ama (tú)
ame (usted)
amad (vosotros-as)
amen (ustedes)

2

estar

INDICATIVO

Presente	Pretérito	Futuro	Copretérito	Pospretérito
estoy	estuve	estaré	estaba	estaría
estás	estuviste	estarás	estabas	estarías
está	estuvo	estará	estaba	estaría
estamos	estuvimos	estaremos	estábamos	estaríamos
estáis	estuvisteis	estaréis	estabais	estaríais
están	estuvieron	estarán	estaban	estarían

Antepresente	Antepretérito	Antefuturo	Antecopretérito	Antepospretérito
he estado	hube estado	habré estado	había estado	habría estado
has estado	hubiste estado	habrás estado	habías estado	habrías estado
ha estado	hubo estado	habrá estado	había estado	habría estado
hemos estado	hubimos estado	habremos estado	habíamos estado	habríamos estado
habéis estado	hubisteis estado	habréis estado	habíais estado	habríais estado
han estado	hubieron estado	habrán estado	habían estado	habrían estado

SUBJUNTIVO

Presente	Pretérito	Futuro
esté	estuviera o estuviese	estuviere
estés	estuvieras o estuvieses	estuvieres
esté	estuviera o estuviese	estuviere
estemos	estuviéramos o estuviésemos	estuviéremos
estéis	estuvierais o estuvieseis	estuviereis
estén	estuvieran o estuviesen	estuvieren

Antepresente	Antepretérito	Antefuturo
haya estado	hubiera o hubiese estado	hubiere estado
hayas estado	hubieras o hubieses estado	hubieres estado
haya estado	hubiera o hubiese estado	hubiere estado
hayamos estado	hubiéramos o hubiésemos estado	hubiéremos estado
hayáis estado	hubierais o hubieseis estado	hubiereis estado
hayan estado	hubieran o hubiesen estado	hubieren estado

IMPERATIVO

está (tú)
esté (usted)
estad (vosotros-as)
estén (ustedes)

3 — pensar

INDICATIVO

Presente	Pretérito	Futuro	Copretérito	Pospretérito
pienso	pensé	pensaré	pensaba	pensaría
piensas	pensaste	pensarás	pensabas	pensarías
piensa	pensó	pensará	pensaba	pensaría
pensamos	pensamos	pensaremos	pensábamos	pensaríamos
pensáis	pensasteis	pensaréis	pensabais	pensaríais
piensan	pensaron	pensarán	pensaban	pensarían

Antepresente	Antepretérito	Antefuturo	Antecopretérito	Antepospretérito
he pensado	hube pensado	habré pensado	había pensado	habría pensado
has pensado	hubiste pensado	habrás pensado	habías pensado	habrías pensado
ha pensado	hubo pensado	habrá pensado	había pensado	habría pensado
hemos pensado	hubimos pensado	habremos pensado	habíamos pensado	habríamos pensado
habéis pensado	hubisteis pensado	habréis pensado	habíais pensado	habríais pensado
han pensado	hubieron pensado	habrán pensado	habían pensado	habrían pensado

SUBJUNTIVO

Presente	Pretérito	Futuro
piense	pensara o pensase	pensare
pienses	pensaras o pensases	pensares
piense	pensara o pensase	pensare
pensemos	pensáramos o pensásemos	pensáremos
penséis	pensarais o pensaseis	pensareis
piensen	pensaran o pensasen	pensaren

Antepresente	Antepretérito	Antefuturo
haya pensado	hubiera o hubiese pensado	hubiere pensado
hayas pensado	hubieras o hubieses pensado	hubieres pensado
haya pensado	hubiera o hubieses pensado	hubiere pensado
hayamos pensado	hubiéramos o hubiésemos pensado	hubiéremos pensado
hayáis pensado	hubierais o hubieseis pensado	hubiereis pensado
hayan pensado	hubieran o hubiesen pensado	hubieren pensado

IMPERATIVO
piensa (tú)
piense (usted)
pensad (vosotros-as)
piensen (ustedes)

4 — comenzar

INDICATIVO

Presente	Pretérito	Futuro	Copretérito	Pospretérito
comienzo	comencé	comenzaré	comenzaba	comenzaría
comienzas	comenzaste	comenzarás	comenzabas	comenzarías
comienza	comenzó	comenzará	comenzaba	comenzaría
comenzamos	comenzamos	comenzaremos	comenzábamos	comenzaríamos
comenzáis	comenzasteis	comenzaréis	comenzabais	comenzaríais
comienzan	comenzaron	comenzarán	comenzaban	comenzarían

Antepresente	Antepretérito	Antefuturo	Antecopretérito	Antepospretérito
he comenzado	hube comenzado	habré comenzado	había comenzado	habría comenzado
has comenzado	hubiste comenzado	habrás comenzado	habías comenzado	habrías comenzado
ha comenzado	hubo comenzado	habrá comenzado	había comenzado	habría comenzado
hemos comenzado	hubimos comenzado	habremos comenzado	habíamos comenzado	habríamos comenzado
habéis comenzado	hubisteis comenzado	habréis comenzado	habíais comenzado	habríais comenzado
han comenzado	hubieron comenzado	habrán comenzado	habían comenzado	habrían comenzado

SUBJUNTIVO

Presente	Pretérito	Futuro
comience	comenzara o comenzase	comenzare
comiences	comenzaras o comenzases	comenzares
comience	comenzara o comenzase	comenzare
comencemos	comenzáramos o comenzásemos	comenzáremos
comencéis	comenzarais o comenzaseis	comenzareis
comiencen	comenzaran o comenzasen	comenzaren

Antepresente	Antepretérito	Antefuturo
haya comenzado	hubiera o hubiese comenzado	hubiere comenzado
hayas comenzado	hubieras o hubieses comenzado	hubieres comenzado
haya comenzado	hubiera o hubiese comenzado	hubiere comenzado
hayamos comenzado	hubiéramos o hubiésemos comenzado	hubiéremos comenzado
hayáis comenzado	hubierais o hubieseis comenzado	hubiereis comenzado
hayan comenzado	hubieran o hubiesen comenzado	hubieren comenzado

IMPERATIVO
comienza (tú)
comience (usted)
comenzad (vosotros-as)
comiencen (ustedes)

5

soñar

INDICATIVO

Presente	Pretérito	Futuro	Copretérito	Pospretérito
sueño	soñé	soñaré	soñaba	soñaría
sueñas	soñaste	soñarás	soñabas	soñarías
sueña	soñó	soñará	soñaba	soñaría
soñamos	soñamos	soñaremos	soñábamos	soñaríamos
soñáis	soñasteis	soñaréis	soñabais	soñaríais
sueñan	soñaron	soñarán	soñaban	soñarían

Antepresente	Antepretérito	Antefuturo	Antecopretérito	Antepospretérito
he soñado	hube soñado	habré soñado	había soñado	habría soñado
has soñado	hubiste soñado	habrás soñado	habías soñado	habrías soñado
ha soñado	hubo soñado	habrá soñado	había soñado	habría soñado
hemos soñado	hubimos soñado	habremos soñado	habíamos soñado	habríamos soñado
habéis soñado	hubisteis soñado	habréis soñado	habíais soñado	habríais soñado
han soñado	hubieron soñado	habrán soñado	habían soñado	habrían soñado

SUBJUNTIVO

Presente	Pretérito	Futuro
sueñe	soñara o soñase	soñare
sueñes	soñaras o soñases	soñares
sueñe	soñara o soñase	soñare
soñemos	soñáramos o soñásemos	soñáremos
soñéis	soñarais o soñaseis	soñareis
sueñen	soñaran o soñasen	soñaren

Antepresente	Antepretérito	Antefuturo
haya soñado	hubiera o hubiese soñado	hubiere soñado
hayas soñado	hubieras o hubieses soñado	hubieres soñado
haya soñado	hubiera o hubiese soñado	hubiere soñado
hayamos soñado	hubiéramos o hubiésemos soñado	hubiéremos soñado
hayáis soñado	hubierais o hubieseis soñado	hubiereis soñado
hayan soñado	hubieran o hubiesen soñado	hubieren soñado

IMPERATIVO

sueña (tú)
sueñe (usted)
soñad (vosotros-as)
sueñen (ustedes)

6

forzar

INDICATIVO

Presente	Pretérito	Futuro	Copretérito	Pospretérito
fuerzo	forcé	forzaré	forzaba	forzaría
fuerzas	forzaste	forzarás	forzabas	forzarías
fuerza	forzó	forzará	forzaba	forzaría
forzamos	forzamos	forzaremos	forzábamos	forzaríamos
forzáis	forzasteis	forzaréis	forzabais	forzaríais
fuerzan	forzaron	forzarán	forzaban	forzarían

Antepresente	Antepretérito	Antefuturo	Antecopretérito	Antepospretérito
he forzado	hube forzado	habré forzado	había forzado	habría forzado
has forzado	hubiste forzado	habrás forzado	habías forzado	habrías forzado
ha forzado	hubo forzado	habrá forzado	había forzado	habría forzado
hemos forzado	hubimos forzado	habremos forzado	habíamos forzado	habríamos forzado
habéis forzado	hubisteis forzado	habréis forzado	habíais forzado	habríais forzado
han forzado	hubieron forzado	habrán forzado	habían forzado	habrían forzado

SUBJUNTIVO

Presente	Pretérito	Futuro
fuerce	forzara o forzase	forzare
fuerces	forzaras o forzases	forzares
fuerce	forzara o forzase	forzare
forcemos	forzáramos o forzásemos	forzáremos
forcéis	forzarais o forzaseis	forzareis
fuercen	forzaran o forzasen	forzaren

Antepresente	Antepretérito	Antefuturo
haya forzado	hubiera o hubiese forzado	hubiere forzado
hayas forzado	hubieras o hubieses forzado	hubieres forzado
haya forzado	hubiera o hubiese forzado	hubiere forzado
hayamos forzado	hubiéramos o hubiésemos forzado	hubiéremos forzado
hayáis forzado	hubierais o hubieseis forzado	hubiereis forzado
hayan forzado	hubieran o hubiesen forzado	hubieren forzado

IMPERATIVO

fuerza (tú)
fuerce (usted)
forzad (vosotros-as)
fuercen (ustedes)

7

jugar

INDICATIVO

Presente	Pretérito	Futuro	Copretérito	Pospretérito
juego	jugué	jugaré	jugaba	jugaría
juegas	jugaste	jugarás	jugabas	jugarías
juega	jugó	jugará	jugaba	jugaría
jugamos	jugamos	jugaremos	jugábamos	jugaríamos
jugáis	jugasteis	jugaréis	jugabais	jugaríais
juegan	jugaron	jugarán	jugaban	jugarían

Antepresente	Antepretérito	Antefuturo	Antecopretérito	Antepospretérito
he jugado	hube jugado	habré jugado	había jugado	habría jugado
has jugado	hubiste jugado	habrás jugado	habías jugado	habrías jugado
ha jugado	hubo jugado	habrá jugado	había jugado	habría jugado
hemos jugado	hubimos jugado	habremos jugado	habíamos jugado	habríamos jugado
habéis jugado	hubisteis jugado	habréis jugado	habíais jugado	habríais jugado
han jugado	hubieron jugado	habrán jugado	habían jugado	habrían jugado

SUBJUNTIVO

Presente	Pretérito	Futuro
juegue	jugara o jugase	jugare
juegues	jugaras o jugases	jugares
juegue	jugara o jugase	jugare
juguemos	jugáramos o jugásemos	jugáremos
juguéis	jugarais o jugaseis	jugareis
jueguen	jugaran o jugasen	jugaren

Antepresente	Antepretérito	Antefuturo
haya jugado	hubiera o hubiese jugado	hubiere jugado
hayas jugado	hubieras o hubieses jugado	hubieres jugado
haya jugado	hubiera o hubiese jugado	hubiere jugado
hayamos jugado	hubiéramos o hubiésemos jugado	hubiéremos jugado
hayáis jugado	hubierais o hubieseis jugado	hubiereis jugado
hayan jugado	hubieran o hubiesen jugado	hubieren jugado

IMPERATIVO

juega (tú)
juegue (usted)
jugad (vosotros-as)
jueguen (ustedes)

8

dar

INDICATIVO

Presente	Pretérito	Futuro	Copretérito	Pospretérito
doy	di	daré	daba	daría
das	diste	darás	dabas	darías
da	dio	dará	daba	daría
damos	dimos	daremos	dábamos	daríamos
dais	disteis	daréis	dabais	daríais
dan	dieron	darán	daban	darían

Antepresente	Antepretérito	Antefuturo	Antecopretérito	Antepospretérito
he dado	hube dado	habré dado	había dado	habría dado
has dado	hubiste dado	habrás dado	habías dado	habrías dado
ha dado	hubo dado	habrá dado	había dado	habría dado
hemos dado	hubimos dado	habremos dado	habíamos dado	habríamos dado
habéis dado	hubisteis dado	habréis dado	habíais dado	habríais dado
han dado	hubieron dado	habrán dado	habían dado	habrían dado

SUBJUNTIVO

Presente	Pretérito	Futuro
dé	diera o diese	diere
des	dieras o dieses	dieres
dé	diera o diese	diere
demos	diéramos o diésemos	diéremos
deis	dierais o dieseis	diereis
den	dieran o diesen	dieren

Antepresente	Antepretérito	Antefuturo
haya dado	hubiera o hubiese dado	hubiere dado
hayas dado	hubieras o hubieses dado	hubieres dado
haya dado	hubiera o hubiese dado	hubiere dado
hayamos dado	hubiéramos o hubiésemos dado	hubiéremos dado
hayáis dado	hubierais o hubieseis dado	hubiereis dado
hayan dado	hubieran o hubiesen dado	hubieren dado

IMPERATIVO

da (tú)
dé (usted)
dad (vosotros-as)
den (ustedes)

9

enviar

INDICATIVO

Presente	Pretérito	Futuro	Copretérito	Pospretérito
envío	envié	enviaré	enviaba	enviaría
envías	enviaste	enviarás	enviabas	enviarías
envía	envió	enviará	enviaba	enviaría
enviamos	enviamos	enviaremos	enviábamos	enviaríamos
enviáis	enviasteis	enviaréis	enviabais	enviaríais
envían	enviaron	enviarán	enviaban	enviarían

Antepresente	Antepretérito	Antefuturo	Antecopretérito	Antepospretérito
he enviado	hube enviado	habré enviado	había enviado	habría enviado
has enviado	hubiste enviado	habrás enviado	habías enviado	habrías enviado
ha enviado	hubo enviado	habrá enviado	había enviado	habría enviado
hemos enviado	hubimos enviado	habremos enviado	habíamos enviado	habríamos enviado
habéis enviado	hubisteis enviado	habréis enviado	habíais enviado	habríais enviado
han enviado	hubieron enviado	habrán enviado	habían enviado	habrían enviado

SUBJUNTIVO

Presente	Pretérito	Futuro
envíe	enviara o enviase	enviare
envíes	enviaras o enviases	enviares
envíe	enviara o enviase	enviare
enviemos	enviáramos o enviásemos	enviáremos
enviéis	enviarais o enviaseis	enviareis
envíen	enviaran o enviasen	enviaren

Antepresente	Antepretérito	Antefuturo
haya enviado	hubiera o hubiese enviado	hubiere enviado
hayas enviado	hubieras o hubieses enviado	hubieres enviado
haya enviado	hubiera o hubiese enviado	hubiere enviado
hayamos enviado	hubiéramos o hubiésemos enviado	hubiéremos enviado
hayáis enviado	hubierais o hubieseis enviado	hubiereis enviado
hayan enviado	hubieran o hubiesen enviado	hubieren enviado

IMPERATIVO

envía (tú)
envíe (usted)
enviad (vosotros-as)
envíen (ustedes)

10

actuar

INDICATIVO

Presente	Pretérito	Futuro	Copretérito	Pospretérito
actúo	actué	actuaré	actuaba	actuaría
actúas	actuaste	actuarás	actuabas	actuarías
actúa	actuó	actuará	actuaba	actuaría
actuamos	actuamos	actuaremos	actuábamos	actuaríamos
actuáis	actuasteis	actuaréis	actuabais	actuaríais
actúan	actuaron	actuarán	actuaban	actuarían

Antepresente	Antepretérito	Antefuturo	Antecopretérito	Antepospretérito
he actuado	hube actuado	habré actuado	había actuado	habría actuado
has actuado	hubiste actuado	habrás actuado	habías actuado	habrías actuado
ha actuado	hubo actuado	habrá actuado	había actuado	habría actuado
hemos actuado	hubimos actuado	habremos actuado	habíamos actuado	habríamos actuado
habéis actuado	hubisteis actuado	habréis actuado	habíais actuado	habríais actuado
han actuado	hubieron actuado	habrán actuado	habían actuado	habrían actuado

SUBJUNTIVO

Presente	Pretérito	Futuro
actúe	actuara o actuase	actuare
actúes	actuaras o actuases	actuares
actúe	actuara o actuase	actuare
actuemos	actuáramos o actuásemos	actuáremos
actuéis	actuarais o actuaseis	actuareis
actúen	actuaran o actuasen	actuaren

Antepresente	Antepretérito	Antefuturo
haya actuado	hubiera o hubiese actuado	hubiere actuado
hayas actuado	hubieras o hubieses actuado	hubieres actuado
haya actuado	hubiera o hubiese actuado	hubiere actuado
hayamos actuado	hubiéramos o hubiésemos actuado	hubiéremos actuado
hayáis actuado	hubierais o hubieseis actuado	hubiereis actuado
hayan actuado	hubieran o hubiesen actuado	hubieren actuado

IMPERATIVO

actúa (tú)
actúe (usted)
actuad (vosotros-as)
actúen (ustedes)

11

averiguar

INDICATIVO

Presente	Pretérito	Futuro	Copretérito	Pospretérito
averiguo	averigüé	averiguaré	averiguaba	averiguaría
averiguas	averiguaste	averiguarás	averiguabas	averiguarías
averigua	averiguó	averiguará	averiguaba	averiguaría
averiguamos	averiguamos	averiguaremos	averiguábamos	averiguaríamos
averiguáis	averiguasteis	averiguaréis	averiguabais	averiguaríais
averiguan	averiguaron	averiguarán	averiguaban	averiguarían

Antepresente	Antepretérito	Antefuturo	Antecopretérito	Antepospretérito
he averiguado	hube averiguado	habré averiguado	había averiguado	habría averiguado
has averiguado	hubiste averiguado	habrás averiguado	habías averiguado	habrías averiguado
ha averiguado	hubo averiguado	habrá averiguado	había averiguado	habría averiguado
hemos averiguado	hubimos averiguado	habremos averiguado	habíamos averiguado	habríamos averiguado
habéis averiguado	hubisteis averiguado	habréis averiguado	habíais averiguado	habríais averiguado
han averiguado	hubieron averiguado	habrán averiguado	habían averiguado	habrían averiguado

SUBJUNTIVO

Presente	Pretérito	Futuro
averigüe	averiguara o averiguase	averiguare
averigües	averiguaras o averiguases	averiguares
averigüe	averiguara o averiguase	averiguare
averigüemos	averiguáramos o averiguásemos	averiguáremos
averigüéis	averiguarais o averiguaseis	averiguareis
averigüen	averiguaran o averiguasen	averiguaren

Antepresente	Antepretérito	Antefuturo
haya averiguado	hubiera o hubiese averiguado	hubiere averiguado
hayas averiguado	hubieras o hubieses averiguado	hubieres averiguado
haya averiguado	hubiera o hubiese averiguado	hubiere averiguado
hayamos averiguado	hubiéramos o hubiésemos averiguado	hubiéremos averiguado
hayáis averiguado	hubierais o hubieseis averiguado	hubiereis averiguado
hayan averiguado	hubieran o hubiesen averiguado	hubieren averiguado

IMPERATIVO

averigua (tú)
averigüe (usted)
averiguad (vosotros-as)
averigüen (ustedes)

12

andar

INDICATIVO

Presente	Pretérito	Futuro	Copretérito	Pospretérito
ando	anduve	andaré	andaba	andaría
andas	anduviste	andarás	andabas	andarías
anda	anduvo	andará	andaba	andaría
andamos	anduvimos	andaremos	andábamos	andaríamos
andáis	anduvisteis	andaréis	andabais	andaríais
andan	anduvieron	andarán	andaban	andarían

Antepresente	Antepretérito	Antefuturo	Antecopretérito	Antepospretérito
he andado	hube andado	habré andado	había andado	habría andado
has andado	hubiste andado	habrás andado	habías andado	habrías andado
ha andado	hubo andado	habrá andado	había andado	habría andado
hemos andado	hubimos andado	habremos andado	habíamos andado	habríamos andado
habéis andado	hubisteis andado	habréis andado	habíais andado	habríais andado
han andado	hubieron andado	habrán andado	habían andado	habrían andado

SUBJUNTIVO

Presente	Pretérito	Futuro
ande	anduviera o anduviese	anduviere
andes	anduvieras o anduvieses	anduvieres
ande	anduviera o anduviese	anduviere
andemos	anduviéramos o anduviésemos	anduviéremos
andéis	anduvierais o anduvieseis	anduviereis
anden	anduvieran o anduviesen	anduvieren

Antepresente	Antepretérito	Antefuturo
haya andado	hubiera o hubiese andado	hubiere andado
hayas andado	hubieras o hubieses andado	hubieres andado
haya andado	hubiera o hubiese andado	hubiere andado
hayamos andado	hubiéramos o hubiésemos andado	hubiéremos andado
hayáis andado	hubierais o hubieseis andado	hubiereis andado
hayan andado	hubieran o hubiesen andado	hubieren andado

IMPERATIVO

anda (tú)
ande (usted)
andad (vosotros-as)
anden (ustedes)

13

aullar

INDICATIVO

Presente	Pretérito	Futuro	Copretérito	Pospretérito
aúllo	aullé	aullaré	aullaba	aullaría
aúllas	aullaste	aullarás	aullabas	aullarías
aúlla	aulló	aullará	aullaba	aullaría
aullamos	aullamos	aullaremos	aullábamos	aullaríamos
aulláis	aullasteis	aullaréis	aullabais	aullaríais
aúllan	aullaron	aullarán	aullaban	aullarían

Antepresente	Antepretérito	Antefuturo	Antecopretérito	Antepospretérito
he aullado	hube aullado	habré aullado	había aullado	habría aullado
has aullado	hubiste aullado	habrás aullado	habías aullado	habrías aullado
ha aullado	hubo aullado	habrá aullado	había aullado	habría aullado
hemos aullado	hubimos aullado	habremos aullado	habíamos aullado	habríamos aullado
habéis aullado	hubisteis aullado	habréis aullado	habíais aullado	habríais aullado
han aullado	hubieron aullado	habrán aullado	habían aullado	habrían aullado

SUBJUNTIVO

Presente	Pretérito	Futuro
aúlle	aullara o aullase	aullare
aúlles	aullaras o aullases	aullares
aúlle	aullara o aullase	aullare
aullemos	aulláramos o aullásemos	aulláremos
aulléis	aullarais o aullaseis	aullareis
aúllen	aullaran o aullasen	aullaren

Antepresente	Antepretérito	Antefuturo
haya aullado	hubiera o hubiese aullado	hubiere aullado
hayas aullado	hubieras o hubieses aullado	hubieres aullado
haya aullado	hubiera o hubiese aullado	hubiere aullado
hayamos aullado	hubiéramos o hubiésemos aullado	hubiéremos aullado
hayáis aullado	hubierais o hubieseis aullado	hubiereis aullado
hayan aullado	hubieran o hubiesen aullado	hubieren aullado

IMPERATIVO

aúlla (tú)
aúlle (usted)
aullad (vosotros-as)
aúllen (ustedes)

14

errar

INDICATIVO

Presente	Pretérito	Futuro	Copretérito	Pospretérito
yerro	erré	erraré	erraba	erraría
yerras	erraste	errarás	errabas	errarías
yerra	erró	errará	erraba	erraría
erramos	erramos	erraremos	errábamos	erraríamos
erráis	errasteis	erraréis	errabais	erraríais
yerran	erraron	errarán	erraban	errarían

Antepresente	Antepretérito	Antefuturo	Antecopretérito	Antepospretérito
he errado	hube errado	habré errado	había errado	habría errado
has errado	hubiste errado	habrás errado	habías errado	habrías errado
ha errado	hubo errado	habrá errado	había errado	habría errado
hemos errado	hubimos errado	habremos errado	habíamos errado	habríamos errado
habéis errado	hubisteis errado	habréis errado	habíais errado	habríais errado
han errado	hubieron errado	habrán errado	habían errado	habrían errado

SUBJUNTIVO

Presente	Pretérito	Futuro
yerre	errara o errase	errare
yerres	erraras o errases	errares
yerre	errara o errase	errare
erremos	erráramos o errásemos	erráremos
erréis	errarais o erraseis	errareis
yerren	erraran o errasen	erraren

Antepresente	Antepretérito	Antefuturo
haya errado	hubiera o hubiese errado	hubiere errado
hayas errado	hubieras o hubieses errado	hubieres errado
haya errado	hubiera o hubiese errado	hubiere errado
hayamos errado	hubiéramos o hubiésemos errado	hubiéremos errado
hayáis errado	hubierais o hubieseis errado	hubiereis errado
hayan errado	hubieran o hubiesen errado	hubieren errado

IMPERATIVO

yerra (tú)
yerre (usted)
errad (vosotros-as)
yerren (ustedes)

15 — enraizar

INDICATIVO

Presente	Pretérito	Futuro	Copretérito	Pospretérito
enraízo	enraicé	enraizaré	enraizaba	enraizaría
enraízas	enraizaste	enraizarás	enraizabas	enraizarías
enraíza	enraizó	enraizará	enraizaba	enraizaría
enraizamos	enraizamos	enraizaremos	enraizábamos	enraizaríamos
enraizáis	enraizasteis	enraizaréis	enraizabais	enraizaríais
enraízan	enraizaron	enraizarán	enraizaban	enraizarían

Antepresente	Antepretérito	Antefuturo	Antecopretérito	Antepospretérito
he enraizado	hube enraizado	habré enraizado	había enraizado	habría enraizado
has enraizado	hubiste enraizado	habrás enraizado	habías enraizado	habrías enraizado
ha enraizado	hubo enraizado	habrá enraizado	había enraizado	habría enraizado
hemos enraizado	hubimos enraizado	habremos enraizado	habíamos enraizado	habríamos enraizado
habéis enraizado	hubisteis enraizado	habréis enraizado	habíais enraizado	habríais enraizado
han enraizado	hubieron enraizado	habrán enraizado	habían enraizado	habrían enraizado

SUBJUNTIVO

Presente	Pretérito	Futuro
enraíce	enraizara o enraizase	enraizare
enraíces	enraizaras o enraizases	enraizares
enraíce	enraizara o enraizase	enraizare
enraicemos	enraizáramos o enraizásemos	enraizáremos
enraicéis	enraizarais o enraizaseis	enraizareis
enraícen	enraizaran o enraizasen	enraizaren

Antepresente	Antepretérito	Antefuturo
haya enraizado	hubiera o hubiese enraizado	hubiere enraizado
hayas enraizado	hubieras o hubieses enraizado	hubieres enraizado
haya enraizado	hubiera o hubiese enraizado	hubiere enraizado
hayamos enraizado	hubiéramos o hubiésemos enraizado	hubiéremos enraizado
hayáis enraizado	hubierais o hubieseis enraizado	hubiereis enraizado
hayan enraizado	hubieran o hubiesen enraizado	hubieren enraizado

IMPERATIVO

enraíza (tú)
enraíce (usted)
enraizad (vosotros-as)
enraícen (ustedes)

16 — cazar

INDICATIVO

Presente	Pretérito	Futuro	Copretérito	Pospretérito
cazo	cacé	cazaré	cazaba	cazaría
cazas	cazaste	cazarás	cazabas	cazarías
caza	cazó	cazará	cazaba	cazaría
cazamos	cazamos	cazaremos	cazábamos	cazaríamos
cazáis	cazasteis	cazaréis	cazabais	cazaríais
cazan	cazaron	cazarán	cazaban	cazarían

Antepresente	Antepretérito	Antefuturo	Antecopretérito	Antepospretérito
he cazado	hube cazado	habré cazado	había cazado	habría cazado
has cazado	hubiste cazado	habrás cazado	habías cazado	habrías cazado
ha cazado	hubo cazado	habrá cazado	había cazado	habría cazado
hemos cazado	hubimos cazado	habremos cazado	habíamos cazado	habríamos cazado
habéis cazado	hubisteis cazado	habréis cazado	habíais cazado	habríais cazado
han cazado	hubieron cazado	habrán cazado	habían cazado	habrían cazado

SUBJUNTIVO

Presente	Pretérito	Futuro
cace	cazara o cazase	cazare
caces	cazaras o cazases	cazares
cace	cazara o cazase	cazare
cacemos	cazáramos o cazásemos	cazáremos
cacéis	cazarais o cazaseis	cazareis
cacen	cazaran o cazasen	cazaren

Antepresente	Antepretérito	Antefuturo
haya cazado	hubiera o hubiese cazado	hubiere cazado
hayas cazado	hubieras o hubieses cazado	hubieres cazado
haya cazado	hubiera o hubiese cazado	hubiere cazado
hayamos cazado	hubiéramos o hubiésemos cazado	hubiéremos cazado
hayáis cazado	hubierais o hubieseis cazado	hubiereis cazado
hayan cazado	hubieran o hubiesen cazado	hubieren cazado

IMPERATIVO

caza (tú)
cace (usted)
cazad (vosotros-as)
cacen (ustedes)

17 · educar

INDICATIVO

Presente
educo
educas
educa
educamos
educáis
educan

Pretérito
eduqué
educaste
educó
educamos
educasteis
educaron

Futuro
educaré
educarás
educará
educaremos
educaréis
educarán

Copretérito
educaba
educabas
educaba
educábamos
educabais
educaban

Pospretérito
educaría
educarías
educaría
educaríamos
educaríais
educarían

Antepresente
he educado
has educado
ha educado
hemos educado
habéis educado
han educado

Antepretérito
hube educado
hubiste educado
hubo educado
hubimos educado
hubisteis educado
hubieron educado

Antefuturo
habré educado
habrás educado
habrá educado
habremos educado
habréis educado
habrán educado

Antecopretérito
había educado
habías educado
había educado
habíamos educado
habíais educado
habían educado

Antepospretérito
habría educado
habrías educado
habría educado
habríamos educado
habríais educado
habrían educado

SUBJUNTIVO

Presente
eduque
eduques
eduque
eduquemos
eduquéis
eduquen

Pretérito
educara o educase
educaras o educases
educara o educase
educáramos o educásemos
educarais o educaseis
educaran o educasen

Futuro
educare
educares
educare
educáremos
educareis
educaren

Antepresente
haya educado
hayas educado
haya educado
hayamos educado
hayáis educado
hayan educado

Antepretérito
hubiera o hubiese educado
hubieras o hubieses educado
hubiera o hubiese educado
hubiéramos o hubiésemos educado
hubierais o hubieseis educado
hubieran o hubiesen educado

Antefuturo
hubiere educado
hubieres educado
hubiere educado
hubiéremos educado
hubiereis educado
hubieren educado

IMPERATIVO

educa (tú)
eduque (usted)
educad (vosotros-as)
eduquen (ustedes)

---

18 · cegar

INDICATIVO

Presente
ciego
ciegas
ciega
cegamos
cegáis
ciegan

Pretérito
cegué
cegaste
cegó
cegamos
cegasteis
cegaron

Futuro
cegaré
cegarás
cegará
cegaremos
cegaréis
cegarán

Copretérito
cegaba
cegabas
cegaba
cegábamos
cegabais
cegaban

Pospretérito
cegaría
cegarías
cegaría
cegaríamos
cegaríais
cegarían

Antepresente
he cegado
has cegado
ha cegado
hemos cegado
habéis cegado
han cegado

Antepretérito
hube cegado
hubiste cegado
hubo cegado
hubimos cegado
hubisteis cegado
hubieron cegado

Antefuturo
habré cegado
habrás cegado
habrá cegado
habremos cegado
habréis cegado
habrán cegado

Antecopretérito
había cegado
habías cegado
había cegado
habíamos cegado
habíais cegado
habían cegado

Antepospretérito
habría cegado
habrías cegado
habría cegado
habríamos cegado
habríais cegado
habrían cegado

SUBJUNTIVO

Presente
ciegue
ciegues
ciegue
ceguemos
ceguéis
cieguen

Pretérito
cegara o cegase
cegaras o cegases
cegara o cegase
cegáramos o cegásemos
cegarais o cegaseis
cegaran o cegasen

Futuro
cegare
cegares
cegare
cegáremos
cegareis
cegaren

Antepresente
haya cegado
hayas cegado
haya cegado
hayamos cegado
hayáis cegado
hayan cegado

Antepretérito
hubiera o hubiese cegado
hubieras o hubieses cegado
hubiera o hubiese cegado
hubiéramos o hubiésemos cegado
hubierais o hubieseis cegado
hubieran o hubiesen cegado

Antefuturo
hubiere cegado
hubieres cegado
hubiere cegado
hubiéremos cegado
hubiereis cegado
hubieren cegado

IMPERATIVO

ciega (tú)
ciegue (usted)
cegad (vosotros-as)
cieguen (ustedes)

19 — colgar

INDICATIVO

Presente	Pretérito	Futuro	Copretérito	Pospretérito
cuelgo	colgué	colgaré	colgaba	colgaría
cuelgas	colgaste	colgarás	colgabas	colgarías
cuelga	colgó	colgará	colgaba	colgaría
colgamos	colgamos	colgaremos	colgábamos	colgaríamos
colgáis	colgasteis	colgaréis	colgabais	colgaríais
cuelgan	colgaron	colgarán	colgaban	colgarían

Antepresente	Antepretérito	Antefuturo	Antecopretérito	Antepospretérito
he colgado	hube colgado	habré colgado	había colgado	habría colgado
has colgado	hubiste colgado	habrás colgado	habías colgado	habrías colgado
ha colgado	hubo colgado	habrá colgado	había colgado	habría colgado
hemos colgado	hubimos colgado	habremos colgado	habíamos colgado	habríamos colgado
habéis colgado	hubisteis colgado	habréis colgado	habíais colgado	habríais colgado
han colgado	hubieron colgado	habrán colgado	habían colgado	habrían colgado

SUBJUNTIVO

Presente	Pretérito	Futuro
cuelgue	colgara o colgase	colgare
cuelgues	colgaras o colgases	colgares
cuelgue	colgara o colgase	colgare
colguemos	colgáramos o colgásemos	colgáremos
colguéis	colgarais o colgaseis	colgareis
cuelguen	colgaran o colgasen	colgaren

Antepresente	Antepretérito	Antefuturo
haya colgado	hubiera o hubiese colgado	hubiere colgado
hayas colgado	hubieras o hubieses colgado	hubieres colgado
haya colgado	hubiera o hubiese colgado	hubiere colgado
hayamos colgado	hubiéramos o hubiésemos colgado	hubiéremos colgado
hayáis colgado	hubierais o hubieseis colgado	hubiereis colgado
hayan colgado	hubieran o hubiesen colgado	hubieren colgado

IMPERATIVO

cuelga (tú)
cuelgue (usted)
colgad (vosotros-as)
cuelguen (ustedes)

20 — comer

INDICATIVO

Presente	Pretérito	Futuro	Copretérito	Pospretérito
como	comí	comeré	comía	comería
comes	comiste	comerás	comías	comerías
come	comió	comerá	comía	comería
comemos	comimos	comeremos	comíamos	comeríamos
coméis	comisteis	comeréis	comíais	comeríais
comen	comieron	comerán	comían	comerían

Antepresente	Antepretérito	Antefuturo	Antecopretérito	Antepospretérito
he comido	hube comido	habré comido	había comido	habría comido
has comido	hubiste comido	habrás comido	habías comido	habrías comido
ha comido	hubo comido	habrá comido	había comido	habría comido
hemos comido	hubimos comido	habremos comido	habíamos comido	habríamos comido
habéis comido	hubisteis comido	habréis comido	habíais comido	habríais comido
han comido	hubieron comido	habrán comido	habían comido	habrían comido

SUBJUNTIVO

Presente	Pretérito	Futuro
coma	comiera o comiese	comiere
comas	comieras o comieses	comieres
coma	comiera o comiese	comiere
comamos	comiéramos o comiésemos	comiéremos
comáis	comierais o comieseis	comiereis
coman	comieran o comiesen	comieren

Antepresente	Antepretérito	Antefuturo
haya comido	hubiera o hubiese comido	hubiere comido
hayas comido	hubieras o hubieses comido	hubieres comido
haya comido	hubiera o hubiese comido	hubiere comido
hayamos comido	hubiéramos o hubiésemos comido	hubiéremos comido
hayáis comido	hubierais o hubieseis comido	hubiereis comido
hayan comido	hubieran o hubiesen comido	hubieren comido

IMPERATIVO

come (tú)
coma (usted)
comed (vosotros-as)
coman (ustedes)

21 **ser**

INDICATIVO

Presente	Pretérito	Futuro	Copretérito	Pospretérito
soy	fui	seré	era	sería
eres	fuiste	serás	eras	serías
es	fue	será	era	sería
somos	fuimos	seremos	éramos	seríamos
sois	fuisteis	seréis	erais	seríais
son	fueron	serán	eran	serían

Antepresente	Antepretérito	Antefuturo	Antecopretérito	Antepospretérito
he sido	hube sido	habré sido	había sido	habría sido
has sido	hubiste sido	habrás sido	habías sido	habrías sido
ha sido	hubo sido	habrá sido	había sido	habría sido
hemos sido	hubimos sido	habremos sido	habíamos sido	habríamos sido
habéis sido	hubisteis sido	habréis sido	habíais sido	habríais sido
han sido	hubieron sido	habrán sido	habían sido	habrían sido

SUBJUNTIVO

Presente	Pretérito	Futuro
sea	fuera o fuese	fuere
seas	fueras o fueses	fueres
sea	fuera o fuese	fuere
seamos	fuéramos o fuésemos	fuéremos
seáis	fuerais o fueseis	fuereis
sean	fueran o fuesen	fueren

Antepresente	Antepretérito	Antefuturo
haya sido	hubiera o hubiese sido	hubiere sido
hayas sido	hubieras o hubieses sido	hubieres sido
haya sido	hubiera o hubiese sido	hubiere sido
hayamos sido	hubiéramos o hubiésemos sido	hubiéremos sido
hayáis sido	hubierais o hubieseis sido	hubiereis sido
hayan sido	hubieran o hubiesen sido	hubieren sido

IMPERATIVO

sé (tú)
sea (usted)
sed (vosotros-as)
sean (ustedes)

22 **haber**

INDICATIVO

Presente	Pretérito	Futuro	Copretérito	Pospretérito
he	hube	habré	había	habría
has	hubiste	habrás	habías	habrías
ha (hay)	hubo	habrá	había	habría
hemos	hubimos	habremos	habíamos	habríamos
habéis	hubisteis	habréis	habíais	habríais
han	hubieron	habrán	habían	habrían

Antepresente	Antepretérito	Antefuturo	Antecopretérito	Antepospretérito
ha habido	hubo habido	habrá habido	había habido	habría habido

SUBJUNTIVO

Presente	Pretérito	Futuro
haya	hubiera o hubiese	hubiere
hayas	hubieras o hubieses	hubieres
haya	hubiera o hubiese	hubiere
hayamos	hubiéramos o hubiésemos	hubiéremos
hayáis	hubierais o hubieseis	hubiereis
hayan	hubieran o hubiesen	hubieren

Antepresente	Antepretérito	Antefuturo
haya habido	hubiera o hubiese habido	hubiere habido

IMPERATIVO

____ (tú)
____ (usted)
____ (vosotros-as)
____ (ustedes)

23 — hacer

INDICATIVO

Presente	Pretérito	Futuro	Copretérito	Pospretérito
hago	hice	haré	hacía	haría
haces	hiciste	harás	hacías	harías
hace	hizo	hará	hacía	haría
hacemos	hicimos	haremos	hacíamos	haríamos
hacéis	hicisteis	haréis	hacíais	haríais
hacen	hicieron	harán	hacían	harían

Antepresente	Antepretérito	Antefuturo	Antecopretérito	Antepospretérito
he hecho	hube hecho	habré hecho	había hecho	habría hecho
has hecho	hubiste hecho	habrás hecho	habías hecho	habrías hecho
ha hecho	hubo hecho	habrá hecho	había hecho	habría hecho
hemos hecho	hubimos hecho	habremos hecho	habíamos hecho	habríamos hecho
habéis hecho	hubisteis hecho	habréis hecho	habíais hecho	habríais hecho
han hecho	hubieron hecho	habrán hecho	habían hecho	habrían hecho

SUBJUNTIVO

Presente	Pretérito	Futuro
haga	hiciera o hiciese	hiciere
hagas	hicieras o hicieses	hicieres
haga	hiciera o hiciese	hiciere
hagamos	hiciéramos o hiciésemos	hiciéremos
hagáis	hicierais o hicieseis	hiciereis
hagan	hicieran o hiciesen	hicieren

Antepresente	Antepretérito	Antefuturo
haya hecho	hubiera o hubiese hecho	hubiere hecho
hayas hecho	hubieras o hubieses hecho	hubieres hecho
haya hecho	hubiera o hubiese hecho	hubiere hecho
hayamos hecho	hubiéramos o hubiésemos hecho	hubiéremos hecho
hayáis hecho	hubierais o hubieseis hecho	hubiereis hecho
hayan hecho	hubieran o hubiesen hecho	hubieren hecho

IMPERATIVO
haz (tú)
haga (usted)
haced (vosotros-as)
hagan (ustedes)

24 — perder

INDICATIVO

Presente	Pretérito	Futuro	Copretérito	Pospretérito
pierdo	perdí	perderé	perdía	perdería
pierdes	perdiste	perderás	perdías	perderías
pierde	perdió	perderá	perdía	perdería
perdemos	perdimos	perderemos	perdíamos	perderíamos
perdéis	perdisteis	perderéis	perdíais	perderíais
pierden	perdieron	perderán	perdían	perderían

Antepresente	Antepretérito	Antefuturo	Antecopretérito	Antepospretérito
he perdido	hube perdido	habré perdido	había perdido	habría perdido
has perdido	hubiste perdido	habrás perdido	habías perdido	habrías perdido
ha perdido	hubo perdido	habrá perdido	había perdido	habría perdido
hemos perdido	hubimos perdido	habremos perdido	habíamos perdido	habríamos perdido
habéis perdido	hubisteis perdido	habréis perdido	habíais perdido	habríais perdido
han perdido	hubieron perdido	habrán perdido	habían perdido	habrían perdido

SUBJUNTIVO

Presente	Pretérito	Futuro
pierda	perdiera o perdiese	perdiere
pierdas	perdieras o perdieses	perdieres
pierda	perdiera o perdiese	perdiere
perdamos	perdiéramos o perdiésemos	perdiéremos
perdáis	perdierais o perdieseis	perdiereis
pierdan	perdieran o perdiesen	perdieren

Antepresente	Antepretérito	Antefuturo
haya perdido	hubiera o hubiese perdido	hubiere perdido
hayas perdido	hubieras o hubieses perdido	hubieres perdido
haya perdido	hubiera o hubiese perdido	hubiere perdido
hayamos perdido	hubiéramos o hubiésemos perdido	hubiéremos perdido
hayáis perdido	hubierais o hubieseis perdido	hubiereis perdido
hayan perdido	hubieran o hubiesen perdido	hubieren perdido

IMPERATIVO
pierde (tú)
pierda (usted)
perded (vosotros-as)
pierdan (ustedes)

25

querer

INDICATIVO

Presente	Pretérito	Futuro	Copretérito	Pospretérito
quiero	quise	querré	quería	querría
quieres	quisiste	querrás	querías	querrías
quiere	quiso	querrá	quería	querría
queremos	quisimos	querremos	queríamos	querríamos
queréis	quisisteis	querréis	queríais	querríais
quieren	quisieron	querrán	querían	querrían

Antepresente	Antepretérito	Antefuturo	Antecopretérito	Antepospretérito
he querido	hube querido	habré querido	había querido	habría querido
has querido	hubiste querido	habrás querido	habías querido	habrías querido
ha querido	hubo querido	habrá querido	había querido	habría querido
hemos querido	hubimos querido	habremos querido	habíamos querido	habríamos querido
habéis querido	hubisteis querido	habréis querido	habíais querido	habríais querido
han querido	hubieron querido	habrán querido	habían querido	habrían querido

SUBJUNTIVO

Presente	Pretérito	Futuro
quiera	quisiera o quisiese	quisiere
quieras	quisieras o quisieses	quisieres
quiera	quisiera o quisiese	quisiere
queramos	quisiéramos o quisiésemos	quisiéremos
queráis	quisierais o quisieseis	quisiereis
quieran	quisieran o quisiesen	quisieren

Antepresente	Antepretérito	Antefuturo
haya querido	hubiera o hubiese querido	hubiere querido
hayas querido	hubieras o hubieses querido	hubieres querido
haya querido	hubiera o hubiese querido	hubiere querido
hayamos querido	hubiéramos o hubiésemos querido	hubiéremos querido
hayáis querido	hubierais o hubieseis querido	hubiereis querido
hayan querido	hubieran o hubiesen querido	hubieren querido

IMPERATIVO

quiere (tú)
quiera (usted)
quered (vosotros-as)
quieran (ustedes)

26

tener

INDICATIVO

Presente	Pretérito	Futuro	Copretérito	Pospretérito
tengo	tuve	tendré	tenía	tendría
tienes	tuviste	tendrás	tenías	tendrías
tiene	tuvo	tendrá	tenía	tendría
tenemos	tuvimos	tendremos	teníamos	tendríamos
tenéis	tuvisteis	tendréis	teníais	tendríais
tienen	tuvieron	tendrán	tenían	tendrían

Antepresente	Antepretérito	Antefuturo	Antecopretérito	Antepospretérito
he tenido	hube tenido	habré tenido	había tenido	habría tenido
has tenido	hubiste tenido	habrás tenido	habías tenido	habrías tenido
ha tenido	hubo tenido	habrá tenido	había tenido	habría tenido
hemos tenido	hubimos tenido	habremos tenido	habíamos tenido	habríamos tenido
habéis tenido	hubisteis tenido	habréis tenido	habíais tenido	habríais tenido
han tenido	hubieron tenido	habrán tenido	habían tenido	habrían tenido

SUBJUNTIVO

Presente	Pretérito	Futuro
tenga	tuviera o tuviese	tuviere
tengas	tuvieras o tuvieses	tuvieres
tenga	tuviera o tuviese	tuviere
tengamos	tuviéramos o tuviésemos	tuviéremos
tengáis	tuvierais o tuvieseis	tuviereis
tengan	tuvieran o tuviesen	tuvieren

Antepresente	Antepretérito	Antefuturo
haya tenido	hubiera o hubiese tenido	hubiere tenido
hayas tenido	hubieras o hubieses tenido	hubieres tenido
haya tenido	hubiera o hubiese tenido	hubiere tenido
hayamos tenido	hubiéramos o hubiésemos tenido	hubiéremos tenido
hayáis tenido	hubierais o hubieseis tenido	hubiereis tenido
hayan tenido	hubieran o hubiesen tenido	hubieren tenido

IMPERATIVO

ten (tú)
tenga (usted)
tened (vosotros-as)
tengan (ustedes)

27

poner

INDICATIVO

Presente	Pretérito	Futuro	Copretérito	Pospretérito
pongo	puse	pondré	ponía	pondría
pones	pusiste	pondrás	ponías	pondrías
pone	puso	pondrá	ponía	pondría
ponemos	pusimos	pondremos	poníamos	pondríamos
ponéis	pusisteis	pondréis	poníais	pondríais
ponen	pusieron	pondrán	ponían	pondrían

Antepresente	Antepretérito	Antefuturo	Antecopretérito	Antepospretérito
he puesto	hube puesto	habré puesto	había puesto	habría puesto
has puesto	hubiste puesto	habrás puesto	habías puesto	habrías puesto
ha puesto	hubo puesto	habrá puesto	había puesto	habría puesto
hemos puesto	hubimos puesto	habremos puesto	habíamos puesto	habríamos puesto
habéis puesto	hubisteis puesto	habréis puesto	habíais puesto	habríais puesto
han puesto	hubieron puesto	habrán puesto	habían puesto	habrían puesto

SUBJUNTIVO

Presente	Pretérito	Futuro
ponga	pusiera o pusiese	pusiere
pongas	pusieras o pusieses	pusieres
ponga	pusiera o pusiese	pusiere
pongamos	pusiéramos o pusiésemos	pusiéremos
pongáis	pusierais o pusieseis	pusiereis
pongan	pusieran o pusiesen	pusieren

Antepresente	Antepretérito	Antefuturo
haya puesto	hubiera o hubiese puesto	hubiere puesto
hayas puesto	hubieras o hubieses puesto	hubieres puesto
haya puesto	hubiera o hubiese puesto	hubiere puesto
hayamos puesto	hubiéramos o hubiésemos puesto	hubiéremos puesto
hayáis puesto	hubierais o hubieseis puesto	hubiereis puesto
hayan puesto	hubieran o hubiesen puesto	hubieren puesto

IMPERATIVO

pon (tú)
ponga (usted)
poned (vosotros-as)
pongan (ustedes)

28

poder

INDICATIVO

Presente	Pretérito	Futuro	Copretérito	Pospretérito
puedo	pude	podré	podía	podría
puedes	pudiste	podrás	podías	podrías
puede	pudo	podrá	podía	podría
podemos	pudimos	podremos	podíamos	podríamos
podéis	pudisteis	podréis	podíais	podríais
pueden	pudieron	podrán	podían	podrían

Antepresente	Antepretérito	Antefuturo	Antecopretérito	Antepospretérito
he podido	hube podido	habré podido	había podido	habría podido
has podido	hubiste podido	habrás podido	habías podido	habrías podido
ha podido	hubo podido	habrá podido	había podido	habría podido
hemos podido	hubimos podido	habremos podido	habíamos podido	habríamos podido
habéis podido	hubisteis podido	habréis podido	habíais podido	habríais podido
han podido	hubieron podido	habrán podido	habían podido	habrían podido

SUBJUNTIVO

Presente	Pretérito	Futuro
pueda	pudiera o pudiese	pudiere
puedas	pudieras o pudieses	pudieres
pueda	pudiera o pudiese	pudiere
podamos	pudiéramos o pudiésemos	pudiéremos
podáis	pudierais o pudieseis	pudiereis
puedan	pudieran o pudiesen	pudieren

Antepresente	Antepretérito	Antefuturo
haya podido	hubiera o hubiese podido	hubiere podido
hayas podido	hubieras o hubieses podido	hubieres podido
haya podido	hubiera o hubiese podido	hubiere podido
hayamos podido	hubiéramos o hubiésemos podido	hubiéremos podido
hayáis podido	hubierais o hubieseis podido	hubiereis podido
hayan podido	hubieran o hubiesen podido	hubieren podido

IMPERATIVO

puede (tú)
pueda (usted)
poded (vosotros-as)
puedan (ustedes)

244

29

volver

INDICATIVO

Presente	Pretérito	Futuro	Copretérito	Pospretérito
vuelvo	volví	volveré	volvía	volvería
vuelves	volviste	volverás	volvías	volverías
vuelve	volvió	volverá	volvía	volvería
volvemos	volvimos	volveremos	volvíamos	volveríamos
volvéis	volvisteis	volveréis	volvíais	volveríais
vuelven	volvieron	volverán	volvían	volverían

Antepresente	Antepretérito	Antefuturo	Antecopretérito	Antepospretérito
he vuelto	hube vuelto	habré vuelto	había vuelto	habría vuelto
has vuelto	hubiste vuelto	habrás vuelto	habías vuelto	habrías vuelto
ha vuelto	hubo vuelto	habrá vuelto	había vuelto	habría vuelto
hemos vuelto	hubimos vuelto	habremos vuelto	habíamos vuelto	habríamos vuelto
habéis vuelto	hubisteis vuelto	habréis vuelto	habíais vuelto	habríais vuelto
han vuelto	hubieron vuelto	habrán vuelto	habían vuelto	habrían vuelto

SUBJUNTIVO

Presente	Pretérito	Futuro
vuelva	volviera o volviese	volviere
vuelvas	volvieras o volvieses	volvieres
vuelva	volviera o volviese	volviere
volvamos	volviéramos o volviésemos	volviéremos
volváis	volvierais o volvieseis	volviereis
vuelvan	volvieran o volviesen	volvieren

Antepresente	Antepretérito	Antefuturo
haya vuelto	hubiera o hubiese vuelto	hubiere vuelto
hayas vuelto	hubieras o hubieses vuelto	hubieres vuelto
haya vuelto	hubiera o hubiese vuelto	hubiere vuelto
hayamos vuelto	hubiéramos o hubiésemos vuelto	hubiéremos vuelto
hayáis vuelto	hubierais o hubieseis vuelto	hubiereis vuelto
hayan vuelto	hubieran o hubiesen vuelto	hubieren vuelto

IMPERATIVO

vuelve (tú)
vuelva (usted)
volved (vosotros-as)
vuelvan (ustedes)

30

cocer

INDICATIVO

Presente	Pretérito	Futuro	Copretérito	Pospretérito
cuezo	cocí	coceré	cocía	cocería
cueces	cociste	cocerás	cocías	cocerías
cuece	coció	cocerá	cocía	cocería
cocemos	cocimos	coceremos	cocíamos	coceríamos
cocéis	cocisteis	coceréis	cocíais	coceríais
cuecen	cocieron	cocerán	cocían	cocerían

Antepresente	Antepretérito	Antefuturo	Antecopretérito	Antepospretérito
he cocido	hube cocido	habré cocido	había cocido	habría cocido
has cocido	hubiste cocido	habrás cocido	habías cocido	habrías cocido
ha cocido	hubo cocido	habrá cocido	había cocido	habría cocido
hemos cocido	hubimos cocido	habremos cocido	habíamos cocido	habríamos cocido
habéis cocido	hubisteis cocido	habréis cocido	habíais cocido	habríais cocido
han cocido	hubieron cocido	habrán cocido	habían cocido	habrían cocido

SUBJUNTIVO

Presente	Pretérito	Futuro
cueza	cociera o cociese	cociere
cuezas	cocieras o cocieses	cocieres
cueza	cociera o cociese	cociere
cozamos	cociéramos o cociésemos	cociéremos
cozáis	cocierais o cocieseis	cociereis
cuezan	cocieran o cociesen	cocieren

Antepresente	Antepretérito	Antefuturo
haya cocido	hubiera o hubiese cocido	hubiere cocido
hayas cocido	hubieras o hubieses cocido	hubieres cocido
haya cocido	hubiera o hubiese cocido	hubiere cocido
hayamos cocido	hubiéramos o hubiésemos cocido	hubiéremos cocido
hayáis cocido	hubierais o hubieseis cocido	hubiereis cocido
hayan cocido	hubieran o hubiesen cocido	hubieren cocido

IMPERATIVO

cuece (tú)
cueza (usted)
coced (vosotros-as)
cuezan (ustedes)

31

ver

INDICATIVO

Presente	Pretérito	Futuro	Copretérito	Pospretérito
veo	vi	veré	veía	vería
ves	viste	verás	veías	verías
ve	vio	verá	veía	vería
vemos	vimos	veremos	veíamos	veríamos
veis	visteis	veréis	veíais	veríais
ven	vieron	verán	veían	verían

Antepresente	Antepretérito	Antefuturo	Antecopretérito	Antepospretérito
he visto	hube visto	habré visto	había visto	habría visto
has visto	hubiste visto	habrás visto	habías visto	habrías visto
ha visto	hubo visto	habrá visto	había visto	habría visto
hemos visto.	hubimos visto	habremos visto	habíamos visto	habríamos visto
habéis visto	hubisteis visto	habréis visto	habíais visto	habríais visto
han visto	hubieron visto	habrán visto	habían visto	habrían visto

SUBJUNTIVO

Presente	Pretérito	Futuro
vea	viera o viese.	viere
veas	vieras o vieses	vieres
vea	viera o viese	viere
veamos	viéramos o viésemos	viéremos
veáis	vierais o vieseis	viereis
vean	vieran o viesen	vieren

Antepresente	Antepretérito	Antefuturo
haya visto	hubiera o hubiese visto	hubiere visto
hayas visto	hubieras o hubieses visto	hubieres visto
haya visto	hubiera o hubiese visto	hubiere visto
hayamos visto	hubiéramos o hubiésemos visto	hubiéremos visto
hayáis visto	hubierais o hubieseis visto	hubiereis visto
hayan visto	hubieran o hubiesen visto	hubieren visto

IMPERATIVO

ve (tú)
vea (usted)
ved (vosotros-as)
vean (ustedes)

32

leer

INDICATIVO

Presente	Pretérito	Futuro	Copretérito	Pospretérito
leo	leí	leeré	leía	leería
lees	leíste	leerás	leías	leerías
lee	leyó	leerá	leía	leería
leemos	leímos	leeremos	leíamos	leeríamos
leéis	leísteis	leeréis	leíais	leeríais
leen	leyeron	leerán	leían	leerían

Antepresente	Antepretérito	Antefuturo	Antecopretérito	Antepospretérito
he leído	hube leído	habré leído	había leído	habría leído
has leído	hubiste leído	habrás leído	habías leído	habrías leído
ha leído	hubo leído	habrá leído	había leído	habría leído
hemos leído	hubimos leído	habremos leído	habíamos leído	habríamos leído
habéis leído	hubisteis leído	habréis leído	habíais leído	habríais leído
han leído	hubieron leído	habrán leído	habían leído	habrían leído

SUBJUNTIVO

Presente	Pretérito	Futuro
lea	leyera o leyese	leyere
leas	leyeras o leyeses	leyeres
lea	leyera o leyese	leyere
leamos	leyéramos o leyésemos	leyéremos
leáis	leyerais o leyeseis	leyereis
lean	leyeran o leyesen	leyeren

Antepresente	Antepretérito	Antefuturo
haya leído	hubiera o hubiese leído	hubiere leído
hayas leído	hubieras o hubieses leído	hubieres leído
haya leído	hubiera o hubiese leído	hubiere leído
hayamos leído	hubiéramos o hubiésemos leído	hubiéremos leído
hayáis leído	hubierais o hubieseis leído	hubiereis leído
hayan leído	hubieran o hubiesen leído	hubieren leído

IMPERATIVO

lee (tú)
lea (usted)
leed (vosotros-as)
lean (ustedes)

33

oler

INDICATIVO

Presente	Pretérito	Futuro	Copretérito	Pospretérito
huelo	olí	oleré	olía	olería
hueles	oliste	olerás	olías	olerías
huele	olió	olerá	olía	olería
olemos	olimos	oleremos	olíamos	oleríamos
oléis	olisteis	oleréis	olíais	oleríais
huelen	olieron	olerán	olían	olerían

Antepresente	Antepretérito	Antefuturo	Antecopretérito	Antepospretérito
he olido	hube olido	habré olido	había olido	habría olido
has olido	hubiste olido	habrás olido	habías olido	habrías olido
ha olido	hubo olido	habrá olido	había olido	habría olido
hemos olido	hubimos olido	habremos olido	habíamos olido	habríamos olido
habéis olido	hubisteis olido	habréis olido	habíais olido	habríais olido
han olido	hubieron olido	habrán olido	habían olido	habrían olido

SUBJUNTIVO

Presente	Pretérito	Futuro
huela	oliera u oliese	oliere
huelas	olieras u olieses	olieres
huela	oliera u oliese	oliere
olamos	oliéramos u oliésemos	oliéremos
oláis	olierais u olieseis	oliereis
huelan	olieran u oliesen	olieren

Antepresente	Antepretérito	Antefuturo
haya olido	hubiera o hubiese olido	hubiere olido
hayas olido	hubieras o hubieses olido	hubieres olido
haya olido	hubiera o hubiese olido	hubiere olido
hayamos olido	hubiéramos o hubiésemos olido	hubiéremos olido
hayáis olido	hubierais o hubieseis olido	hubiereis olido
hayan olido	hubieran o hubiesen olido	hubieren olido

IMPERATIVO

huele (tú)
huela (usted)
oled (vosotros-as)
huelan (ustedes)

34

valer

INDICATIVO

Presente	Pretérito	Futuro	Copretérito	Pospretérito
valgo	valí	valdré	valía	valdría
vales	valiste	valdrás	valías	valdrías
vale	valió	valdrá	valía	valdría
valemos	valimos	valdremos	valíamos	valdríamos
valéis	valisteis	valdréis	valíais	valdríais
valen	valieron	valdrán	valían	valdrían

Antepresente	Antepretérito	Antefuturo	Antecopretérito	Antepospretérito
he valido	hube valido	habré valido	había valido	habría valido
has valido	hubiste valido	habrás valido	habías valido	habrías valido
ha valido	hubo valido	habrá valido	había valido	habría valido
hemos valido	hubimos valido	habremos valido	habíamos valido	habríamos valido
habéis valido	hubisteis valido	habréis valido	habíais valido	habríais valido
han valido	hubieron valido	habrán valido	habían valido	habrían valido

SUBJUNTIVO

Presente	Pretérito	Futuro
valga	valiera o valiese	valiere
valgas	valieras o valieses	valieres
valga	valiera o valiese	valiere
valgamos	valiéramos o valiésemos	valiéremos
valgáis	valierais o valieseis	valiereis
valgan	valieran o valiesen	valieren

Antepresente	Antepretérito	Antefuturo
haya valido	hubiera o hubiese valido	hubiere valido
hayas valido	hubieras o hubieses valido	hubieres valido
haya valido	hubiera o hubiese valido	hubiere valido
hayamos valido	hubiéramos o hubiésemos valido	hubiéremos valido
hayáis valido	hubierais o hubieseis valido	hubiereis valido
hayan valido	hubieran o hubiesen valido	hubieren valido

IMPERATIVO

vale (tú)
valga (usted)
valed (vosotros-as)
valgan (ustedes)

35 — caber

INDICATIVO

Presente	Pretérito	Futuro	Copretérito	Pospretérito
quepo	cupe	cabré	cabía	cabría
cabes	cupiste	cabrás	cabías	cabrías
cabe	cupo	cabrá	cabía	cabría
cabemos	cupimos	cabremos	cabíamos	cabríamos
cabéis	cupisteis	cabréis	cabíais	cabríais
caben	cupieron	cabrán	cabían	cabrían

Antepresente	Antepretérito	Antefuturo	Antecopretérito	Antepospretérito
he cabido	hube cabido	habré cabido	había cabido	habría cabido
has cabido	hubiste cabido	habrás cabido	habías cabido	habrías cabido
ha cabido	hubo cabido	habrá cabido	había cabido	habría cabido
hemos cabido	hubimos cabido	habremos cabido	habíamos cabido	habríamos cabido
habéis cabido	hubisteis cabido	habréis cabido	habíais cabido	habríais cabido
han cabido	hubieron cabido	habrán cabido	habían cabido	habrían cabido

SUBJUNTIVO

Presente	Pretérito	Futuro
quepa	cupiera o cupiese	cupiere
quepas	cupieras o cupieses	cupieres
quepa	cupiera o cupiese	cupiere
quepamos	cupiéramos o cupiésemos	cupiéremos
quepáis	cupierais o cupieseis	cupiereis
quepan	cupieran o cupiesen	cupieren

Antepresente	Antepretérito	Antefuturo
haya cabido	hubiera o hubiese cabido	hubiere cabido
hayas cabido	hubieras o hubieses cabido	hubieres cabido
haya cabido	hubiera o hubiese cabido	hubiere cabido
hayamos cabido	hubiéramos o hubiésemos cabido	hubiéremos cabido
hayáis cabido	hubierais o hubieseis cabido	hubiereis cabido
hayan cabido	hubieran o hubiesen cabido	hubieren cabido

IMPERATIVO

cabe (tú)
quepa (usted)
cabed (vosotros-as)
quepan (ustedes)

36 — saber

INDICATIVO

Presente	Pretérito	Futuro	Copretérito	Pospretérito
sé	supe	sabré	sabía	sabría
sabes	supiste	sabrás	sabías	sabrías
sabe	supo	sabrá	sabía	sabría
sabemos	supimos	sabremos	sabíamos	sabríamos
sabéis	supisteis	sabréis	sabíais	sabríais
saben	supieron	sabrán	sabían	sabrían

Antepresente	Antepretérito	Antefuturo	Antecopretérito	Antepospretérito
he sabido	hube sabido	habré sabido	había sabido	habría sabido
has sabido	hubiste sabido	habrás sabido	habías sabido	habrías sabido
ha sabido	hubo sabido	habrá sabido	había sabido	habría sabido
hemos sabido	hubimos sabido	habremos sabido	habíamos sabido	habríamos sabido
habéis sabido	hubisteis sabido	habréis sabido	habíais sabido	habríais sabido
han sabido	hubieron sabido	habrán sabido	habían sabido	habrían sabido

SUBJUNTIVO

Presente	Pretérito	Futuro
sepa	supiera o supiese	supiere
sepas	supieras o supieses	supieres
sepa	supiera o supiese	supiere
sepamos	supiéramos o supiésemos	supiéremos
sepáis	supierais o supieseis	supiereis
sepan	supieran o supiesen	supieren

Antepresente	Antepretérito	Antefuturo
haya sabido	hubiera o hubiese sabido	hubiere sabido
hayas sabido	hubieras o hubieses sabido	hubieres sabido
haya sabido	hubiera o hubiese sabido	hubiere sabido
hayamos sabido	hubiéramos o hubiésemos sabido	hubiéremos sabido
hayáis sabido	hubierais o hubieseis sabido	hubiereis sabido
hayan sabido	hubieran o hubiesen sabido	hubieren sabido

IMPERATIVO

sabe (tú)
sepa (usted)
sabed (vosotros-as)
sepan (ustedes)

37

caer

INDICATIVO

Presente	Pretérito	Futuro	Copretérito	Pospretérito
caigo	caí	caeré	caía	caería
caes	caíste	caerás	caías	caerías
cae	cayó	caerá	caía	caería
caemos	caímos	caeremos	caíamos	caeríamos
caéis	caísteis	caeréis	caíais	caeríais
caen	cayeron	caerán	caían	caerían

Antepresente	Antepretérito	Antefuturo	Antecopretérito	Antepospretérito
he caído	hube caído	habré caído	había caído	habría caído
has caído	hubiste caído	habrás caído	habías caído	habrías caído
ha caído	hubo caído	habrá caído	había caído	habría caído
hemos caído	hubimos caído	habremos caído	habíamos caído	habríamos caído
habéis caído	hubisteis caído	habréis caído	habíais caído	habríais caído
han caído	hubieron caído	habrán caído	habían caído	habrían caído

SUBJUNTIVO

Presente	Pretérito	Futuro
caiga	cayera o cayese	cayere
caigas	cayeras o cayeses	cayeres
caiga	cayera o cayese	cayere
caigamos	cayéramos o cayésemos	cayéremos
caigáis	cayerais o cayeseis	cayereis
caigan	cayeran o cayesen	cayeren

Antepresente	Antepretérito	Antefuturo
haya caído	hubiera o hubiese caído	hubiere caído
hayas caído	hubieras o hubieses caído	hubieres caído
haya caído	hubiera o hubiese caído	hubiere caído
hayamos caído	hubiéramos o hubiésemos caído	hubiéremos caído
hayáis caído	hubierais o hubieseis caído	hubiereis caído
hayan caído	hubieran o hubiesen caído	hubieren caído

IMPERATIVO

cae (tú)
caiga (usted)
caed (vosotros-as)
caigan (ustedes)

38

traer

INDICATIVO

Presente	Pretérito	Futuro	Copretérito	Pospretérito
traigo	traje	traeré	traía	traería
traes	trajiste	traerás	traías	traerías
trae	trajo	traerá	traía	traería
traemos	trajimos	traeremos	traíamos	traeríamos
traéis	trajisteis	traeréis	traíais	traeríais
traen	trajeron	traerán	traían	traerían

Antepresente	Antepretérito	Antefuturo	Antecopretérito	Antepospretérito
he traído	hube traído	habré traído	había traído	habría traído
has traído	hubiste traído	habrás traído	habías traído	habrías traído
ha traído	hubo traído	habrá traído	había traído	habría traído
hemos traído	hubimos traído	habremos traído	habíamos traído	habríamos traído
habéis traído	hubisteis traído	habréis traído	habíais traído	habríais traído
han traído	hubieron traído	habrán traído	habían traído	habrían traído

SUBJUNTIVO

Presente	Pretérito	Futuro
traiga	trajera o trajese	trajere
traigas	trajeras o trajeses	trajeres
traiga	trajera o trajese	trajere
traigamos	trajéramos o trajésemos	trajéremos
traigáis	trajerais o trajeseis	trajereis
traigan	trajeran o trajesen	trajeren

Antepresente	Antepretérito	Antefuturo
haya traído	hubiera o hubiese traído	hubiere traído
hayas traído	hubieras o hubieses traído	hubieres traído
haya traído	hubiera o hubiese traído	hubiere traído
hayamos traído	hubiéramos o hubiésemos traído	hubiéremos traído
hayáis traído	hubierais o hubieseis traído	hubiereis traído
hayan traído	hubieran o hubiesen traído	hubieren traído

IMPERATIVO

trae (tú)
traiga (usted)
traed (vosotros-as)
traigan (ustedes)

39 — crecer

INDICATIVO

Presente	Pretérito	Futuro	Copretérito	Pospretérito
crezco	crecí	creceré	crecía	crecería
creces	creciste	crecerás	crecías	crecerías
crece	creció	crecerá	crecía	crecería
crecemos	crecimos	creceremos	crecíamos	creceríamos
crecéis	crecisteis	creceréis	crecíais	creceríais
crecen	crecieron	crecerán	crecían	crecerían

Antepresente	Antepretérito	Antefuturo	Antecopretérito	Antepospretérito
he crecido	hube crecido	habré crecido	había crecido	habría crecido
has crecido	hubiste crecido	habrás crecido	habías crecido	habrías crecido
ha crecido	hubo crecido	habrá crecido	había crecido	habría crecido
hemos crecido	hubimos crecido	habremos crecido	habíamos crecido	habríamos crecido
habéis crecido	hubisteis crecido	habréis crecido	habíais crecido	habríais crecido
han crecido	hubieron crecido	habrán crecido	habían crecido	habrían crecido

SUBJUNTIVO

Presente	Pretérito	Futuro
crezca	creciera o creciese	creciere
crezcas	crecieras o crecieses	crecieres
crezca	creciera o creciese	creciere
crezcamos	creciéramos o creciésemos	creciéremos
crezcáis	crecierais o crecieseis	creciereis
crezcan	crecieran o creciesen	crecieren

Antepresente	Antepretérito	Antefuturo
haya crecido	hubiera o hubiese crecido	hubiere crecido
hayas crecido	hubieras o hubieses crecido	hubieres crecido
haya crecido	hubiera o hubiese crecido	hubiere crecido
hayamos crecido	hubiéramos o hubiésemos crecido	hubiéremos crecido
hayáis crecido	hubierais o hubieseis crecido	hubiereis crecido
hayan crecido	hubieran o hubiesen crecido	hubieren crecido

IMPERATIVO

crece (tú)
crezca (usted)
creced (vosotros-as)
crezcan (ustedes)

40 — vencer

INDICATIVO

Presente	Pretérito	Futuro	Copretérito	Pospretérito
venzo	vencí	venceré	vencía	vencería
vences	venciste	vencerás	vencías	vencerías
vence	venció	vencerá	vencía	vencería
vencemos	vencimos	venceremos	vencíamos	venceríamos
vencéis	vencisteis	venceréis	vencíais	venceríais
vencen	vencieron	vencerán	vencían	vencerían

Antepresente	Antepretérito	Antefuturo	Antecopretérito	Antepospretérito
he vencido	hube vencido	habré vencido	había vencido	habría vencido
has vencido	hubiste vencido	habrás vencido	habías vencido	habrías vencido
ha vencido	hubo vencido	habrá vencido	había vencido	habría vencido
hemos vencido	hubimos vencido	habremos vencido	habíamos vencido	habríamos vencido
habéis vencido	hubisteis vencido	habréis vencido	habíais vencido	habríais vencido
han vencido	hubieron vencido	habrán vencido	habían vencido	habrían vencido

SUBJUNTIVO

Presente	Pretérito	Futuro
venza	venciera o venciese	venciere
venzas	vencieras o vencieses	vencieres
venza	venciera o venciese	venciere
venzamos	venciéramos o venciésemos	venciéremos
venzáis	vencierais o vencieseis	venciereis
venzan	vencieran o venciesen	vencieren

Antepresente	Antepretérito	Antefuturo
haya vencido	hubiera o hubiese vencido	hubiere vencido
hayas vencido	hubieras o hubieses vencido	hubieres vencido
haya vencido	hubiera o hubiese vencido	hubiere vencido
hayamos vencido	hubiéramos o hubiésemos vencido	hubiéremos vencido
hayáis vencido	hubierais o hubieseis vencido	hubiereis vencido
hayan vencido	hubieran o hubiesen vencido	hubieren vencido

IMPERATIVO

vence (tú)
venza (usted)
venced (vosotros-as)
venzan (ustedes)

41

coger

INDICATIVO

Presente	Pretérito	Futuro	Copretérito	Pospretérito
cojo	cogí	cogeré	cogía	cogería
coges	cogiste	cogerás	cogías	cogerías
coge	cogió	cogerá	cogía	cogería
cogemos	cogimos	cogeremos	cogíamos	cogeríamos
cogéis	cogisteis	cogeréis	cogíais	cogeríais
cogen	cogieron	cogerán	cogían	cogerían

Antepresente	Antepretérito	Antefuturo	Antecopretérito	Antepospretérito
he cogido	hube cogido	habré cogido	había cogido	habría cogido
has cogido	hubiste cogido	habrás cogido	habías cogido	habrías cogido
ha cogido	hubo cogido	habrá cogido	había cogido	habría cogido
hemos cogido	hubimos cogido	habremos cogido	habíamos cogido	habríamos cogido
habéis cogido	hubisteis cogido	habréis cogido	habíais cogido	habríais cogido
han cogido	hubieron cogido	habrán cogido	habían cogido	habrían cogido

SUBJUNTIVO

Presente	Pretérito	Futuro
coja	cogiera o cogiese	cogiere
cojas	cogieras o cogieses	cogieres
coja	cogiera o cogiese	cogiere
cojamos	cogiéramos o cogiésemos	cogiéremos
cojáis	cogierais o cogieseis	cogiereis
cojan	cogieran o cogiesen	cogieren

Antepresente	Antepretérito	Antefuturo
haya cogido	hubiera o hubiese cogido	hubiere cogido
hayas cogido	hubieras o hubieses cogido	hubieres cogido
haya cogido	hubiera o hubiese cogido	hubiere cogido
hayamos cogido	hubiéramos o hubiésemos cogido	hubiéremos cogido
hayáis cogido	hubierais o hubieseis cogido	hubiereis cogido
hayan cogido	hubieran o hubiesen cogido	hubieren cogido

IMPERATIVO

coge (tú)
coja (usted)
coged (vosotros-as)
cojan (ustedes)

42

tañer

INDICATIVO

Presente	Pretérito	Futuro	Copretérito	Pospretérito
taño	tañí	tañeré	tañía	tañería
tañes	tañiste	tañerás	tañías	tañerías
tañe	tañó	tañerá	tañía	tañería
tañemos	tañimos	tañeremos	tañíamos	tañeríamos
tañéis	tañisteis	tañeréis	tañíais	tañeríais
tañen	tañeron	tañerán	tañían	tañerían

Antepresente	Antepretérito	Antefuturo	Antecopretérito	Antepospretérito
he tañido	hube tañido	habré tañido	había tañido	habría tañido
has tañido	hubiste tañido	habrás tañido	habías tañido	habrías tañido
ha tañido	hubo tañido	habrá tañido	había tañido	habría tañido
hemos tañido	hubimos tañido	habremos tañido	habíamos tañido	habríamos tañido
habéis tañido	hubisteis tañido	habréis tañido	habíais tañido	habríais tañido
han tañido	hubieron tañido	habrán tañido	habían tañido	habrían tañido

SUBJUNTIVO

Presente	Pretérito	Futuro
taña	tañera o tañese	tañere
tañas	tañeras o tañeses	tañeres
taña	tañera o tañese	tañere
tañamos	tañéramos o tañésemos	tañéremos
tañáis	tañerais o tañeseis	tañereis
tañan	tañeran o tañesen	tañeren

Antepresente	Antepretérito	Antefuturo
haya tañido	hubiera o hubiese tañido	hubiere tañido
hayas tañido	hubieras o hubieses tañido	hubieres tañido
haya tañido	hubiera o hubiese tañido	hubiere tañido
hayamos tañido	hubiéramos o hubiésemos tañido	hubiéremos tañido
hayáis tañido	hubierais o hubieseis tañido	hubiereis tañido
hayan tañido	hubieran o hubiesen tañido	hubieren tañido

IMPERATIVO

tañe (tú)
taña (usted)
tañed (vosotros-as)
tañan (ustedes)

43

yacer

INDICATIVO

Presente	Pretérito	Futuro	Copretérito	Pospretérito
yazco o yazgo	yací	yaceré	yacía	yacería
yaces	yaciste	yacerás	yacías	yacerías
yace	yació	yacerá	yacía	yacería
yacemos	yacimos	yaceremos	yacíamos	yaceríamos
yacéis	yacisteis	yaceréis	yacíais	yaceríais
yacen	yacieron	yacerán	yacían	yacerían

Antepresente	Antepretérito	Antefuturo	Antecopretérito	Antepospretérito
he yacido	hube yacido	habré yacido	había yacido	habría yacido
has yacido	hubiste yacido	habrás yacido	habías yacido	habrías yacido
ha yacido	hubo yacido	habrá yacido	había yacido	habría yacido
hemos yacido	hubimos yacido	habremos yacido	habíamos yacido	habríamos yacido
habéis yacido	hubisteis yacido	habréis yacido	habíais yacido	habríais yacido
han yacido	hubieron yacido	habrán yacido	habían yacido	habrían yacido

SUBJUNTIVO

Presente	Pretérito	Futuro
yazca o yazga	yaciera o yaciese	yaciere
yazcas o yazgas	yacieras o yacieses	yacieres
yazca o yazga	yaciera o yaciese	yaciere
yazcamos o yazgamos	yaciéramos o yaciésemos	yaciéremos
yazcáis o yazgáis	yacierais o yacieseis	yaciereis
yazcan o yazgan	yacieran o yaciesen	yacieren

Antepresente	Antepretérito	Antefuturo
haya yacido	hubiera o hubiese yacido	hubiere yacido
hayas yacido	hubieras o hubieses yacido	hubieres yacido
haya yacido	hubiera o hubiese yacido	hubiere yacido
hayamos yacido	hubiéramos o hubiésemos yacido	hubiéremos yacido
hayáis yacido	hubierais o hubieseis yacido	hubiereis yacido
hayan yacido	hubieran o hubiesen yacido	hubieren yacido

IMPERATIVO

yace o yaz (tú)
yazca o yazga (usted)
yaced (vosotros-as)
yazcan o yazgan
(ustedes)

44

roer

INDICATIVO

Presente	Pretérito	Futuro	Copretérito	Pospretérito
roo o roigo	roí	roeré	roía	roería
roes	roíste	roerás	roías	roerías
roe	royó	roerá	roía	roería
roemos	roímos	roeremos	roíamos	roeríamos
roéis	roísteis	roeréis	roíais	roeríais
roen	royeron	roerán	roían	roerían

Antepresente	Antepretérito	Antefuturo	Antecopretérito	Antepospretérito
he roído	hube roído	habré roído	había roído	habría roído
has roído	hubiste roído	habrás roído	habías roído	habrías roído
ha roído	hubo roído	habrá roído	había roído	habría roído
hemos roído	hubimos roído	habremos roído	habíamos roído	habríamos roído
habéis roído	hubisteis roído	habréis roído	habíais roído	habríais roído
han roído	hubieron roído	habrán roído	habían roído	habrían roído

SUBJUNTIVO

Presente	Pretérito	Futuro
roa o roiga	royera o royese	royere
roas o roigas	royeras o royeses	royeres
roa o roiga	royera o royese	royere
roamos o roigamos	royéramos o royésemos	royéremos
roáis o roigáis	royerais o royeseis	royereis
roan o roigan	royeran o royesen	royeren

Antepresente	Antepretérito	Antefuturo
haya roído	hubiera o hubiese roído	hubiere roído
hayas roído	hubieras o hubieses roído	hubieres roído
haya roído	hubiera o hubiese roído	hubiere roído
hayamos roído	hubiéramos o hubiésemos roído	hubiéremos roído
hayáis roído	hubierais o hubieseis roído	hubiereis roído
hayan roído	hubieran o hubiesen roído	hubieren roído

IMPERATIVO

roe (tú)
roa o roiga (usted)
roed (vosotros-as)
roan o roigan (ustedes)

45

vivir

INDICATIVO

Presente	Pretérito	Futuro	Copretérito	Pospretérito
vivo	viví	viviré	vivía	viviría
vives	viviste	vivirás	vivías	vivirías
vive	vivió	vivirá	vivía	viviría
vivimos	vivimos	viviremos	vivíamos	viviríamos
vivís	vivisteis	viviréis	vivíais	viviríais
viven	vivieron	vivirán	vivían	vivirían

Antepresente	Antepretérito	Antefuturo	Antecopretérito	Antepospretérito
he vivido	hube vivido	habré vivido	había vivido	habría vivido
has vivido	hubiste vivido	habrás vivido	habías vivido	habrías vivido
ha vivido	hubo vivido	habrá vivido	había vivido	habría vivido
hemos vivido	hubimos vivido	habremos vivido	habíamos vivido	habríamos vivido
habéis vivido	hubisteis vivido	habréis vivido	habíais vivido	habríais vivido
han vivido	hubieron vivido	habrán vivido	habían vivido	habrían vivido

SUBJUNTIVO

Presente	Pretérito	Futuro
viva	viviera o viviese	viviere
vivas	vivieras o vivieses	vivieres
viva	viviera o viviese	viviere
vivamos	viviéramos o viviésemos	viviéremos
viváis	vivierais o vivieseis	viviereis
vivan	vivieran o viviesen	vivieren

Antepresente	Antepretérito	Antefuturo
haya vivido	hubiera o hubiese vivido	hubiere vivido
hayas vivido	hubieras o hubieses vivido	hubieres vivido
haya vivido	hubiera o hubiese vivido	hubiere vivido
hayamos vivido	hubiéramos o hubiésemos vivido	hubiéremos vivido
hayáis vivido	hubierais o hubieseis vivido	hubiereis vivido
hayan vivido	hubieran o hubiesen vivido	hubieren vivido

IMPERATIVO

vive (tú)
viva (usted)
vivid (vosotros-as)
vivan (ustedes)

46

ir

INDICATIVO

Presente	Pretérito	Futuro	Copretérito	Pospretérito
voy	fui	iré	iba	iría
vas	fuiste	irás	ibas	irías
va	fue	irá	iba	iría
vamos	fuimos	iremos	íbamos	iríamos
vais	fuisteis	iréis	ibais	iríais
van	fueron	irán	iban	irían

Antepresente	Antepretérito	Antefuturo	Antecopretérito	Antepospretérito
he ido	hube ido	habré ido	había ido	habría ido
has ido	hubiste ido	habrás ido	habías ido	habrías ido
ha ido	hubo ido	habrá ido	había ido	habría ido
hemos ido	hubimos ido	habremos ido	habíamos ido	habríamos ido
habéis ido	hubisteis ido	habréis ido	habíais ido	habríais ido
han ido	hubieron ido	habrán ido	habían ido	habrían ido

SUBJUNTIVO

Presente	Pretérito	Futuro
vaya	fuera o fuese	fuere
vayas	fueras o fueses	fueres
vaya	fuera o fuese	fuere
vayamos	fuéramos o fuésemos	fuéremos
vayáis	fuerais o fueseis	fuereis
vayan	fueran o fuesen	fueren

Antepresente	Antepretérito	Antefuturo
haya ido	hubiera o hubiese ido	hubiere ido
hayas ido	hubieras o hubieses ido	hubieres ido
haya ido	hubiera o hubiese ido	hubiere ido
hayamos ido	hubiéramos o hubiésemos ido	hubiéremos ido
hayáis ido	hubierais o hubieseis ido	hubiereis ido
hayan ido	hubieran o hubiesen ido	hubieren ido

IMPERATIVO

ve (tú)
vaya (usted)
id (vosotros-as)
vayan (ustedes)

47 — pedir

INDICATIVO

Presente	Pretérito	Futuro	Copretérito	Pospretérito
pido	pedí	pediré	pedía	pediría
pides	pediste	pedirás	pedías	pedirías
pide	pidió	pedirá	pedía	pediría
pedimos	pedimos	pediremos	pedíamos	pediríamos
pedís	pedisteis	pediréis	pedíais	pediríais
piden	pidieron	pedirán	pedían	pedirían

Antepresente	Antepretérito	Antefuturo	Antecopretérito	Antepospretérito
he pedido	hube pedido	habré pedido	había pedido	habría pedido
has pedido	hubiste pedido	habrás pedido	habías pedido	habrías pedido
ha pedido	hubo pedido	habrá pedido	había pedido	habría pedido
hemos pedido	hubimos pedido	habremos pedido	habíamos pedido	habríamos pedido
habéis pedido	hubisteis pedido	habréis pedido	habíais pedido	habríais pedido
han pedido	hubieron pedido	habrán pedido	habían pedido	habrían pedido

SUBJUNTIVO

Presente	Pretérito	Futuro
pida	pidiera o pidiese	pidiere
pidas	pidieras o pidieses	pidieres
pida	pidiera o pidiese	pidiere
pidamos	pidiéramos o pidiésemos	pidiéremos
pidáis	pidierais o pidieseis	pidiereis
pidan	pidieran o pidiesen	pidieren

Antepresente	Antepretérito	Antefuturo
haya pedido	hubiera o hubiese pedido	hubiere pedido
hayas pedido	hubieras o hubieses pedido	hubieres pedido
haya pedido	hubiera o hubiese pedido	hubiere pedido
hayamos pedido	hubiéramos o hubiésemos pedido	hubiéremos pedido
hayáis pedido	hubierais o hubieseis pedido	hubiereis pedido
hayan pedido	hubieran o hubiesen pedido	hubieren pedido

IMPERATIVO

pide (tú)
pida (usted)
pedid (vosotros-as)
pidan (ustedes)

48 — reír

INDICATIVO

Presente	Pretérito	Futuro	Copretérito	Pospretérito
río	reí	reiré	reía	reiría
ríes	reíste	reirás	reías	reirías
ríe	rió	reirá	reía	reiría
reímos	reímos	reiremos	reíamos	reiríamos
reís	reísteis	reiréis	reíais	reiríais
ríen	rieron	reirán	reían	reirían

Antepresente	Antepretérito	Antefuturo	Antecopretérito	Antepospretérito
he reído	hube reído	habré reído	había reído	habría reído
has reído	hubiste reído	habrás reído	habías reído	habrías reído
ha reído	hubo reído	habrá reído	había reído	habría reído
hemos reído	hubimos reído	habremos reído	habíamos reído	habríamos reído
habéis reído	hubisteis reído	habréis reído	habíais reído	habríais reído
han reído	hubieron reído	habrán reído	habían reído	habrían reído

SUBJUNTIVO

Presente	Pretérito	Futuro
ría	riera o riese	riere
rías	rieras o rieses	rieres
ría	riera o riese	riere
riamos	riéramos o riésemos	riéremos
riáis	rierais o rieseis	riereis
rían	rieran o riesen	rieren

Antepresente	Antepretérito	Antefuturo
haya reído	hubiera o hubiese reído	hubiere reído
hayas reído	hubieras o hubieses reído	hubieres reído
haya reído	hubiera o hubiese reído	hubiere reído
hayamos reído	hubiéramos o hubiésemos reído	hubiéremos reído
hayáis reído	hubierais o hubieseis reído	hubiereis reído
hayan reído	hubieran o hubiesen reído	hubieren reído

IMPERATIVO

ríe (tú)
ría (usted)
reíd (vosotros-as)
rían (ustedes)

49 — venir

INDICATIVO

Presente	Pretérito	Futuro	Copretérito	Pospretérito
vengo	vine	vendré	venía	vendría
vienes	viniste	vendrás	venías	vendrías
viene	vino	vendrá	venía	vendría
venimos	vinimos	vendremos	veníamos	vendríamos
venís	vinisteis	vendréis	veníais	vendríais
vienen	vinieron	vendrán	venían	vendrían

Antepresente	Antepretérito	Antefuturo	Antecopretérito	Antepospretérito
he venido	hube venido	habré venido	había venido	habría venido
has venido	hubiste venido	habrás venido	habías venido	habrías venido
ha venido	hubo venido	habrá venido	había venido	habría venido
hemos venido	hubimos venido	habremos venido	habíamos venido	habríamos venido
habéis venido	hubisteis venido	habréis venido	habíais venido	habríais venido
han venido	hubieron venido	habrán venido	habían venido	habrían venido

SUBJUNTIVO

Presente	Pretérito	Futuro
venga	viniera o viniese	viniere
vengas	vinieras o vinieses	vinieres
venga	viniera o viniese	viniere
vengamos	viniéramos o viniésemos	viniéremos
vengáis	vinierais o vinieseis	viniereis
vengan	vinieran o viniesen	vinieren

Antepresente	Antepretérito	Antefuturo
haya venido	hubiera o hubiese venido	hubiere venido
hayas venido	hubieras o hubieses venido	hubieres venido
haya venido	hubiera o hubiese venido	hubiere venido
hayamos venido	hubiéramos o hubiésemos venido	hubiéremos venido
hayáis venido	hubierais o hubieseis venido	hubiereis venido
hayan venido	hubieran o hubiesen venido	hubieren venido

IMPERATIVO

ven (tú)
venga (usted)
venid (vosotros-as)
vengan (ustedes)

50 — sentir

INDICATIVO

Presente	Pretérito	Futuro	Copretérito	Pospretérito
siento	sentí	sentiré	sentía	sentiría
sientes	sentiste	sentirás	sentías	sentirías
siente	sintió	sentirá	sentía	sentiría
sentimos	sentimos	sentiremos	sentíamos	sentiríamos
sentís	sentisteis	sentiréis	sentíais	sentiríais
sienten	sintieron	sentirán	sentían	sentirían

Antepresente	Antepretérito	Antefuturo	Antecopretérito	Antepospretérito
he sentido	hube sentido	habré sentido	había sentido	habría sentido
has sentido	hubiste sentido	habrás sentido	habías sentido	habrías sentido
ha sentido	hubo sentido	habrá sentido	había sentido	habría sentido
hemos sentido	hubimos sentido	habremos sentido	habíamos sentido	habríamos sentido
habéis sentido	hubisteis sentido	habréis sentido	habíais sentido	habríais sentido
han sentido	hubieron sentido	habrán sentido	habían sentido	habrían sentido

SUBJUNTIVO

Presente	Pretérito	Futuro
sienta	sintiera o sintiese	sintiere
sientas	sintieras o sintieses	sintieres
sienta	sintiera o sintiese	sintiere
sintamos	sintiéramos o sintiésemos	sintiéremos
sintáis	sintierais o sintieseis	sintiereis
sientan	sintieran o sintiesen	sintieren

Antepresente	Antepretérito	Antefuturo
haya sentido	hubiera o hubiese sentido	hubiere sentido
hayas sentido	hubieras o hubieses sentido	hubieres sentido
haya sentido	hubiera o hubiese sentido	hubiere sentido
hayamos sentido	hubiéramos o hubiésemos sentido	hubiéremos sentido
hayáis sentido	hubierais o hubieseis sentido	hubiereis sentido
hayan sentido	hubieran o hubiesen sentido	hubieren sentido

IMPERATIVO

siente (tú)
sienta (usted)
sentid (vosotros-as)
sientan (ustedes)

51 — morir

INDICATIVO

Presente	Pretérito	Futuro	Copretérito	Pospretérito
muero	morí	moriré	moría	moriría
mueres	moriste	morirás	morías	morirías
muere	murió	morirá	moría	moriría
morimos	morimos	moriremos	moríamos	moriríamos
morís	moristeis	moriréis	moríais	moriríais
mueren	murieron	morirán	morían	morirían

Antepresente	Antepretérito	Antefuturo	Antecopretérito	Antepospretérito
he muerto	hube muerto	habré muerto	había muerto	habría muerto
has muerto	hubiste muerto	habrás muerto	habías muerto	habrías muerto
ha muerto	hubo muerto	habrá muerto	había muerto	habría muerto
hemos muerto	hubimos muerto	habremos muerto	habíamos muerto	habríamos muerto
habéis muerto	hubisteis muerto	habréis muerto	habíais muerto	habríais muerto
han muerto	hubieron muerto	habrán muerto	habían muerto	habrían muerto

SUBJUNTIVO

Presente	Pretérito	Futuro
muera	muriera o muriese	muriere
mueras	murieras o murieses	murieres
muera	muriera o muriese	muriere
muramos	muriéramos o muriésemos	muriéremos
muráis	murierais o murieseis	muriereis
mueran	murieran o muriesen	murieren

Antepresente	Antepretérito	Antefuturo
haya muerto	hubiera o hubiese muerto	hubiere muerto
hayas muerto	hubieras o hubieses muerto	hubieres muerto
haya muerto	hubiera o hubiese muerto	hubiere muerto
hayamos muerto	hubiéramos o hubiésemos muerto	hubiéremos muerto
hayáis muerto	hubierais o hubieseis muerto	hubiereis muerto
hayan muerto	hubieran o hubiesen muerto	hubieren muerto

IMPERATIVO

muere (tú)
muera (usted)
morid (vosotros-as)
mueran (ustedes)

52 — salir

INDICATIVO

Presente	Pretérito	Futuro	Copretérito	Pospretérito
salgo	salí	saldré	salía	saldría
sales	saliste	saldrás	salías	saldrías
sale	salió	saldrá	salía	saldría
salimos	salimos	saldremos	salíamos	saldríamos
salís	salisteis	saldréis	salíais	saldríais
salen	salieron	saldrán	salían	saldrían

Antepresente	Antepretérito	Antefuturo	Antecopretérito	Antepospretérito
he salido	hube salido	habré salido	había salido	habría salido
has salido	hubiste salido	habrás salido	habías salido	habrías salido
ha salido	hubo salido	habrá salido	había salido	habría salido
hemos salido	hubimos salido	habremos salido	habíamos salido	habríamos salido
habéis salido	hubisteis salido	habréis salido	habíais salido	habríais salido
han salido	hubieron salido	habrán salido	habían salido	habrían salido

SUBJUNTIVO

Presente	Pretérito	Futuro
salga	saliera o saliese	saliere
salgas	salieras o salieses	salieres
salga	saliera o saliese	saliere
salgamos	saliéramos o saliésemos	saliéremos
salgáis	salierais o salieseis	saliereis
salgan	salieran o saliesen	salieren

Antepresente	Antepretérito	Antefuturo
haya salido	hubiera o hubiese salido	hubiere salido
hayas salido	hubieras o hubieses salido	hubieres salido
haya salido	hubiera o hubiese salido	hubiere salido
hayamos salido	hubiéramos o hubiésemos salido	hubiéremos salido
hayáis salido	hubierais o hubieseis salido	hubiereis salido
hayan salido	hubieran o hubiesen salido	hubieren salido

IMPERATIVO

sal (tú)
salga (usted)
salid (vosotros-as)
salgan (ustedes)

53

oír

INDICATIVO

Presente	Pretérito	Futuro	Copretérito	Pospretérito
oigo	oí	oiré	oía	oiría
oyes	oíste	oirás	oías	oirías
oye	oyó	oirá	oía	oiría
oímos	oímos	oiremos	oíamos	oiríamos
oís	oísteis	oiréis	oíais	oiríais
oyen	oyeron	oirán	oían	oirían

Antepresente	Antepretérito	Antefuturo	Antecopretérito	Antepospretérito
he oído	hube oído	habré oído	había oído	habría oído
has oído	hubiste oído	habrás oído	habías oído	habrías oído
ha oído	hubo oído	habrá oído	había oído	habría oído
hemos oído	hubimos oído	habremos oído	habíamos oído	habríamos oído
habéis oído	hubisteis oído	habréis oído	habíais oído	habríais oído
han oído	hubieron oído	habrán oído	habían oído	habrían oído

SUBJUNTIVO

Presente	Pretérito	Futuro
oiga	oyera u oyese	oyere
oigas	oyeras u oyeses	oyeres
oiga	oyera u oyese	oyere
oigamos	oyéramos u oyésemos	oyéremos
oigáis	oyerais u oyeseis	oyereis
oigan	oyeran u oyesen	oyeren

Antepresente	Antepretérito	Antefuturo
haya oído	hubiera o hubiese oído	hubiere oído
hayas oído	hubieras o hubieses oído	hubieres oído
haya oído	hubiera o hubiese oído	hubiere oído
hayamos oído	hubiéramos o hubiésemos oído	hubiéremos oído
hayáis oído	hubierais o hubieseis oído	hubiereis oído
hayan oído	hubieran o hubiesen oído	hubieren oído

IMPERATIVO

oye (tú)
oiga (usted)
oíd (vosotros-as)
oigan (ustedes)

54

decir

INDICATIVO

Presente	Pretérito	Futuro	Copretérito	Pospretérito
digo	dije	diré	decía	diría
dices	dijiste	dirás	decías	dirías
dice	dijo	dirá	decía	diría
decimos	dijimos	diremos	decíamos	diríamos
decís	dijisteis	diréis	decíais	diríais
dicen	dijeron	dirán	decían	dirían

Antepresente	Antepretérito	Antefuturo	Antecopretérito	Antepospretérito
he dicho	hube dicho	habré dicho	había dicho	habría dicho
has dicho	hubiste dicho	habrás dicho	habías dicho	habrías dicho
ha dicho	hubo dicho	habrá dicho	había dicho	habría dicho
hemos dicho	hubimos dicho	habremos dicho	habíamos dicho	habríamos dicho
habéis dicho	hubisteis dicho	habréis dicho	habíais dicho	habríais dicho
han dicho	hubieron dicho	habrán dicho	habían dicho	habrían dicho

SUBJUNTIVO

Presente	Pretérito	Futuro
diga	dijera o dijese	dijere
digas	dijeras o dijeses	dijeses
diga	dijera o dijese	dijere
digamos	dijéramos o dijésemos	dijéremos
digáis	dijerais o dijeseis	dijereis
digan	dijeran o dijesen	dijeren

Antepresente	Antepretérito	Antefuturo
haya dicho	hubiera o hubiese dicho	hubiere dicho
hayas dicho	hubieras o hubieses dicho	hubieres dicho
haya dicho	hubiera o hubiese dicho	hubiere dicho
hayamos dicho	hubiéramos o hubiésemos dicho	hubiéremos dicho
hayáis dicho	hubierais o hubieseis dicho	hubiereis dicho
hayan dicho	hubieran o hubiesen dicho	hubieren dicho

IMPERATIVO

di (tú)
diga (usted)
decid (vosotros-as)
digan (ustedes)

55

bendecir

INDICATIVO

Presente	Pretérito	Futuro	Copretérito	Pospretérito
bendigo	bendije	bendeciré	bendecía	bendeciría
bendices	bendijiste	bendecirás	bendecías	bendecirías
bendice	bendijo	bendecirá	bendecía	bendeciría
bendecimos	bendijimos	bendeciremos	bendecíamos	bendeciríamos
bendecís	bendijisteis	bendeciréis	bendecíais	bendeciríais
bendicen	bendijeron	bendecirán	bendecían	bendecirían

Antepresente	Antepretérito	Antefuturo	Antecopretérito	Antepospretérito
he bendecido	hube bendecido	habré bendecido	había bendecido	habría bendecido
has bendecido	hubiste bendecido	habrás bendecido	habías bendecido	habrías bendecido
ha bendecido	hubo bendecido	habrá bendecido	había bendecido	habría bendecido
hemos bendecido	hubimos bendecido	habremos bendecido	habíamos bendecido	habríamos bendecido
habéis bendecido	hubisteis bendecido	habréis bendecido	habíais bendecido	habríais bendecido
han bendecido	hubieron bendecido	habrán bendecido	habían bendecido	habrían bendecido

SUBJUNTIVO

Presente	Pretérito	Futuro
bendiga	bendijera o bendijese	bendijere
bendigas	bendijeras o bendijeses	bendijeres
bendiga	bendijera o bendijese	bendijere
bendigamos	bendijéramos o bendijésemos	bendijéremos
bendigáis	bendijerais o bendijeseis	bendijereis
bendigan	bendijeran o bendijesen	bendijeren

Antepresente	Antepretérito	Antefuturo
haya bendecido	hubiera o hubiese bendecido	hubiere bendecido
hayas bendecido	hubieras o hubieses bendecido	hubieres bendecido
haya bendecido	hubiera o hubiese bendecido	hubiere bendecido
hayamos bendecido	hubiéramos o hubiésemos bendecido	hubiéremos bendecido
hayáis bendecido	hubierais o hubieseis bendecido	hubiereis bendecido
hayan bendecido	hubieran o hubiesen bendecido	hubieren bendecido

IMPERATIVO

bendice (tú)
bendiga (usted)
bendecid (vosotros-as)
bendigan (ustedes)

56

seguir

INDICATIVO

Presente	Pretérito	Futuro	Copretérito	Pospretérito
sigo	seguí	seguiré	seguía	seguiría
sigues	seguiste	seguirás	seguías	seguirías
sigue	siguió	seguirá	seguía	seguiría
seguimos	seguimos	seguiremos	seguíamos	seguiríamos
seguís	seguisteis	seguiréis	seguíais	seguiríais
siguen	siguieron	seguirán	seguían	seguirían

Antepresente	Antepretérito	Antefuturo	Antecopretérito	Antepospretérito
he seguido	hube seguido	habré seguido	había seguido	habría seguido
has seguido	hubiste seguido	habrás seguido	habías seguido	habrías seguido
ha seguido	hubo seguido	habrá seguido	había seguido	habría seguido
hemos seguido	hubimos seguido	habremos seguido	habíamos seguido	habríamos seguido
habéis seguido	hubisteis seguido	habréis seguido	habíais seguido	habríais seguido
han seguido	hubieron seguido	habrán seguido	habían seguido	habrían seguido

SUBJUNTIVO

Presente	Pretérito	Futuro
siga	siguiera o siguiese	siguiere
sigas	siguieras o siguieses	siguieres
siga	siguiera o siguiese	siguiere
sigamos	siguiéramos o siguiésemos	siguiéremos
sigáis	siguierais o siguieseis	siguiereis
sigan	siguieran o siguiesen	siguieren

Antepresente	Antepretérito	Antefuturo
haya seguido	hubiera o hubiese seguido	hubiere seguido
hayas seguido	hubieras o hubieses seguido	hubieres seguido
haya seguido	hubiera o hubiese seguido	hubiere seguido
hayamos seguido	hubiéramos o hubiésemos seguido	hubiéremos seguido
hayáis seguido	hubierais o hubieseis seguido	hubiereis seguido
hayan seguido	hubieran o hubiesen seguido	hubieren seguido

IMPERATIVO

sigue (tú)
siga (usted)
seguid (vosotros-as)
sigan (ustedes)

57

producir

INDICATIVO

Presente	Pretérito	Futuro	Copretérito	Pospretérito
produzco	produje	produciré	producía	produciría
produces	produjiste	producirás	producías	producirías
produce	produjo	producirá	producía	produciría
producimos	produjimos	produciremos	producíamos	produciríamos
producís	produjisteis	produciréis	producíais	produciríais
producen	produjeron	producirán	producían	producirían

Antepresente	Antepretérito	Antefuturo	Antecopretérito	Antepospretérito
he producido	hube producido	habré producido	había producido	habría producido
has producido	hubiste producido	habrás producido	habías producido	habrías producido
ha producido	hubo producido	habrá producido	había producido	habría producido
hemos producido	hubimos producido	habremos producido	habíamos producido	habríamos producido
habéis producido	hubisteis producido	habréis producido	habíais producido	habríais producido
han producido	hubieron producido	habrán producido	habían producido	habrían producido

SUBJUNTIVO

Presente	Pretérito	Futuro
produzca	produjera o produjese	produjere
produzcas	produjeras o produjeses	produjeres
produzca	produjera o produjese	produjere
produzcamos	produjéramos o produjésemos	produjéremos
produzcáis	produjerais o produjeseis	produjereis
produzcan	produjeran o produjesen	produjeren

Antepresente	Antepretérito	Antefuturo
haya producido	hubiera o hubiese producido	hubiere producido
hayas producido	hubieras o hubieses producido	hubieres producido
haya producido	hubiera o hubiese producido	hubiere producido
hayamos producido	hubiéramos o hubiésemos producido	hubiéremos producido
hayáis producido	hubierais o hubieseis producido	hubiereis producido
hayan producido	hubieran o hubiesen producido	hubieren producido

IMPERATIVO

produce (tú)
produzca (usted)
producid (vosotros-as)
produzcan (ustedes)

58

lucir

INDICATIVO

Presente	Pretérito	Futuro	Copretérito	Pospretérito
luzco	lucí	luciré	lucía	luciría
luces	luciste	lucirás	lucías	lucirías
luce	lució	lucirá	lucía	luciría
lucimos	lucimos	luciremos	lucíamos	luciríamos
lucís	lucisteis	luciréis	lucíais	luciríais
lucen	lucieron	lucirán	lucían	lucirían

Antepresente	Antepretérito	Antefuturo	Antecopretérito	Antepospretérito
he lucido	hube lucido	habré lucido	había lucido	habría lucido
has lucido	hubiste lucido	habrás lucido	habías lucido	habrías lucido
ha lucido	hubo lucido	habrá lucido	había lucido	habría lucido
hemos lucido	hubimos lucido	habremos lucido	habíamos lucido	habríamos lucido
habéis lucido	hubisteis lucido	habréis lucido	habíais lucido	habríais lucido
han lucido	hubieron lucido	habrán lucido	habían lucido	habrían lucido

SUBJUNTIVO

Presente	Pretérito	Futuro
luzca	luciera o luciese	luciere
luzcas	lucieras o lucieses	lucieres
luzca	luciera o luciese	luciere
luzcamos	luciéramos o luciésemos	luciéremos
luzcáis	lucierais o lucieseis	luciereis
luzcan	lucieran o luciesen	lucieren

Antepresente	Antepretérito	Antefuturo
haya lucido	hubiera o hubiese lucido	hubiere lucido
hayas lucido	hubieras o hubieses lucido	hubieres lucido
haya lucido	hubiera o hubiese lucido	hubiere lucido
hayamos lucido	hubiéramos o hubiésemos lucido	hubiéremos lucido
hayáis lucido	hubierais o hubieseis lucido	hubiereis lucido
hayan lucido	hubieran o hubiesen lucido	hubieren lucido

IMPERATIVO

luce (tú)
luzca (usted)
lucid (vosotros-as)
luzcan (ustedes)

59

concluir

INDICATIVO

Presente	Pretérito	Futuro	Copretérito	Pospretérito
concluyo	concluí	concluiré	concluía	concluiría
concluyes	concluiste	concluirás	concluías	concluirías
concluye	concluyó	concluirá	concluía	concluiría
concluimos	concluimos	concluiremos	concluíamos	concluiríamos
concluís	concluisteis	concluiréis	concluíais	concluiríais
concluyen	concluyeron	concluirán	concluían	concluirían

Antepresente	Antepretérito	Antefuturo	Antecopretérito	Antepospretérito
he concluido	hube concluido	habré concluido	había concluido	habría concluido
has concluido	hubiste concluido	habrás concluido	habías concluido	habrías concluido
ha concluido	hubo concluido	habrá concluido	había concluido	habría concluido
hemos concluido	hubimos concluido	habremos concluido	habíamos concluido	habríamos concluido
habéis concluido	hubisteis concluido	habréis concluido	habíais concluido	habríais concluido
han concluido	hubieron concluido	habrán concluido	habían concluido	habrían concluido

SUBJUNTIVO

Presente	Pretérito	Futuro
concluya	concluyera o concluyese	concluyere
concluyas	concluyeras o concluyeses	concluyeres
concluya	concluyera o concluyese	concluyere
concluyamos	concluyéramos o concluyésemos	concluyéremos
concluyáis	concluyerais o concluyeseis	concluyereis
concluyan	concluyeran o concluyesen	concluyeren

Antepresente	Antepretérito	Antefuturo
haya concluido	hubiera o hubiese concluido	hubiere concluido
hayas concluido	hubieras o hubieses concluido	hubieres concluido
haya concluido	hubiera o hubiese concluido	hubiere concluido
hayamos concluido	hubiéramos o hubiésemos concluido	hubiéremos concluido
hayáis concluido	hubierais o hubieseis concluido	hubiereis concluido
hayan concluido	hubieran o hubiesen concluido	hubieren concluido

IMPERATIVO

concluye (tú)
concluya (usted)
concluid (vosotros-as)
concluyan (ustedes)

60

elegir

INDICATIVO

Presente	Pretérito	Futuro	Copretérito	Pospretérito
elijo	elegí	elegiré	elegía	elegiría
eliges	elegiste	elegirás	elegías	elegirías
elige	eligió	elegirá	elegía	elegiría
elegimos	elegimos	elegiremos	elegíamos	elegiríamos
elegís	elegisteis	elegiréis	elegíais	elegiríais
eligen	eligieron	elegirán	elegían	elegirían

Antepresente	Antepretérito	Antefuturo	Antecopretérito	Antepospretérito
he elegido	hube elegido	habré elegido	había elegido	habría elegido
has elegido	hubiste elegido	habrás elegido	habías elegido	habrías elegido
ha elegido	hubo elegido	habrá elegido	había elegido	habría elegido
hemos elegido	hubimos elegido	habremos elegido	habíamos elegido	habríamos elegido
habéis elegido	hubisteis elegido	habréis elegido	habíais elegido	habríais elegido
han elegido	hubieron elegido	habrán elegido	habían elegido	habrían elegido

SUBJUNTIVO

Presente	Pretérito	Futuro
elija	eligiera o eligiese	eligiere
elijas	eligieras o eligieses	eligieres
elija	eligiera o eligiese	eligiere
elijamos	eligiéramos o eligiésemos	eligiéremos
elijáis	eligierais o eligieseis	eligiereis
elijan	eligieran o eligiesen	eligieren

Antepresente	Antepretérito	Antefuturo
haya elegido	hubiera o hubiese elegido	hubiere elegido
hayas elegido	hubieras o hubieses elegido	hubieres elegido
haya elegido	hubiera o hubiese elegido	hubiere elegido
hayamos elegido	hubiéramos o hubiésemos elegido	hubiéremos elegido
hayáis elegido	hubierais o hubieseis elegido	hubiereis elegido
hayan elegido	hubieran o hubiesen elegido	hubieren elegido

IMPERATIVO

elige (tú)
elija (usted)
elegid (vosotros-as)
elijan (ustedes)

61

dirigir

INDICATIVO

Presente	Pretérito	Futuro	Copretérito	Pospretérito
dirijo	dirigí	dirigiré	dirigía	dirigiría
diriges	dirigiste	dirigirás	dirigías	dirigirías
dirige	dirigió	dirigirá	dirigía	dirigiría
dirigimos	dirigimos	dirigiremos	dirigíamos	dirigiríamos
dirigís	dirigisteis	dirigiréis	dirigíais	dirigiríais
dirigen	dirigieron	dirigirán	dirigían	dirigirían

Antepresente	Antepretérito	Antefuturo	Antecopretérito	Antepospretérito
he dirigido	hube dirigido	habré dirigido	había dirigido	habría dirigido
has dirigido	hubiste dirigido	habrás dirigido	habías dirigido	habrías dirigido
ha dirigido	hubo dirigido	habrá dirigido	había dirigido	habría dirigido
hemos dirigido	hubimos dirigido	habremos dirigido	habíamos dirigido	habríamos dirigido
habéis dirigido	hubisteis dirigido	habréis dirigido	habíais dirigido	habríais dirigido
han dirigido	hubieron dirigido	habrán dirigido	habían dirigido	habrían dirigido

SUBJUNTIVO

Presente	Pretérito	Futuro
dirija	dirigiera o dirigiese	dirigiere
dirijas	dirigieras o dirigieses	dirigieres
dirija	dirigiera o dirigiese	dirigiere
dirijamos	dirigiéramos o dirigiésemos	dirigiéremos
dirijáis	dirigierais o dirigieseis	dirigiereis
dirijan	dirigieran o dirigiesen	dirigieren

Antepresente	Antepretérito	Antefuturo
haya dirigido	hubiera o hubiese dirigido	hubiere dirigido
hayas dirigido	hubieras o hubieses dirigido	hubieres dirigido
haya dirigido	hubiera o hubiese dirigido	hubiere dirigido
hayamos dirigido	hubiéramos o hubiésemos dirigido	hubiéremos dirigido
hayáis dirigido	hubierais o hubieseis dirigido	hubiereis dirigido
hayan dirigido	hubieran o hubiesen dirigido	hubieren dirigido

IMPERATIVO

dirige (tú)
dirija (usted)
dirigid (vosotros-as)
dirijan (ustedes)

62

adquirir

INDICATIVO

Presente	Pretérito	Futuro	Copretérito	Pospretérito
adquiero	adquirí	adquiriré	adquiría	adquiriría
adquieres	adquiriste	adquirirás	adquirías	adquirirías
adquiere	adquirió	adquirirá	adquiría	adquiriría
adquirimos	adquirimos	adquiriremos	adquiríamos	adquiriríamos
adquirís	adquiristeis	adquiriréis	adquiríais	adquiriríais
adquieren	adquirieron	adquirirán	adquirían	adquirirían

Antepresente	Antepretérito	Antefuturo	Antecopretérito	Antepospretérito
he adquirido	hube adquirido	habré adquirido	había adquirido	habría adquirido
has adquirido	hubiste adquirido	habrás adquirido	habías adquirido	habrías adquirido
ha adquirido	hubo adquirido	habrá adquirido	había adquirido	habría adquirido
hemos adquirido	hubimos adquirido	habremos adquirido	habíamos adquirido	habríamos adquirido
habéis adquirido	hubisteis adquirido	habréis adquirido	habíais adquirido	habríais adquirido
han adquirido	hubieron adquirido	habrán adquirido	habían adquirido	habrían adquirido

SUBJUNTIVO

Presente	Pretérito	Futuro
adquiera	adquiriera o adquiriese	adquiriere
adquieras	adquirieras o adquirieses	adquirieres
adquiera	adquiriera o adquiriese	adquiriere
adquiramos	adquiriéramos o adquiriésemos	adquiriéremos
adquiráis	adquirierais o adquiriereis	adquiriereis
adquieran	adquirieran o adquiriesen	adquirieren

Antepresente	Antepretérito	Antefuturo
haya adquirido	hubiera o hubiese adquirido	hubiere adquirido
hayas adquirido	hubieras o hubieses adquirido	hubieres adquirido
haya adquirido	hubiera o hubiese adquirido	hubiere adquirido
hayamos adquirido	hubiéramos o hubiésemos adquirido	hubiéremos adquirido
hayáis adquirido	hubierais o hubieseis adquirido	hubiereis adquirido
hayan adquirido	hubieran o hubiesen adquirido	hubieren adquirido

IMPERATIVO

adquiere (tú)
adquiera (usted)
adquirid (vosotros-as)
adquieran (ustedes)

63

pudrir o podrir

INDICATIVO

Presente	Pretérito	Futuro	Copretérito	Pospretérito
pudro	pudrí	pudriré	pudría	pudriría
pudres	pudriste	pudrirás	pudrías	pudrirías
pudre	pudrió	pudrirá	pudría	pudriría
pudrimos	pudrimos	pudriremos	pudríamos	pudriríamos
pudrís	pudristeis	pudriréis	pudríais	pudriríais
pudren	pudrieron	pudrirán	pudrían	pudrirían

Antepresente	Antepretérito	Antefuturo	Antecopretérito	Antepospretérito
he podrido	hube podrido	habré podrido	había podrido	habría podrido
has podrido	hubiste podrido	habrás podrido	habías podrido	habrías podrido
ha podrido	hubo podrido	habrá podrido	había podrido	habría podrido
hemos podrido	hubimos podrido	habremos podrido	habíamos podrido	habríamos podrido
habéis podrido	hubisteis podrido	habréis podrido	habíais podrido	habríais podrido
han podrido	hubieron podrido	habrán podrido	habían podrido	habrían podrido

SUBJUNTIVO

Presente	Pretérito	Futuro
pudra	pudriera o pudriese	pudriere
pudras	pudrieras o pudrieses	pudrieres
pudra	pudriera o pudriese	pudriere
pudramos	pudriéramos o pudriésemos	pudriéremos
pudráis	pudrierais o pudrieseis	pudriereis
pudran	pudrieran o pudriesen	pudrieren

Antepresente	Antepretérito	Antefuturo
haya podrido	hubiera o hubiese podrido	hubiere podrido
hayas podrido	hubieras o hubieses podrido	hubieres podrido
haya podrido	hubiera o hubiese podrido	hubiere podrido
hayamos podrido	hubiéramos o hubiésemos podrido	hubiéremos podrido
hayáis podrido	hubierais o hubieseis podrido	hubiereis podrido
hayan podrido	hubieran o hubiesen podrido	hubieren podrido

IMPERATIVO

pudre (tú)
pudra (usted)
pudrid (vosotros-as)
pudran (ustedes)

64

zurcir

INDICATIVO

Presente	Pretérito	Futuro	Copretérito	Pospretérito
zurzo	zurcí	zurciré	zurcía	zurciría
zurces	zurciste	zurcirás	zurcías	zurcirías
zurce	zurció	zurcirá	zurcía	zurciría
zurcimos	zurcimos	zurciremos	zurcíamos	zurciríamos
zurcís	zurcisteis	zurciréis	zurcíais	zurciríais
zurcen	zurcieron	zurcirán	zurcían	zurcirían

Antepresente	Antepretérito	Antefuturo	Antecopretérito	Antepospretérito
he zurcido	hube zurcido	habré zurcido	había zurcido	habría zurcido
has zurcido	hubiste zurcido	habrás zurcido	habías zurcido	habrías zurcido
ha zurcido	hubo zurcido	habrá zurcido	había zurcido	habría zurcido
hemos zurcido	hubimos zurcido	habremos zurcido	habíamos zurcido	habríamos zurcido
habéis zurcido	hubisteis zurcido	habréis zurcido	habíais zurcido	habríais zurcido
han zurcido	hubieron zurcido	habrán zurcido	habían zurcido	habrían zurcido

SUBJUNTIVO

Presente	Pretérito	Futuro
zurza	zurciera o zurciese	zurciere
zurzas	zurcieras o zurcieses	zurcieres
zurza	zurciera o zurciese	zurciere
zurzamos	zurciéramos o zurciésemos	zurciéremos
zurzáis	zurcierais o zurcieseis	zurciereis
zurzan	zurcieran o zurciesen	zurcieren

Antepresente	Antepretérito	Antefuturo
haya zurcido	hubiera o hubiese zurcido	hubiere zurcido
hayas zurcido	hubieras o hubieses zurcido	hubieres zurcido
haya zurcido	hubiera o hubiese zurcido	hubiere zurcido
hayamos zurcido	hubiéramos o hubiésemos zurcido	hubiéremos zurcido
hayáis zurcido	hubierais o hubieseis zurcido	hubiereis zurcido
hayan zurcido	hubieran o hubiesen zurcido	hubieren zurcido

IMPERATIVO

zurce (tú)
zurza (usted)
zurcid (vosotros-as)
zurzan (ustedes)

65

delinquir

INDICATIVO

Presente	Pretérito	Futuro	Copretérito	Pospretérito
delinco	delinquí	delinquiré	delinquía	delinquiría
delinques	delinquiste	delinquirás	delinquías	delinquirías
delinque	delinquió	delinquirá	delinquía	delinquiría
delinquimos	delinquimos	delinquiremos	delinquíamos	delinquiríamos
delinquís	delinquisteis	delinquiréis	delinquíais	delinquiríais
delinquen	delinquieron	delinquirán	delinquían	delinquirían

Antepresente	Antepretérito	Antefuturo	Antecopretérito	Antepospretérito
he delinquido	hube delinquido	habré delinquido	había delinquido	habría delinquido
has delinquido	hubiste delinquido	habrás delinquido	habías delinquido	habrías delinquido
ha delinquido	hubo delinquido	habrá delinquido	había delinquido	habría delinquido
hemos delinquido	hubimos delinquido	habremos delinquido	habíamos delinquido	habríamos delinquido
habéis delinquido	hubisteis delinquido	habréis delinquido	habíais delinquido	habríais delinquido
han delinquido	hubieron delinquido	habrán delinquido	habían delinquido	habrían delinquido

SUBJUNTIVO

Presente	Pretérito	Futuro
delinca	delinquiera o delinquiese	delinquiere
delincas	delinquieras o delinquieses	delinquieres
delinca	delinquiera o delinquiese	delinquiere
delincamos	delinquiéramos o delinquiésemos	delinquiéremos
delincáis	delinquierais o delinquieseis	delinquiereis
delincan	delinquieran o delinquiesen	delinquieren

Antepresente	Antepretérito	Antefuturo
haya delinquido	hubiera o hubiese delinquido	hubiere delinquido
hayas delinquido	hubieras o hubieses delinquido	hubieres delinquido
haya delinquido	hubiera o hubiese delinquido	hubiere delinquido
hayamos delinquido	hubiéramos o hubiésemos delinquido	hubiéremos delinquido
hayáis delinquido	hubierais o hubieseis delinquido	hubiereis delinquido
hayan delinquido	hubieran o hubiesen delinquido	hubieren delinquido

IMPERATIVO

delinque (tú)
delinca (usted)
delinquid (vosotros-as)
delincan (ustedes)

66

ceñir

INDICATIVO

Presente	Pretérito	Futuro	Copretérito	Pospretérito
ciño	ceñí	ceñiré	ceñía	ceñiría
ciñes	ceñiste	ceñirás	ceñías	ceñirías
ciñe	ciñó	ceñirá	ceñía	ceñiría
ceñimos	ceñimos	ceñiremos	ceñíamos	ceñiríamos
ceñís	ceñisteis	ceñiréis	ceñíais	ceñiríais
ciñen	ciñeron	ceñirán	ceñían	ceñirían

Antepresente	Antepretérito	Antefuturo	Antecopretérito	Antepospretérito
he ceñido	hube ceñido	habré ceñido	había ceñido	habría ceñido
has ceñido	hubiste ceñido	habrás ceñido	habías ceñido	habrías ceñido
ha ceñido	hubo ceñido	habrá ceñido	había ceñido	habría ceñido
hemos ceñido	hubimos ceñido	habremos ceñido	habíamos ceñido	habríamos ceñido
habéis ceñido	hubisteis ceñido	habréis ceñido	habíais ceñido	habríais ceñido
han ceñido	hubieron ceñido	habrán ceñido	habían ceñido	habrían ceñido

SUBJUNTIVO

Presente	Pretérito	Futuro
ciña	ciñera o ciñese	ciñere
ciñas	ciñeras o ciñeses	ciñeres
ciña	ciñera o ciñese	ciñere
ciñamos	ciñéramos o ciñésemos	ciñéremos
ciñáis	ciñerais o ciñeseis	ciñereis
ciñan	ciñeran o ciñesen	ciñeren

Antepresente	Antepretérito	Antefuturo
haya ceñido	hubiera o hubiese ceñido	hubiere ceñido
hayas ceñido	hubieras o hubieses ceñido	hubieres ceñido
haya ceñido	hubiera o hubiese ceñido	hubiere ceñido
hayamos ceñido	hubiéramos o hubiésemos ceñido	hubiéremos ceñido
hayáis ceñido	hubierais o hubieseis ceñido	hubiereis ceñido
hayan ceñido	hubieran o hubiesen ceñido	hubieren ceñido

IMPERATIVO

ciñe (tú)
ciña (usted)
ceñid (vosotros-as)
ciñan (ustedes)

67

cernir

INDICATIVO

Presente	Pretérito	Futuro	Copretérito	Pospretérito
cierno	cerní	cerniré	cernía	cerniría
ciernes	cerniste	cernirás	cernías	cernirías
cierne	cernió	cernirá	cernía	cerniría
cernimos	cernimos	cerniremos	cerníamos	cerniríamos
cernís	cernisteis	cerniréis	cerníais	cerniríais
ciernen	cernieron	cernirán	cernían	cernirían

Antepresente	Antepretérito	Antefuturo	Antecopretérito	Antepospretérito
he cernido	hube cernido	habré cernido	había cernido	habría cernido
has cernido	hubiste cernido	habrás cernido	habías cernido	habrías cernido
ha cernido	hubo cernido	habrá cernido	había cernido	habría cernido
hemos cernido	hubimos cernido	habremos cernido	habíamos cernido	habríamos cernido
habéis cernido	hubisteis cernido	habréis cernido	habíais cernido	habríais cernido
han cernido	hubieron cernido	habrán cernido	habían cernido	habrían cernido

SUBJUNTIVO

Presente	Pretérito	Futuro
cierna	cerniera o cerniese	cerniere
ciernas	cernieras o cernieses	cernieres
cierna	cerniera o cerniese	cerniere
cernamos	cerniéramos o cerniésemos	cerniéremos
cernáis	cernierais o cernieseis	cerniereis
ciernan	cernieran o cerniesen	cernieren

Antepresente	Antepretérito	Antefuturo
haya cernido	hubiera o hubiese cernido	hubiere cernido
hayas cernido	hubieras o hubieses cernido	hubieres cernido
haya cernido	hubiera o hubiese cernido	hubiere cernido
hayamos cernido	hubiéramos o hubiésemos cernido	hubiéremos cernido
hayáis cernido	hubierais o hubieseis cernido	hubiereis cernido
hayan cernido	hubieran o hubiesen cernido	hubieren cernido

IMPERATIVO

cierne (tú)
cierna (usted)
cernid (vosotros-as)
ciernan (ustedes)

68

erguir

INDICATIVO

Presente	Pretérito	Futuro	Copretérito	Pospretérito
irgo o yergo	erguí	erguiré	erguía	erguiría
irgues o yergues	erguiste	erguirás	erguías	erguirías
irgue o yergue	irguió	erguirá	erguía	erguiría
erguimos	erguimos	erguiremos	erguíamos	erguiríamos
erguís	erguisteis	erguiréis	erguíais	erguiríais
irguen o yerguen	irguieron	erguirán	erguían	erguirían

Antepresente	Antepretérito	Antefuturo	Antecopretérito	Antepospretérito
he erguido	hube erguido	habré erguido	había erguido	habría erguido
has erguido	hubiste erguido	habrás erguido	habías erguido	habrías erguido
ha erguido	hubo erguido	habrá erguido	había erguido	habría erguido
hemos erguido	hubimos erguido	habremos erguido	habíamos erguido	habríamos erguido
habéis erguido	hubisteis erguido	habréis erguido	habíais erguido	habríais erguido
han erguido	hubieron erguido	habrán erguido	habían erguido	habrían erguido

SUBJUNTIVO

Presente	Pretérito	Futuro
irga o yerga	irguiera o irguiese	irguiere
irgas o yergas	irguieras o irguieses	irguieres
irga o yerga	irguiera o irguiese	irguiere
irgamos o yergamos	irguiéramos o irguiésemos	irguiéremos
irgáis o yergáis	irguierais o irguieseis	irguiereis
irgan o yergan	irguieran o irguiesen	irguieren

Antepresente	Antepretérito	Antefuturo
haya erguido	hubiera o hubiese erguido	hubiere erguido
hayas erguido	hubieras o hubieses erguido	hubieres erguido
haya erguido	hubiera o hubiese erguido	hubiere erguido
hayamos erguido	hubiéramos o hubiésemos erguido	hubiéremos erguido
hayáis erguido	hubierais o hubieseis erguido	hubiereis erguido
hayan erguido	hubieran o hubiesen erguido	hubieren erguido

IMPERATIVO

irgue o yergue (tú)
irga o yerga (usted)
erguid (vosotros-as)
irgan o yergan (ustedes)

69

plañir

INDICATIVO

Presente	Pretérito	Futuro	Copretérito	Pospretérito
plaño	plañí	plañiré	plañía	plañiría
plañes	plañiste	plañirás	plañías	plañirías
plañe	plañó	plañirá	plañía	plañiría
plañimos	plañimos	plañiremos	plañíamos	plañiríamos
plañís	plañisteis	plañiréis	plañíais	plañiríais
plañen	plañeron	plañirán	plañían	plañirían

Antepresente	Antepretérito	Antefuturo	Antecopretérito	Antepospretérito
he plañido	hube plañido	habré plañido	había plañido	habría plañido
has plañido	hubiste plañido	habrás plañido	habías plañido	habrías plañido
ha plañido	hubo plañido	habrá plañido	había plañido	habría plañido
hemos plañido	hubimos plañido	habremos plañido	habíamos plañido	habríamos plañido
habéis plañido	hubisteis plañido	habréis plañido	habíais plañido	habríais plañido
han plañido	hubieron plañido	habrán plañido	habían plañido	habrían plañido

SUBJUNTIVO

Presente	Pretérito	Futuro
plaña	plañera o plañese	plañere
plañas	plañeras o plañeses	plañeres
plaña	plañera o plañese	plañere
plañamos	plañéramos o plañésemos	plañéremos
plañáis	plañerais o plañeseis	plañereis
plañan	plañeran o plañesen	plañeren

Antepresente	Antepretérito	Antefuturo
haya plañido	hubiera o hubiese plañido	hubiere plañido
hayas plañido	hubieras o hubieses plañido	hubieres plañido
haya plañido	hubiera o hubiese plañido	hubiere plañido
hayamos plañido	hubiéramos o hubiésemos plañido	hubiéremos plañido
hayáis plañido	hubierais o hubieseis plañido	hubiereis plañido
hayan plañido	hubieran o hubiesen plañido	hubieren plañido

IMPERATIVO

plañe (tú)
plaña (usted)
plañid (vosotros-as)
plañan (ustedes)

70

asir

INDICATIVO

Presente	Pretérito	Futuro	Copretérito	Pospretérito
asgo	así	asiré	asía	asiría
ases	asiste	asirás	asías	asirías
ase	asió	asirá	asía	asiría
asimos	asimos	asiremos	asíamos	asiríamos
asís	asisteis	asiréis	asíais	asiríais
asen	asieron	asirán	asían	asirían

Antepresente	Antepretérito	Antefuturo	Antecopretérito	Antepospretérito
he asido	hube asido	habré asido	había asido	habría asido
has asido	hubiste asido	habrás asido	habías asido	habrías asido
ha asido	hubo asido	habrá asido	había asido	habría asido
hemos asido	hubimos asido	habremos asido	habíamos asido	habríamos asido
habéis asido	hubisteis asido	habréis asido	habíais asido	habríais asido
han asido	hubieron asido	habrán asido	habían asido	habrían asido

SUBJUNTIVO

Presente	Pretérito	Futuro
asga	asiera o asiese	asiere
asgas	asieras o asieses	asieres
asga	asiera o asiese	asiere
asgamos	asiéramos o asiésemos	asiéremos
asgáis	asierais o asieseis	asiereis
asgan	asieran o asiesen	asieren

Antepresente	Antepretérito	Antefuturo
haya asido	hubiera o hubiese asido	hubiere asido
hayas asido	hubieras o hubieses asido	hubieres asido
haya asido	hubiera o hubiese asido	hubiere asido
hayamos asido	hubiéramos o hubiésemos asido	hubiéremos asido
hayáis asido	hubierais o hubieseis asido	hubiereis asido
hayan asido	hubieran o hubiesen asido	hubieren asido

IMPERATIVO

ase (tú)
asga (usted)
asid (vosotros-as)
asgan (ustedes)

71 · abolir

INDICATIVO

Presente	Pretérito	Futuro	Copretérito	Pospretérito
_____	abolí	aboliré	abolía	aboliría
_____	aboliste	abolirás	abolías	abolirías
abolió	abolirá	abolía	aboliría
abolimos	abolimos	aboliremos	abolíamos	aboliríamos
abolís	abolisteis	aboliréis	abolíais	aboliríais
abolieron	abolirán	abolían	abolirían

Antepresente	Antepretérito	Antefuturo	Antecopretérito	Antepospretérito
he abolido	hube abolido	habré abolido	había abolido	habría abolido
has abolido	hubiste abolido	habrás abolido	habías abolido	habrías abolido
ha abolido	hubo abolido	habrá abolido	había abolido	habría abolido
hemos abolido	hubimos abolido	habremos abolido	habíamos abolido	habríamos abolido
habéis abolido	hubisteis abolido	habréis abolido	habíais abolido	habríais abolido
han abolido	hubieron abolido	habrán abolido	habían abolido	habrían abolido

SUBJUNTIVO

Presente	Pretérito	Futuro
_____	aboliera o aboliese	aboliere
_____	abolieras o abolieses	abolieres
_____	aboliera o aboliese	aboliere
_____	aboliéramos o aboliésemos	aboliéremos
_____	abolierais o abolieseis	aboliereis
_____	abolieran o aboliesen	abolieren

Antepresente	Antepretérito	Antefuturo
haya abolido	hubiera o hubiese abolido	hubiere abolido
hayas abolido	hubieras o hubieses abolido	hubieres abolido
haya abolido	hubiera o hubiese abolido	hubiere abolido
hayamos abolido	hubiéramos o hubiésemos abolido	hubiéremos abolido
hayáis abolido	hubierais o hubieseis abolido	hubiereis abolido
hayan abolido	hubieran o hubiesen abolido	hubieren abolido

IMPERATIVO

_____ (tú)
_____ (usted)
abolid (vosotros-as)
_____ (ustedes)

72 · reunir

INDICATIVO

Presente	Pretérito	Futuro	Copretérito	Pospretérito
reúno	reuní	reuniré	reunía	reuniría
reúnes	reuniste	reunirás	reunías	reunirías
reúne	reunió	reunirá	reunía	reuniría
reunimos	reunimos	reuniremos	reuníamos	reuniríamos
reunís	reunisteis	reuniréis	reuníais	reuniríais
reúnen	reunieron	reunirán	reunían	reunirían

Antepresente	Antepretérito	Antefuturo	Antecopretérito	Antepospretérito
he reunido	hube reunido	habré reunido	había reunido	habría reunido
has reunido	hubiste reunido	habrás reunido	habías reunido	habrías reunido
ha reunido	hubo reunido	habrá reunido	había reunido	habría reunido
hemos reunido	hubimos reunido	habremos reunido	habíamos reunido	habríamos reunido
habéis reunido	hubisteis reunido	habréis reunido	habíais reunido	habríais reunido
han reunido	hubieron reunido	habrán reunido	habían reunido	habrían reunido

SUBJUNTIVO

Presente	Pretérito	Futuro
reúna	reuniera o reuniese	reuniere
reúnas	reunieras o reunieses	reunieres
reúna	reuniera o reuniese	reuniere
reunamos	reuniéramos o reuniésemos	reuniéremos
reunáis	reunierais o reunieseis	reuniereis
reúnan	reunieran o reuniesen	reunieren

Antepresente	Antepretérito	Antefuturo
haya reunido	hubiera o hubiese reunido	hubiere reunido
hayas reunido	hubieras o hubieses reunido	hubieres reunido
haya reunido	hubiera o hubiese reunido	hubiere reunido
hayamos reunido	hubiéramos o hubiésemos reunido	hubiéremos reunido
hayáis reunido	hubierais o hubieseis reunido	hubiereis reunido
hayan reunido	hubieran o hubiesen reunido	hubieren reunido

IMPERATIVO

reúne (tú)
reúna (usted)
reunid (vosotros-as)
reúnan (ustedes)

Índice de verbos

A

abalanzar, 16
abanderar, 1
abanicar, 17
abaratar, 1
abarcar, 17
abarrotar, 1
abastecer, 39
abatir, 45
abdicar, 17
abigarrar, 1
abismar, 1
abjurar, 1
ablandar, 1
abnegar, 18
abocar, 17
abochornar, 1
abofetear, 1
abogar, 17
abolir (defect.), 71
abollar, 1
abombar, 1
abominar, 1
abonar, 1
abordar, 1
aborrecer, 39
abortar, 1
abotagarse, 17
abotonar, 1
aboyar, 1
abrasar, 1
abrazar, 16
abrevar, 1
abreviar, 1
abribonarse, 1
abrigar, 17
abrillantar, 1
abrir, 45
abrochar, 1
abrogar, 17
abroncar, 17
abrumar, 1
absolver, 29
absorber, 20
abstenerse, 26
abstraer, 38
abuchear, 1

abultar, 1
abundar, 1
aburar, 1
aburguesarse, 1
aburrarse, 1
aburrir, 45
abusar, 1
acaballar, 1
acabar, 1
academizar, 16
acaecer (defect.), 39
acalambrarse, 1
acalenturarse, 1
acallar, 1
acalorar, 1
acampar, 1
acanalar, 1
acanallar, 1
acantonar, 1
acaparar, 1
acaramelar, 1
acariciar, 1
acarrarse, 1
acarrear, 1
acartonar, 1
acatar, 1
acatarrar, 1
acaudalar, 1
acaudillar, 1
acceder, 20
accidentar, 1
accionar, 1
acechar, 1
acedar, 1
aceitar, 1
acelerar, 1
acendrar, 1
acentuar, 10
aceptar, 1
acerar, 1
acercar, 17
acertar, 3
acezar, 16
achatar, 1
achicar, 17
achicharrar, 1

acibarar, 1
acicalar, 1
acicatear, 1
acidificar, 17
acidular, 1
aclamar, 1
aclarar, 1
aclimatar, 1
acobardar, 1
acochambrar, 1
acodar, 1
acodillar, 1
acoger, 41
acogotar, 1
acojinar, 1
acolchar, 1
acolchonar, 1
acollarar, 1
acomedirse, 47
acometer, 20
acomodar, 1
acompañar, 1
acompasar, 1
acomplejar, 1
aconchar, 1
acondicionar, 1
acongojar, 1
aconsejar, 1
acontecer (defect.), 39
acopiar, 1
acoplar, 1
acorazar, 16
acordar, 5
acordonar, 1
acorralar, 1
acosar, 1
acostar, 5
acostumbrar, 1
acotar, 1
acoyuntar, 1
acrecentar, 3
acrecer, 39
acreditar, 1
acribillar, 1
acrisolar, 1
activar, 1

actualizar, 16
actuar, 10
acuartelar, 1
acuchillar, 1
acuciar, 1
acuclillarse, 1
acudir, 45
acumular, 1
acunar, 1
acuñar, 1
acurrucarse, 17
acusar, 1
adaptar, 1
adargar, 17
adecentar, 1
adecuar, 11
adelantar, 1
adelgazar, 16
adentellar, 1
adentrarse, 1
aderezar, 16
adeudar, 1
adherir, 50
adicionar, 1
adiestrar, 1
adir (defect.), 45
adivinar, 1
adjetivar, 1
adjudicar, 17
adjuntar, 1
administrar, 1
admirar, 1
admitir, 45
adobar, 1
adocenar, 1
adoctrinar, 1
adolecer, 39
adoptar, 1
adoquinar, 1
adorar, 1
adormecer, 39
adormilarse, 1
adormitarse, 1
adornar, 1
adosar, 1
adquirir, 62

adscribir, 45
aducir, 57
adueñarse, 1
adular, 1
adulterar, 1
adverbializar, 16
advertir, 50
afanar, 1
afear, 1
afectar, 1
afeitar, 1
afelpar, 1
afeminar, 1
aferrar, 1
afianzar, 16
aficionar, 1
afiebrarse, 1
afilar, 1
afiliar, 1
afinar, 1
afincar, 17
afirmar, 1
afligir, 61
aflojar, 1
aflorar, 1
aforar, 5
afrentar, 1
afrontar, 1
agachar, 1
agarrar, 1
agarrotar, 1
agasajar, 1
agazapar, 1
agenciar, 1
agigantarse, 1
agilizar, 16
agitar, 1
aglomerar, 1
aglutinar, 1
agobiar, 1
agolpar, 1
agonizar, 16
agostar, 1
agotar, 1
agraciar, 1
agradar, 1

agradecer

cavar

aseverar, 1
asfaltar, 1
asfixiar, 1
asignar, 1
asilar, 1
asimilar, 1
asir, 70
asistir, 45
asociar, 1
asolar, 5
asolear, 1
asomar, 1
asombrar, 1
asonantar, 1
asordar, 1
asperjar, 1
aspirar, 1
asquear, 1
astillar, 1
astringir, 61
asumir, 45
asustar, 1
atacar, 17
atafagar, 17
atajar, 1
atañer (defect.), 42
atar, 1
atarantar, 1
atarazar, 16
atardecer, 39
atarear, 1
atarugar, 17
atasajar, 1
atascar, 17
ataviar, 9
atemorizar, 16
atemperar, 1
atenacear, 1
atenazar, 16
atender, 24
atenerse, 26
atentar, 1
atenuar, 10
aterir (defect.), 71
aterrar, 1
aterrizar, 16
aterrorizar, 16
atesorar, 1
atestar, 1
atestiguar, 11
atiborrar, 1
atildar, 1
atinar, 1
atiriciarse, 1
atisbar, 1
atizar, 16
atolondrar, 1
atomizar, 16
atontar, 1

atorar, 1
atormentar, 1
atornillar, 1
atosigar, 17
atrabancar, 17
atracar, 17
atraer, 38
atrafagar, 17
atragantar, 1
atrampar, 1
atrancar, 17
atrapar, 1
atrasar, 1
atravesar, 3
atreverse, 20
atribuir, 59
atribular, 1
atrincar, 17
atrincherar, 1
atrochar, 1
atrofiar, 1
atropellar, 1
atufar, 1
aturdir, 45
atusar, 1
auditar, 1
augurar, 1
aullar, 13
aumentar, 1
aunar, 13
aupar, 13
aureolar, 1
auscultar, 1
ausentarse, 1
auspiciar, 1
autentificar, 17
autografiar, 9
automatizar, 16
autorizar, 16
auxiliar, 1
avalar, 1
avanzar, 16
avasallar, 1
avecinar, 1
avecindar, 1
avejentar, 1
avellanar, 1
avenir, 49
aventajar, 1
aventar, 3
aventurar, 1
avergonzar, 6
averiar, 9
averiguar, 11
avezar, 16
aviar, 9
avillanar, 1
avinagrar, 1
avisar, 1

avispar, 1
avistar, 1
avituallar, 1
avivar, 1
avizorar, 1
avocar, 17
ayudar, 1
ayunar, 1
ayuntar, 1
azafranar, 1
azogar, 17
azolvar, 1
azorar, 1
azorrarse, 1
azorrillarse, 1
azotar, 1
azucarar, 1
azufrar, 1
azuzar, 16

B

babear, 1
babosear, 1
bailar, 1
bailotear, 1
bajar, 1
baladronear, 1
balancear, 1
balar, 1
balbucear, 1
balbucir (defec.), 58
balconear, 1
baldar, 1
baldear, 1
baldonar, 1
balear, 1
bambolear, 1
bandear, 1
banquetear, 1
bañar, 1
barajar, 1
barbarizar, 16
barbear, 1
barbechar, 1
barbotear, 1
barbullar, 1
barnizar, 16
barrenar, 1
barrer, 20
barruntar, 1
barzonear, 1
basquear, 1
bastar, 1
bastimentar, 1
bastonear, 1
basurear, 1
batallar, 1
batear, 1
batir, 45

bautizar, 16
beatificar, 17
beber, 20
becar, 17
bendecir, 55
beneficiar, 1
berrear, 1
besar, 1
besuquear, 1
bifurcarse, 17
birlar, 1
biselar, 1
bizquear, 1
blandear, 1
blandir (defect.), 71
blanquear, 1
blasfemar, 1
blasonar, 1
blindar, 1
bloquear, 1
bobear, 1
bobinar, 1
bocinar, 1
bogar, 17
boicotear, 1
bojar, 1
bolear, 1
bollar, 1
bolsear, 1
bombardear, 1
bombear, 1
bonificar, 17
boquear, 1
borbollar, 1
bordar, 1
bordear, 1
bordonear, 1
bornear, 1
borrar, 1
borronear, 1
bosquejar, 1
bostezar, 16
botar, 1
botonar, 1
boxear, 1
boyar, 1
bracear, 1
bramar, 1
bregar, 17
bribonear, 1
brillar, 1
brincar, 17
brindar, 1
bromear, 1
broncear, 1
brotar, 1
brozar, 16
brujear, 1
brujulear, 1

bruñir, 69
brutalizarse, 16
bucear, 1
bufar, 1
bufonear, 1
bullir, 69
burbujear, 1
burilar, 1
burlar, 1
burocratizar, 16
buscar, 17
busconear, 1

C

cabalgar, 17
cabecear, 1
caber, 35
cabildear, 1
cabrear, 1
cabriolar, 1
cacarear, 1
cachar, 1
cachear, 1
cachetear, 1
cachifollar, 1
cachondearse, 1
caciquear, 1
caducar, 17
caer, 37
cafetear, 1
cagar, 17
calafatear, 1
calar, 1
calcar, 17
calcificar, 17
calcinar, 1
calcular, 1
caldear, 1
calentar, 3
calibrar, 1
calificar, 17
callar, 1
callear, 1
callejear, 1
calmar, 1
calumniar, 1
calzar, 16
camandulear, 1
cambalachear, 1
cambiar, 1
camelar, 1
caminar, 1
camorrear, 1
campanear, 1
campanillear, 1
campear, 1
camuflar, 1
canalizar, 16
cancanear, 1

cancelar, 1
cancerar, 1
canchear, 1
canjear, 1
canonizar, 16
cansar, 1
cantalear, 1
cantaletear, 1
cantar, 1
cantear, 1
cantinflear, 1
canturrear, 1
cañonear, 1
capacitar, 1
capar, 1
capear, 1
capitalizar, 16
capitanear, 1
capitular, 1
capotear, 1
captar, 1
capturar, 1
caracolear, 1
caracterizar, 16
caratular, 1
carbonizar, 16
carburar, 1
carcajear, 1
carcomer, 20
cardar, 1
carear, 1
carecer, 39
cargar, 17
caricaturizar, 16
carmenar, 1
carnear, 1
carpintear, 1
carraspear, 1
carretear, 1
cartear, 1
casar, 1
cascabelear, 1
cascamajar, 1
cascar, 17
castañetear, 1
castellanizar, 16
castigar, 17
castrar, 1
catalogar, 17
catapultar, 1
catar, 1
catatar, 1
catear, 1
catequizar, 16
causar, 1
cautelar, 1
cauterizar, 16
cautivar, 1
cavar, 1

cavilar

disfrutar

disgregar

expatriar

licuar

liderar

liderar, 1
lidiar, 1
ligar, 17
lignificar, 17
lijar, 1
limar, 1
limitar, 1
limosnear, 1
limpiar, 1
lincear, 1
linchar, 1
lindar, 1
linear, 1
liquidar, 1
lisiar, 1
lisonjear, 1
listar, 1
listonar, 1
litigar, 17
litografiar, 9
lividecer, 39
llagar, 17
llamar, 1
llamear, 1
llanear, 1
llegar, 17
llenar, 1
llevar, 1
llorar, 1
lloriquear, 1
llover, 29
lloviznar, 1
loar, 1
localizar, 16
lograr, 1
lomear, 1
loquear, 1
losar, 1
lotear, 1
lozanear, 1
lubricar, 17
lubrificar, 17
luchar, 1
lucir, 58
lucrar, 1
lucubrar, 1
ludir, 45
lujuriar, 1
lustrar, 1
luxar, 1

M

macanear, 1
macear, 1
macerar, 1
machacar, 17
machear, 1
machetear, 1
macizar, 16

macular, 1
madrearse, 1
madrigalizar, 16
madrugar, 17
madurar, 1
maestrear, 1
magnetizar, 16
magnificar, 17
magrear, 1
magullar, 1
majadear, 1
majaderear, 1
majar, 1
malbaratar, 1
malcriar, 9
maldecir, 55
malear, 1
maleficiar, 1
malgastar, 1
malhumorar, 1
maliciar, 1
malignar, 1
mallar, 1
malograr, 1
malquistar, 1
malversar, 1
mamar, 1
mampostear, 1
mamujar, 1
mamullar, 1
manar, 1
mancar, 17
manchar, 1
mancillar, 1
mancipar, 1
mancomunar, 1
mancornar, 5
mandar, 1
mandrilar, 1
manducar, 17
manear, 1
manejar, 1
mangar, 17
mangonear, 1
maniatar, 1
manifestar, 3
maniobrar, 1
manipular, 1
manosear, 1
manotear, 1
manquear, 1
mantear, 1
mantener, 26
manufacturar, 1
manumitir, 45
mañanear, 1
mañear, 1
mañosear, 1
maquear, 1

maquilar, 1
maquillar, 1
maquinar, 1
maquinizar, 16
maravillar, 1
marcar, 17
marcear, 1
marchamar, 1
marchar, 1
marchitar, 1
marear, 1
marginar, 1
maridar, 1
marinar, 1
marinear, 1
mariposear, 1
marmotear, 1
marmullar, 1
maromear, 1
marranear, 1
marrar, 1
martillar, 1
martirizar, 16
masacrar, 1
mascar, 17
mascullar, 1
masificar, 17
masticar, 17
masturbar, 1
matar, 1
matear, 1
materializar, 16
maternizar, 16
matizar, 16
matraquear, 1
matricular, 1
matrimoniar, 1
maullar, 13
maximizar, 16
mazar, 16
mear, 1
mecanizar, 16
mecanografiar, 9
mecer, 40
mechar, 1
mediar, 1
mediatizar, 16
medicar, 17
medicinar, 1
medir, 47
meditar, 1
medrar, 1
mejorar, 1
melancolizar, 16
melar, 3
melcochar, 1
melificar, 17
melindrear, 1
mellar, 1

memorar, 1
memorizar, 16
mencionar, 1
mendigar, 17
menear, 1
menguar, 11
menoscabar, 1
menospreciar, 1
menstruar, 10
mensurar, 1
mentalizar, 16
mentar, 3
mentir, 50
menudear, 1
mercadear, 1
mercantilizar, 16
mercar, 17
merecer, 39
merendar, 3
mermar, 1
merodear, 1
mesar, 1
mestizar, 16
mesurar, 1
metaforizar, 16
metalizar, 16
metamorfosear, 1
metatizar, 16
meteorizar, 16
meter, 20
metodizar, 16
metrificar, 17
mezclar, 1
mezquinar, 1
migar, 17
milagrear, 1
militar, 1
militarizar, 16
mimar, 1
mimbrear, 1
mimeografiar, 9
minar, 1
mineralizar, 16
miniaturizar, 16
minimizar, 16
ministrar, 1
minorar, 1
minutar, 1
mirar, 1
misar, 1
miserear, 1
mistificar, 17
mitificar, 17
mitigar, 17
mitotear, 1
mixturar, 1
mocar, 17
mocear, 1
mochar, 1

modelar, 1
moderar, 1
modernizar, 16
modificar, 17
modorrar, 1
modular, 1
mofar, 1
mojar, 1
mojonar, 1
moldar, 1
moldear, 1
moler, 29
molestar, 1
molificar, 17
molliznar, 1
momificar, 17
mondar, 1
monear, 1
monetizar, 16
monologar, 17
monopolizar, 16
montar, 1
montear, 1
monumentalizar, 16
moquear, 1
moquetear, 1
moralizar, 16
morar, 1
morder, 29
mordiscar, 17
mordisquear, 1
moretear, 1
morigerar, 1
morir, 51
mortificar, 17
mosquear, 1
mostrar, 5
motear, 1
motejar, 1
motivar, 1
motorizar, 16
mover, 29
movilizar, 16
muchachear, 1
mudar, 1
muestrear, 1
mugir, 61
multar, 1
mullir, 69
mutar, 1
multiplicar, 17
mundanear, 1
mundificar, 17
municionar, 1
municipalizar, 16
muñequear, 1
muñir, 69
murar, 1
murmurar, 1

musicalizar, 16
musitar, 1
mutar, 1
mutilar, 1

N

nacer, 39
nacionalizar, 16
nadar, 1
nalguear, 1
narcotizar, 16
narrar, 1
nasalizar, 16
naturalizar, 16
naufragar, 17
navegar, 17
nebulizar, 16
necear, 1
necesitar, 1
negar, 18
negociar, 1
negrear, 1
negrecer, 39
neutralizar, 16
nevar, 3
nimbar, 1
ningunear, 1
niquelar, 1
nivelar, 1
nombrar, 1
nominalizar, 16
nominar, 1
normalizar, 16
nortear, 1
notar, 1
noticiar, 1
notificar, 17
novar, 1
novelar, 1
novelizar, 16
noviar, 1
nublar, 1
numerar, 1
nutrir, 45

O

obcecar, 17
obedecer, 39
objetar, 1
objetivar, 1
oblicuar, 11
obligar, 17
obliterar, 1
obnubilar, 1
obrar, 1
obsequiar, 1
observar, 1
obsesionar, 1
obstaculizar, 16

obstar, 1
obstinarse, 1
obstruir, 59
obtemperar, 1
obtener, 26
obturar, 1
obviar, 1
ocasionar, 1
ocluir, 59
ocultar, 1
ocupar, 1
ocurrir, 45
odiar, 1
ofender, 20
ofertar, 1
oficializar, 16
oficiar, 1
ofrecer, 39
ofrendar, 1
ofuscar, 17
oír, 53
ojear, 1
olear, 1
oler, 33
olfatear, 1
oliscar, 17
olisquear, 1
olivar, 1
olorizar, 16
olvidar, 1
omitir, 45
ondear, 1
ondular, 1
opacar, 17
opalizar, 16
operar, 1
opilar, 1
opinar, 1
oponer, 27
opositar, 1
oprimir, 45
oprobiar, 1
optar, 1
optimar, 1
optimizar, 16
opugnar, 1
orar, 1
ordenar, 1
ordeñar, 1
orear, 1
organizar, 16
orientar, 1
orificar, 17
originar, 1
orillar, 1
orinar, 1
orlar, 1
ornamentar, 1
ornar, 1

orquestar, 1
osar, 1
oscilar, 1
oscurecer, 39
osificarse, 17
ostentar, 1
otear, 1
otoñar, 1
otorgar, 17
ovacionar, 1
ovalar, 1
ovar, 1
ovillar, 1
ovular, 1
oxidar, 1
oxigenar, 1

P

pacer, 39
pacificar, 17
pactar, 1
padecer, 39
paganizar, 16
pagar, 17
paginar, 1
pajarear, 1
palabrear, 1
paladear, 1
palanquear, 1
palatalizar, 16
palear, 1
paletear, 1
paliar, 1
palidecer, 39
paliquear, 1
pallar, 1
palmar, 1
palmear, 1
palmotear, 1
palotear, 1
palpar, 1
palpitar, 1
pandear, 1
panderetear, 1
panificar, 17
papar, 1
papear, 1
papelear, 1
paquetear, 1
parabolizar, 16
parafrasear, 1
paralelar, 1
paralizar, 16
parangonar, 1
parapetarse, 1
parar, 1
parcelar, 1
parchar, 1
parcializar, 16

pardear, 1
parear, 1
parecer, 39
parir, 45
parlamentar, 1
parlar, 1
parlotear, 1
parodiar, 1
parpadear, 1
parrafear, 1
parrandear, 1
participar, 1
particularizar, 16
partir, 45
parvificar, 17
pasar, 1
pasear, 1
pasmar, 1
pastar, 1
pastear, 1
pastelear, 1
pasteurizar, 16
pastorear, 1
patalear, 1
patear, 1
patentar, 1
patentizar, 16
patinar, 1
patrocinar, 1
patrullar, 1
pausar, 1
pautar, 1
pavimentar, 1
pavonar, 1
pavonear, 1
payasear, 1
pecar, 17
pechear, 1
pedalear, 1
pedantear, 1
pedir, 47
pedorrear, 1
peer, 32
pegar, 17
pegotear, 1
peguntar, 1
peinar, 1
pelambrar, 1
pelar, 1
pelear, 1
pelechar, 1
peligrar, 1
pellizcar, 17
pelotear, 1
peluquear, 1
penalizar, 16
penar, 1
pendejear, 1
pendenciar, 1

pender, 20
penetrar, 1
penitenciar, 1
pensar, 3
pensionar, 1
pepenar, 1
percatar, 1
perchar, 1
percibir, 45
percudir, 45
percutir, 45
perder, 24
perdigar, 17
perdonar, 1
perdurar, 1
perecear, 1
perecer, 39
peregrinar, 1
perennizar, 16
perfeccionar, 1
perfilar, 1
perforar, 1
perfumar, 1
perfumear, 1
pergeñar, 1
periclitar, 1
perifollar, 1
peritar, 1
perjudicar, 17
perjurar, 1
permanecer, 39
permitir, 45
permutar, 1
pernear, 1
pernoctar, 1
perorar, 1
perpetrar, 1
perpetuar, 10
perseguir, 56
perseverar, 1
persignar, 1
persistir, 45
personalizar, 16
personarse, 1
personificar, 17
persuadir, 45
pertenecer, 39
pertrechar, 1
perturbar, 1
pervertir, 50
pesar, 1
pescar, 17
pespuntear, 1
pesquisar, 1
pestañear, 1
petardear, 1
peticionar, 1
petrificar, 17
petrolear, 1

piafar, 1
pialar, 1
piar, 9
picar, 17
picardear, 1
picotear, 1
pifiar, 1
pigmentar, 1
pignorar, 1
pillar, 1
pillear, 1
pilotar, 1
pincelar, 1
pinchar, 1
pintar, 1
pintarrajar, 1
pinzar, 16
piñonear, 1
pirar, 1
piratear, 1
piropear, 1
piruetear, 1
pisar, 1
pisonear, 1
pisotear, 1
pistar, 1
pitar, 1
pitorrearse, 1
pizcar, 17
placear, 1
placer, 39
plagar, 17
plagiar, 1
planchar, 1
planear, 1
planificar, 17
plantar, 1
plantear, 1
plantificar, 17
plañir, 69
plasmar, 1
plastificar, 17
platear, 1
platicar, 17
plegar, 18
pleitear, 1
plisar, 1
plomear, 1
pluralizar, 16
poblar, 5
pobretear, 1
podar, 1
poder, 28
podrir o pudrir, 63
poetizar, 16
polarizar, 16
polemizar, 16
politiquear, 1
politizar, 16

polvear, 1
polvificar, 17
polvorear, 1
ponderar, 1
poner, 27
pontificar, 17
popularizar, 16
pordiosear, 1
porfiar, 9
pormenorizar, 16
porrear, 1
portar, 1
portear, 1
posar, 1
poseer, 32
posesionar, 1
posibilitar, 1
posponer, 27
postergar, 17
postrar, 1
postular, 1
potabilizar, 16
potenciar, 1
practicar, 17
precaver, 20
preceder, 20
preceptuar, 10
preciar, 1
precipitar, 1
precisar, 1
preconizar, 16
predecir, 55
predicar, 17
predisponer, 27
preferir, 50
pregonar, 1
preguntar, 1
preludiar, 1
premiar, 1
prendar, 1
prender, 20
prensar, 1
preñar, 1
preocupar, 1
preparar, 1
presagiar, 1
prescindir, 45
prescribir, 45
presenciar, 1
presentar, 1
presentir, 50
preservar, 1
presidir, 45
presionar, 1
prestar, 1
prestigiar, 1
presumir, 45
presuponer, 27
presupuestar, 1

presupuestar

pretender

televisar

Índice analítico

Si

Esta obra se terminó de Imprimir y encuadernar
En Marzo del 2006 en Gráficas Monte Albán,
S.A. de C.V. Fraccionamiento Agroindustrial
La Cruz, 76240. Querétaro, Qro.